北京教育学院重点学科建设"学科教育学"研究成果

学生研究与学科教学丛书 | 季苹　主编

从"备学生"转向"研究学生"

——基于学生研究的数学教学

顿继安◎著

教育科学出版社

·北　京·

也算 "十年磨一剑"

北京教育学院 季苹

《学生研究与学科教学丛书》终于要出版了，这是北京教育学院 2003 年成立的 "新课程理念转化为优质教学实践的过程研究"（简称 "转化"）团队（2010 年升级为 "学科教育学" 团队）在多年研究的基础上出版的第一套书。研究学生的意义，大家都能感受到，但要全面深入理解也并不是很容易；什么是学生研究和怎么研究学生，更不是简单地凭经验就可以回答的，需要研究。为此，我们团队做了大量的思考和实践探索，这套书就是大家对十年来学生研究成果的一次系统化的梳理和再思考。

先介绍一下我们这个团队。

在 2001 年第八次课程改革启动的实验区干部教师的培训中，不少同志指出，新课程理念很好，但转化成行为很难。为此，2003 年，在李方院长和学院党委的支持下， "新课程理念转化为优质教学实践的过程研究" 课题组成立，十几个学科的老师参加，形成了 "转化" 团队，负责人即笔者。2010 年，北京教育学院开始重点学科建设工作，与 "转化" 课题从教育的立场出发研究学科教学的视角相契合， "转化" 团队承担了 "学科教育学" 重点学科建设的任务，升级为 "学科教育学" 团队。

我们为什么将这套书定名为《学生研究与学科教学丛书》而不是《研究学生与学科教学丛书》？

提到 "学生研究"，教师们可能会提出疑问： "学生研究" 是学生做研究吗？我们明确回答：不是，是教师做学生研究。那教师们会建议：为什么不直接说 "研究学生" 呢？我们认为，对学生的研究不是一种简单的实践行为，而是一门复杂的学问， "研究学生" 表达的是行动，而 "学生研究" 表达的是研究对象，关于这个研究对象而形成的研究成果是学科教学、德育、课程、学校管理等一切教育工作的基础。"学生研究与学科教学"这个说法表达了我们的两个观点：第一，学生研究是教育研究中的基础研究；第二，学生研究对于学科教学会产生基础性的影响。

那么，学生研究是在什么时候怎样提出来的呢？

从做课题的角度看，"新课程理念转化为优质教学实践的过程研究"这个题目显然太大，但是之所以选择做这样大的题目，是试图在大的范围中探索各种问题背后的基本问题。可是，在如此大的范围中如何寻找研究的切入点呢？我们集中思考了两个问题：新课程理念到底指的是什么？教师教学行为中的关键行为是什么？"新课程理念"很多，必须聚焦，只有聚焦了，研究才可能开展。如何聚焦？唯一的方式就是寻找最重要、最基本的理念。我们在新课程总的宗旨和目标以及学科教学目标两个层次上寻找，自然得出：第一个层次上最重要和最基本的理念就是本次课程改革的宗旨之一——"为了每一个学生的发展"；第二个层次上最重要和最基本的理念就是学科教学应实现"三维"目标。聚焦到这样两点，就能以其观照分析教师的教学行为，分析其是否存在相关的缺失。教师的关键教学行为是什么呢？是备课。备课在本质上就是教师对教学的一种设想，是教师教学的起始行为，更重要的，是诸教学行为中具有主导意义的行为。备课是一种通俗的说法，其学名应该是教学设计。之所以选择备课行为作为研究对象，还在于我们对教学设计的认识。我们认为，教学设计是教师理论与实践结合的产物，是教师最具代表意义的专业产品，犹如建筑设计师的专业产品是建筑设计图一样。教师在教学实施后应该不断对教学设计进行修正，以使自己的专业产品日益成熟。在备课行为中，我们又强调"写教案"这一行为。教师备课行为的呈现方式是多样化的，有的教师表面上看不备课（即不写教案），其实并不一定是真的不备课。其中，有的教师可能真的不重视备课而简单了事，而有的教师是在反复揣摩、深思熟虑中备课的。不写教案并不能说明教师不备课。无论如何，仔细观察，总能发现各种备课行为。不过，为了明确起见，我们主要是围绕写教案这一外在行为展开研究的。

在对写教案这一行为的分析中，我们发现三个基本问题。基本问题1：为了每一个学生的发展 vs 备课中没有真的备学生——笼统、主观地备学生—学生研究是教育的基础工作。基本问题2："三维"目标 vs 不会写教学目标——对教学目标中的概念不理解—"三维"目标的表述含糊—需要加强对"三维"目标的研究—尤其要对"知识"进行深入的理解。基本问题3："三维"目标

vs 课时教案——应该进行目标单元教学设计。这三个基本问题，尤其是前两个基本问题，就成了我们团队多年研究的主题。我们将这两个基础问题表达为"如何研究学生"和"教什么知识"。

笔者在 2004 年提出学生研究，2005 年在《光明日报》发表文章《老师，您做学生调研了吗？》，后来和团队老师们一起在《基础教育课程》《中国教育报》《中小学管理》等报刊发表了系列文章展示学生研究的观点和成果，同时，团队中各学科老师在各自学科的刊物上也发表了学生研究的一系列文章。目前，学生研究的主张已经得到了全国各地大部分教研员和校长、教师的认可，其中有我们的努力，这是我们团队感到非常高兴的事情。

十年来，我们对学生研究的思考不断在深化，主要体现在对三个基本问题的思考上。

第一，学生研究的意义是什么？

最初提出学生研究是为了改进教学，因此，学生研究的意义聚焦在教学改进上。但在做的过程中我们发现，其意义首先体现在师生关系的改善上，让师生关系更加和谐，其次，学生研究的过程是教师不断提升自己专业水平的过程。

随着对学生的认识从"学习者"向"人"的全面展开，我们对学生研究的意义又有了新的认识：从"人"的层面上说，对"人"的精细化的理解是教育文明的基础，是让教育教学充满人性光辉、让师生共享幸福的基础；从"学习者"的层面上说，学生的问题和智慧是师生专业或学业发展的推动力，是师生共同走向成功的根本依靠。

第二，学生研究的内容是什么？

笔者最初对"学生研究"提出的界定是：在对全体学生进行教学或对某位学生进行个别指导时，通过观察、作品分析、测试、问卷、访谈等方法诊断学生发展问题、发现学生智慧、了解学生发展需求、确定学生发展目标和发展策略的过程。研究途径是班级课堂教学和个别辅导。学生研究与教学工作并不是两件事情，学生研究应该是教学工作的有机组成部分。首先，学生研究是教学设计的一个重要依据，是教学设计工作的一部分。其次，学生研究要贯穿整个教学过程，可以说，教学过程是一个不断诊断学生、研究学生的过程，直至最后的教学评价。面对整个班级，学生研究需要同时研究不同层次、不同类型的学生，以确保教学面对全体学生。虽然面向全班，但班级教学中的学生研究仍然要聚焦到具体学生,脱离具体学生的学生研究是不具体、不真实的。因此,班级课堂教学和个别辅导的学生研究在本质上是相同的。研究的切入点是学生的问题和智慧。研究的方法是观察、作品分析、问卷、访谈等。研究的内容是寻找问题产生或智慧形成的原因、过程和条件,确定学生的发展需要。研究的目的是确定学生发展的目标、教学的起点和教学的策略。

后来,我们又将学生研究形象地描述为"在彼岸和此岸之间研究学生"。"彼岸"和"此岸"是一种形象的说法,也可以说是一种直观的、本质的说法。这样一种说法似乎能够让我们带着更多的感情、憧憬甚至诗意来思考教学、思考学理,还原教学问题和学理探究的情感基础和整体感。"彼岸"就是教学目标,但是,"教学目标"在教师们的心目中似乎已经过于具体和实际,好像就是某节课的某篇课文、某个概念原理和考试相关的教学目标。"彼岸"可能会让我们有所超脱。"彼岸"是什么?是教师心里怀揣着的教育理想,是教师心中对学生发展目标的期望。"此岸"是对应"彼岸"而言的,是学生相对于"彼岸"的起点。只有当教师有了内心的"彼岸"之后,他才能看到学生的"此岸"。记得在讲林清玄的《和时间赛跑》的时候,我问:"作者怎样和西北风赛跑呢?"第一个学生回答:"西北风还没有跑回家,我先跑回家了,就说明我赢过了西北风。"显然,这是学生从作者描写的"我要比太阳更快回家"直接迁移过来的。我再问:"你怎么能看到自己比西北风先跑回家呢?"第一个学生感觉到自己的回答有问题,另一个学生想了想说:"如果西北风在我的身后,我就跑赢了它。""可是,在你背后的风可能是被你挡住了呀,而且身边的西北风可能跑到前面了。"同学们很安静地想,忽然有一个学生说:"我可以和西北风吹动的树叶赛跑!"课后,老师们问我为什么想到问这样一个问题,我回答说:"小学三四年级学生学习开始分化,分化的一个原因就是他们在从形象思维向抽象思维发展过程中的差距。如果我们在任何一个学科中都能主动考虑学生思维发展的需要,就能较好地促进学生的共同发展。这个看似与课文理解无关的问题,一方面可以作为调动学生情绪的小环节,另一方面也利用教材促进了学生思维的发展。"抽象思维的发展是教师心中的"彼岸",正是由于有这个"彼岸",教师才看到了学生的"此岸"——"我要比太阳更快回家",也才不断地提出问题,推动学生在接力棒式的回答中走向"彼岸"。可以说,教师内心的"彼岸"越丰富,看到的"此岸"就会越多;教师内心的"彼岸"越清晰,引领学生从"此岸"走向"彼岸"的方向和策略就越清楚。

"彼岸"也就是教师对学生发展目标的思考，它包括两个层面：基础的层面是"人"，即对学生作为"人"的发展目标的思考；另一个层面是对学生作为"知识学习者"的发展目标的思考。过去的学生研究主要是在后一个层面做的，第一个层面基本不被关注。可事实上，学生首先希望教师关注的就是他这个人——他的情感、他的人际交往、他的理想、他的生活等。一进入课堂，教师首先应该关注或者说研究学生哪方面的内容？笔者认为是学生的情绪。课堂教学的管理首先是对学生情绪的了解和管理，教师要尽量让课堂温暖起来，让学生的情绪积极起来。人的发展是每一位教师在任何学科教学中都需要关注和研究的内容。自从提出"人"的层面之后，笔者开始对"健康自我"以及"自我"的各种理论进行学习和梳理，形成了《理解自我：教育文明的基础》一书（2014年由教育科学出版社出版），其中的一些研究成果逐渐开始在学生研究中渗透。例如，在语文学科学习《挑山工》一文时，教师们最初普遍认为挑山工的精神是坚持不懈，但是从健康自我的角度想，如此有魅力的挑山工不会仅仅是坚持不懈，于是回到文本又发现，挑山工还是智慧的、乐观的、健康的。而且，"人"的层面的思考与"知识学习者"层面的思考使原来就受到重视的一些想法更加凸显。尊严对于人来说是最重要的，那么什么决定着人的自尊感呢？意义和能力，或者说，意义感和能力感。在知识学习中，意义就是知识对于"我"的直接意义，而能力则是以知识中蕴含的方法的掌握为基本内容的，由于方法具有超越具体知识在其他知识学习中的意义，我们将承载方法性知识的具体知识对于人的意义称为启示意义。对知识的直接意义和启示意义的重视，唤起了笔者对以往强调的"有效教学"的反思，从而促使笔者提出"有意义教学"。"有意义教学"就是希望教师们将学生"人"的层面的发展置于知识之上，在知识教学中首先帮助学生感受和理解知识的直接意义，然后让学生在知识学习中获得方法性知识，获得知识的启示意义。

第三，学生研究的方法是什么？

谈到"学生研究"，大家可能会从实践的角度关注具体的学生研究的方法和策略，而实际上一些更加上位的方法更重要。具体的方法通常是观察、访谈、问卷调查等。一提到学生研究，大家就会想到这些具体方法，但实际上，运用这些方法并不一定能很好地研究出学生的真实问题。例如，采用观察学生的方法，如果教师不能为学生提供探索问题的机会和空间，学生只是进行一问一答的应答式学习，观察者是不可能观察出学生的问题的。因此，学生研究更加上位的方法之一就是为学生提供探索问题的空间。

"给学生时间"好理解，因为时间具体，而"给学生空间"则因为空间抽象而难理解。什么是空间？就是一个地方，一个活动的地方。它是一个吸引人去活动的地方，不吸引人，没人去，谈不上空间；它是一个需要思维活动、挑战思维的地方，没有挑战，谈不上空间；它是一个进行构造的地方，在问题解决中构造知识结构的空间；它是一个可以自由敞开活动的地方，没有自由，谈不上空间……思想的空间是由具有较强吸引力和一定挑战性的总体性问题构造的。如何理解"吸引力"、"挑战性"和"总体性"？让我们先来看一些问题的例子。语文学科：为什么要写《挑山工》？化学学科：怎么由已知的小分子物质合成新的大分子物质？地理学科：从哪些角度和方法认识一个区域？思想政治学科：什么样的社会制度是好的制度？数学学科：如何解决最值问题（在最值问题的探讨中理解函数的价值）？英语学科：如何培养学生在交流中运用连贯、丰富的语言进行得体表达的能力？这些问题的"吸引力"在于学生能够从这些问题中感受到问题及其背后的知识的意义。通常，大家觉得知识学习的吸引力在于学生对知识的兴趣，这种兴趣与人的天性和知识带给人的智慧有关，而笔者认为，知识学习的吸引力在于知识对于生活的意义。大家可以仔细想想，由于本能的兴趣做事与由于事情的意义做事，哪个对我们的吸引力更为普遍？这些问题的"挑战性"在于它们不是一下子就能被解决的，而是需要通过一系列的追问（对问题的核心概念中的基本概念进行追问）、推断（推断写作动机或者制定标准的出发点等）和构建知识结构（物质的组成、性质和变化或者区域地理各要素的内涵和关系等）的过程才能被解决。所谓"总体性"，指的是这些问题往往包含着一连串紧密关联的问题，犹如连续剧的展开，一个情节接着一个情节，学生需要在环环相扣的问题解决中最终解决总体的问题。

有了空间，才有活动，有了学生真实的活动，观察才会有意义。但是，即使有了学生的真实活动，教师也不见得就能有所发现。怎样才能有所发现呢？学生研究的另一个上位的方法上场了，这就是倾听。倾听是在"彼岸"与"此岸"之间架起桥梁。教师内心怀揣着无数美好的期待，就会有倾听的热情。这期待中有对美好"彼岸"丰富的展望，带着这种展望去发现学生的起点，引领学生从"此岸"走向"彼岸"，享受这一美好的过程；这期待中更有对学生的信任和期待，带着对学生各种问题和智慧的期待，发现学生的"此岸",更发现学生从"此岸"走向"彼岸"的能力。学生的起点不同,不同学生的起点可以连成从"此岸"到"彼岸"的过程,倾听就是在头脑中将这些点连成一条从"此岸"到"彼岸"的彩虹桥。

倾听了,真听进去了,就会产生有针对性的有意义的调整,产生新的方法,放弃或修改不合理的做法。"调整"是又一个上位的方法。表面上看,明确了学生的真正需要,调整应该是比较容易的事情,但事实并非如此,教师仍然会不由自主地照章办事。"调整"难在教师对新方法从理解到熟练需要一个过程,更难在对自我的调整。每位教师都有自己的习惯,更普遍的是,每位教师都生活在已经习惯的传统的教学行为中,要调整这些行为,尤其是调整这些行为积久形成的性格,实在不容易。例如,根据学生的需要应该放慢教学的节奏,但由于自己一直以来习惯了某种快的节奏,语言和行为都在这种节奏中,虽然不断提醒自己,刚开始会慢下来,但不一会儿又会回到习惯的快节奏中。再比如,计划调整后仍然需要观察其是否适合学生,但可能在习惯上又回到了执行预定计划的路上,学生研究从此消失了。

之所以说给空间、倾听、调整是上位的方法,直接的依据就是它们决定着具体方法能否真正发挥作用,而深层次的原因则在于这些方法既与教师内心对学生发展的期待有关,又与教师对自我的调整有关,也就是说,它们与人有着更直接的联系。

从上述对学生研究的界定和对学生研究方法的深入理解看,教师做学生研究是需要基础的。

一是知识基础,包括对学生及人的理解的知识和关于学科知识分析的知识以及二者的联系。最初,我们是想先出一套关于学科知识分析的书,但是,当学科知识分析和学生研究两个研究主题同时出现在教师们面前时,他们往往对后者更有热情。根据现实的需要,也尊重团队老师们的感受,我们就决定先着手学生研究的系统研究。实际上,这两点是一件事情的两个方面,而且前者是后者的基础,道理很简单,教师要在"彼岸"和"此岸"之间进行学生研究,知识教学的彼岸需要教师对知识进行深入的分析才能构成。二者之间的关系,在丛书的每一本书中都被反复提及。学生研究不仅需要以学科知识分析作为基础,还需要以对人的理解作为基础,而对人的精细的理解不仅仅要靠生活的体验和感悟,还需要系统的学习。

另一个基础是教师自我反思的态度和能力。学生研究从一开始就需要教师持有开放的态度,这种开放态度的本质就是去自我中心,教师最终需要根据研究的结果对自己习惯的传统行为进行调整,这种调整不是简单的行为改变,而是继承与创新式的自我调整,是以教师清晰的、健康的自我意识为基础的。

最后,想介绍一下这套书的特点。

前面一开始就提到,这套书是"转化"团队或称"学科教育学"团队的研究成果。笔者作为团队负责人是教育学出身,其他成员来自各个学科。十年来,在北京教育学院党委的支持和团队成员共同的学术理想的推动下,我们坚持集体讨论,从未间断。这种集体讨论是面向实践问题的、以案例为载体的、学科融合的、开放民主务实的、持续而深入的思想大讨论,这种讨论过程是教育理论与学科教学以及学科与学科之间融合的过程,每一个成员都享受着这一融合与生长的过程。这样的融合使得各学科学生研究能够站在基于学科又超越学科的"育人"的角度看问题,从而保证了学生研究的教育性,使我们的研究成果不是停留在具体方法的技术层面上,而是上升到以人为本的思想层面上。因此,这套书对教育的一些基本思想,如以学生为主体、教师专业发展内容以及学科教学的根本目标等,提出了一些具有发展意义的观点。

这套书中每一本书都既是作者独立探索和深度思考的结果,也是整个团队集体讨论的结晶。因此,每本书既能够很好地体现每个学科学生研究的特点,供本学科老师们学习,同时又具有"通识"性质,而且每本书在通识性的理解上都形成了各自独特的观点。各学科老师可以选择自己学科的那本书作为重点阅读,同时也可以打破学科界限,将其他学科的书当作通识性的图书来学习。

这套书是我们十年实践研究的成果,每本书的作者都长期坚持到学校听课,和老师们一起深入开展学生研究实践,积累和形成了很多生动而又深刻的案例。这些案例是我们学生研究的宝贵财富,相信老师们读到这些案例时,既会因为案例中熟悉的事情感到亲切,又会因为案例中学生研究的思路以及对学生发展的实际推动而受到鼓舞。老师们读了这些案例,然后再理解学生研究的一些思想,感性与理性会一起丰富和发展,而且,阅读的过程就是享受。

这套书中,每个学科都形成了关于学生研究与学科教学相对系统的认识。我们认为,系统的认识相对于零散经验的积累,会更有利于能力的形成。因此,相信我们的研究成果对教师学生研究能力的形成会有一定的帮助。

在阅读这套书的过程中,我不断被感动着:被老师们的真知灼见所感动,想象着大家对问题不断思考，对观点不断斟酌，耗尽心力；被老师们一个一个真实的案例感动，想象着大家到过多少学校，听过多少节课，与老师们进行了多长时间的探讨，辛苦并快乐着；还不时地被书稿中从心里流淌出来的"文采"感动，重温着大家在研究和写作过程中的激动。最后，想象着这些观点如果被老师们和其他同行读到，能够与大家分享，对大家有一些帮助，并最终对学生们有所帮助，心里就非常高兴！这是我们团队共同的愿望，我们期待着与大家的交流。

读懂学生不容易

顿继安

研究学生、了解学生的重要性，在教育理论界和实践界从来没有人怀疑过。然而，在世纪之交启动的数学课程改革所提出的"尊重学生的主体地位"的理念被传播十多年后，当今的数学课堂中，表现出了解学生的强烈愿望的教师的数量仍不尽如人意，因为不了解学生使得教学不畅、低效的情况比比皆是。

为了解决这一问题，作为数学教育研究者和数学教师培训工作者，笔者也和许多人一样，最初特别强调教师做学生调研，比如备课时做前测、发现学生的错误进行追问与访谈。通过这种方式，我们发现了许多原本没想到的学生的消极或积极表现。例如，一些小学生列错算式源于认为"鱼有四条腿"；一些初中学生列错不等式源于将脱销理解为"就是卖不出去"；即使是在学习了两角和与差的余弦公式之后，仍然有高中生在探索 $\sin 75°$ 的值时，提出 $\sin 75° = \sin 30° + \sin 45°$；面对"三角形内角和定理的证明"问题时，更多的学生将两个三角形拼接为一个平行四边形，通过平行线的性质推理出平行四边形内角和，进而得到三角形内角和定理；还有的初二学生在还没有学习函数概念时，面对"用 40 cm 长的绳子围矩形怎样围最大"的问题时，能够通过建立面积 S 与矩形的一边长 x 的关系式，进而通过配方的方法得到结果——熟悉初中数学内容的教师都知道，这样的解决方法一般是初三学习完二次函数后的要求。

以理性态度分析学生的这些奇怪表现，本质在于学生具有与数学教师非常不同的认知结构、价值取向。正如教师教育专家帕尔默（2009）[2]所言：我们所教的学生远比生命广泛复杂，要清晰完整地认识他们，对他们做出快速明智的反应，需要融入鲜有人能及的弗洛伊德和所罗门式的智慧。

但显然前测并非一件教师可以在常态下坚持的事情。更重要的是，笔者发现了一个更为深刻的现象：对许多教师来说，大多数内容的前测结果与其原本对学生情况的估计是吻合的，也就是说，许多情况下前测并没有真正为教师带来新信息。例如，关于有理数乘法法则，稍有经验的教师无须调研就能知道学生的难点在于对"负负得正"的解释与理解，能预测到会有学生提出"负负得负"。而教师之间的主要差异则表现在其面对学生的异己看法时的态度和行为，高水平的教师更重视"让学生认识到自己的解决问题的策略或方法的价值"，"根据学生的数学思维决定教学的进展"。（蔡金法 等，2013）[4]

所以，研究学生并非简单地用实证方法进行调研的问题，真正有效的对学生的研究关键是对学生的思维的数学意义的解读。这并不是一件容易的事。以学生的错误为例，能够"化错误为教学资源"这一观点老师们都认同，然而，"允许学生出错，并发现学生错误中的合理因素，是一件体现教师的专业素养和教育、心理理论素养的事情，不太容易做到"（曹才翰 等，2006）。所以，课改以来一直强调的"倾听"在实践中总是难以变为现实，因为倾听对教授数学学科知识有着特殊的要求，而"我们所教授的学科是像生命一样广泛和复杂，因此有关学科的知识总是残缺不全，无论我们自己如何致力于阅读和研究，教学对控制内容的要求总是使得我们难以把握"（帕尔默，2009）[2]。因此，这里将"研究学生"界定为"在彼岸和此岸之间研究学生"（季苹，2015），这就需要我们走出单纯凭借经验武断解释学生行为意义的状况，而且需要在一个与之对应的数学教育哲学体系中进行思考和实践。

读懂学生不容易，因为成长中的学生具有高度的复杂性。所以，许多优秀的教师总是对自己的学生充满好奇和感到敬畏。笔者非常欣赏并感动于北京四中的数学特级教师谷丹（2008）[1]老师的一段话：

我喜欢当老师。但从踏入中学校门的那一天起，我就怕听"人类灵魂的工程师"这个说法。在我看，每一个孩子从天真纯良到日渐丰富成熟的灵魂，是值得敬畏的，每一个孩子的心灵对人性慢慢觉悟的过程，是值得敬畏的，想起要当"工程师"，总怕会画错了图纸，选错了工艺，碰伤了"灵魂"……

读懂学生不容易，不论是教师还是学生都想与自己的期望相遇，以便自己能够控制局面、将自己的完美一面展现在自己在意的人面前。因此，当我们遇到课堂上随着老师的追问不断变换答案的学生时不必感到愤怒，因为这是学生作为人的本能的必然选择；我们不必在回顾教学过程时懊悔于没能捕捉到学生与自己预设不同的精彩，因为在那一时刻，你的反应并非个人的独特表现，而是人类的本能。

但作为教师，我们要为读懂学生而努力——在读懂学生的过程中，丰富对人性的理解，丰富对数学的理解；在这个过程中，我们也在"推人及己"，获得自我觉察的机会，从而使得内心更强大，让自己的数学教师生涯更充实、更愉悦。

本书力图对课题组多年对学生研究问题的认识进行梳理，将成功地研究学生所需要的知识基础加以整理，力图建构出以学生研究为基础的数学教学实践模式。当然，由于自身的水平有限，所做出的判断和达到的认识水平必然有限，因此，写作的过程异常艰难。但是，认识到这件事情非常重要，所以尽量以系统的方式来组织、呈现，供同行分析、批判。

目　录

第一章 对『研究学生』问题的梳理、还原与重建

　　教师的教是为了学生的学，因此，任何有效的教学必然要以教师对学生的了解为前提。这应该是任何教育理论流派和教育工作者必须遵守、不证自明的"公理"。

　　对人（学生）的日益关注也被认为是我国数学教育观最重要的变化（王长沛，1999）[6]，表现为"学生是学习的主人""尊重学生的学习主体地位"等观念在世纪之交以来启动的课程改革中被不断强调，"凸显学生的主体地位"亦再次成为《义务教育数学课程标准（2022年版）》（简称《义教课标（2022版）》）的修订原则（中华人民共和国教育部，2022）[2]。这一理念也越来越得到广大教师的认同，类似的话语也经常被许多教师用于个人教学主张的阐述或某节课的设计思想的介绍中。在数学教育界，人们也越来越爱用"研究学生"一词来替代传统上所说的"备学生"。但是，观察数学课堂，表现出的突出问题仍然是教师对学生的了解缺乏和"研究"意识的缺失，在"尊重学生主体地位"这一问题上，人们存在着巨大的口头表达的理论和实际行为背后的内隐理论间的脱节。而这种脱节现象产生的根源在于，我们对看似很直观的"备学生""研究学生"概念并未进行理性的审判。因此，有必要对"备学生""研究学生"概念的背景、基础与关键环节进行梳理与还原，进而进行理性的重建。

第一节
梳理和反思现实中对"备学生"的理解

　　备课要备学生,这是一直为数学教育界的前辈和同行代代传承的宝贵经验,且业已转化为所有数学教师每日从事教学工作的必要程序,体现在每日必写的教案的"学情分析"栏目中。

　　然而,"备学生"到底备什么?对数学教师备课以及上课活动的观察与分析表明,即使在认知方面,数学教师对备学生也存在着三种不同的理解。这就使得使用同一词语的人们在交流中存在着巨大的鸿沟,一些优秀教师的经验难以真正被青年教师习得。

一、了解学生的认知基础

　　对备学生最朴素的理解就是了解学生的认知基础,而学生的认知基础又包括理论上的认知基础和现实中的认知基础。

(一) 了解学生理论上的认知基础

　　了解学生的认知基础是对教师的最基本要求,也是教师们对备学生的最朴素的理解。这表现为数学教师的教案中,在"学情分析"一栏中,常见的表述就是:"学生已经学习了……"比如,"平行四边形的定义与性质"一课的教案中,许多老师以"学生已经学习了平行线、三角形、全等三角形等知识"作为对学生情况的分析内容。

　　我们将学生在学校数学课程中已经学习过、应该掌握的内容称作学生理论上或者理想中的认知基础,它是由课程标准、教材、考试大纲等决定的。在课程改革的进程中,了解学生理论上的认知基础也是一件需要重视的事,因为基础教育课程改革涉及基础教育阶段的每个年级,数学教师凭借自己以前的教学经验或者学习经历对学生过去学了什么的了解可能会与现实不符。比如，一些高中数学教师自己上初中时对韦达定理非常熟悉，就忽略了课程改革已经对这一知识点不做要求，从而在高中数学课堂上遇到相关问题快速带过，导致一些学生跟不上老师的速度；一堂初中的数学课上，老师看到许多学生将"$3\frac{2}{5} \times \left(-\frac{5}{8}\right)$"的结果计算为"$-3\frac{1}{4}$"而深感不解，就源于其对《义务教育数学课程标准（2011 年版）》（简称《义教课标（2011 版）》）专门提出，不对带分数的各种运算做要求缺乏了解——如果教师也阅读一下《义教课标（2011 版）》的小学部分，就不会为学生出现的关于带分数运算的大量错误产生抱怨和不解，而是在遇到这些问题的时候，有意地放慢速度，专门带着学生讨论一下遇到带分数参与运算该如何处理。需要注意的是，《义教课标（2022 版）》的小学部分对分数运算的总体要求未变，仍为"能进行简单小数和分数的四则运算和混合运算（不超过三步）"，但是却去掉了"不含带分数"的注释，类似的情况要求初中数学教师在面对《义教课标（2022 版）》背景下成长起来的学生时，还需要通过小学教材、考试情况大面积了解本地学生对相应内容的认知基础。还有的初中教师在初一的"三角形内角和定理"一课花了很长时间让学生通过度量、拼接等方式探索"三角形内角和为 180°"这一结论，完全忽视了小学阶段学生已经对此有了充分认知的基础，因而应将教学重点放在"为什么三角形内角和等于180°"上。

要想了解学生的理论上的认知基础，就需要我们对与一节课所学内容有关联的所有的基础知识进行调研。每位老师不仅要研读自己任教年级、学段的课程标准、教材、考试大纲等，还要阅读低学段的相关材料；对于前一学段课程标准或者考试大纲中未做要求的内容，如果在本学段的学习中会常用，就要做必要的补充；对于与上一学段重合的内容，就要做定位的调整，不能以自己曾经的教学经验和学习经历作为教学设计的基础。

（二）了解学生的现实认知基础

理论上的学生的认知基础告诉我们他们曾经学习过什么、应该掌握到什么水平，但是，具体学生的真实情况却千差万别。所以，备课还要备学生的现实认知基础，不能按照理想中的学生基础进行教学，尤其要倾听和接纳自己意料之外的基础或者不想看到的基础，否则会使得精心准备的活动在具体的学生面前遭遇挫折。

案例 1-1-1

不欢而散的一节课

初二"无理数"单元的一节课，Z教师希望学生在主动探索中学习。他的设计思路是：首先请学生利用折纸的方法找到$\sqrt{2}$，然后引导学生利用计算器逐渐计算得到趋近于$\sqrt{2}$的小数，最后得到$\sqrt{2}$是一个无限不循环小数，不是一个有理数，从而引出无理数的概念。

在实验班，Z老师的教学非常顺利。整个教学过程中，师生关系很和谐，教师的自我感觉也很好。

然而，在接下来的普通班中，Z老师如法炮制，可是却发生了意外。学生在利用折纸找$\sqrt{2}$时遇到了困难，于是注意力转移，有的学生甚至开始折纸飞机玩耍。Z老师很是恼火，忍不住大发雷霆，最后这节课不欢而散。

分析这节课，Z老师失败的原因显然在于没有备学生。对于普通班的学生来说，折纸活动最初由于新奇可能能够引起兴趣。然而兴趣代替不了能力，教师缺乏对一些学生可能在折出$\sqrt{2}$的活动中有困难的心理准备，上课时没有关注他们，致使这些学生在遇到困难时没有得到及时帮助。其实，学生对自己的表现也是不满意的，也能够预测到自己学过了还不会的表现会带来教师的什么反应，而自己又无力改进，因此用折纸飞机这样的活动戏谑起来，这恐怕是处于这种境遇中的人的正常表现。这时候，学生需要的是教师的包容、认可和鼓励，但是教师却一味认为学生"不认真""态度有问题"，最后导致情绪失控。这不仅影响了课堂进展，更为师生关系抹上了一层阴影。

那么，Z老师是不知道普通班会有学生在折$\sqrt{2}$的过程中有困难吗？笔者在跟Z老师交流时，他思考后回答道："仔细想想也应该知道，但备课时确实没往这方面想。"这也代表了一种普遍现象——许多教师并非真的不知道学生的基础，而是传统上以教师的教为中心的观念导致其在实践中无意间就会变得"目中无人"，学生的好的、与老师一致的做法容易进入教师的视线，而学生的困难、错误方法的价值却经常被忽视，表面上是在给学生独立学习的机会，实际上仅仅关注那些与自己的期望一致的学习结果，归根结底，教师还是在凭借自己的愿望武断地进行教学。这样，课堂上遇到"意料之外"时怪罪于学生的不配合，师生关系出现不和谐，教学有效性出现问题，就不足为奇了。

二、了解学生的学习规律

备课要备学生，从来没有像今天这样得到如此多的重视，许多教师甚至在一些研究课、公开课活动中，运用诸如问卷调查、访谈等比较正式的方法专门研究学生。然而，教师花费了很多精力，课堂上却仍然会出现大量未曾预料到的情况。

案例 1-1-2

精心备了学生却仍然进展不顺

P老师要教初一"数据的表示"一课，教学内容是条形统计图和折线统计图的画法与读图方法。备课时，教师研究了课程标准、教材内容，包括小学阶段的课程标准和教材，还对学生做了访谈，了解到学生学习过条形统计图的画法。

上课了，P老师首先通过多媒体课件示范了条形统计图的画法，认为学生应该能够画得非常顺利、完美了。然而，接下来学生画的条形统计图让P老师大吃一惊，学生画的条形统计图简直"不堪入目"：有人的图宽窄随意，有人的图距离不均衡，有人的图好像比萨斜塔。P老师只得逐个校正，花了不少时间，导致原来准备的折线统计图的教学都没能展开。

P老师感到很困惑：自己明明花了精力备学生，为什么会这样？

本案例中，P老师应该是对学生做足了准备，其教学以学生已经见过、读过大量的条形统计图为基础，以为通过课上画法的示范，学生就应该能够画得很顺利、很完美了。实践证明这种认识是错误的，P老师知道学生在哪里，也知道要带着学生到哪里去，但是对于前进的路径也就是学生的学习规律并不清楚。

真正的解决问题活动是复杂劳动，哪怕一个简单的条形统计图的绘制活动也是如此：要考虑每个条形统计图的高度、宽度，要考虑坐标轴单位的选取，还要考虑不同条形图的宽窄关系、位置关系等，而学生在看现成的统计图时往往只能关注到最主要的部分（如统计图的高度），而会忽略不太显性的东西（如统计图的宽窄、统计图的间距等）。面对复杂劳动，许多教师经常做简单化处理，也就是将一个复杂任务分解为若干步骤一步一步地教，这样做能够让学生理解每个步骤，但是一旦学生再面对复杂劳动，就适应不了了。P老师认为画图是个简单的过程，所以就高估了学生，为课上学生的表现感到奇怪，而改进的方式就是要主动给学生更多画图实践的机会，让学生将自己的思维展示出来，通过对学生所画的千姿百态的统计图的评价、分析，帮助学生关注画统计图需要关注的各个成分，促进学生间的观念对话和学生的自我反省。通过这个过程，学生既学会了画条形统计图，又实现了整体的发展。

学生的学习规律是个非常复杂的问题，迄今为止也没有一个理论能够非常有把握地解释所有的现象、解决所有的问题。另外，数学教育心理学作为一门经验性的科学，教师仅依靠职前的缺乏实践体验的文本式学习是很难做到真正理解的，何况理论为数学教师的教育教学活动提供的通常只是一般的指导，而不是固定的、用以解决特定问题的公式，现实问题远比理论的假设要复杂，教师在很多情况下应用一般理论于实践的过程具有创造性的成分。因此，必须重视教师结合自己的遇到的实践问题理解理论内涵和意义的作用。比如，案例1-1-2中的P老师将这样一次"失败"的教学经历作为增进自己理解"怎样教更有效"问题的宝贵资源。通过这次经历，P老师形成的新认识是：

课上要让学生自己先去做，发现问题，以问题作为教学资源，并将这一资源与原有的备课资源进行整合,全面呈现学生的问题。教师诊断性地进行教学,才能够高效高质地落实教学任务(裴艳萍,2010)[46]。

俗话说"教学相长",教学经验带给教师的重要财富之一就是理解学生的学习规律。善于反思和总结的数学教师会不断将自己对学生学习过程中的观察进行分析、批判,使之成为自己的专业知识结构的组成部分,从而不断深化对学生学习规律的理解,并使之成为指导自己教学实践的依据。

三、了解学生的学习需求

知道学生的起点,知道教学目标,知道怎样能够让学生学会,其实还不够,因为教学目标本身有时候也是不合理的,或者说是与自己学生的需求是不一致的。

案例 1-1-3

平移的概念

八年级数学课上,教师首先通过 PPT 向学生展示了生活中的平移现象,又组织了一个在平面上移图的游戏活动,然后加重了语气:"像这样图形的平行移动,简称平移。它是由移动的方向和距离所决定的。"学生们忙在书上画线或者做笔记。

然后,教师带领学生对定义进行分析,分析出方向和距离是平移的两个要素,进而通过具体问题寻找和识别平移中的对应点、对应线段、对应角、平移方向、平移距离,并且解决了一些平移作图问题。

这节课中蕴含了许多新课程的元素,比如,生活实例、动手操作活动,教师也采用多种途径帮助学生理解,知识点也落实了,但是,坐在课堂上听课的笔者却并不感到兴奋。下课后,笔者与授课老师交流,授课老师也有同感:"感觉不好,学生不兴奋,我也不兴奋。"

为什么不停地参与活动却不兴奋?课堂上老师让学生们解决的最后一

个综合性题目引起了笔者的注意：

一艘小船经过平移到了新的位置，你发现缺少了什么吗？请补上。

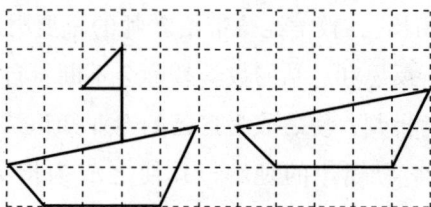

图 1-1-1

笔者指着留在屏幕上的这道题目问授课老师："如果不讲这节课，你觉得学生能完成这道题吗？"老师给出了肯定的答案。随后我们在另一个班做了调研，调研结果表明确实如此，全班所有学生都能够完成这一问题，而且他们的方法和解释很丰富：有人说是通过旗杆与船头的相对位置画出旗子的；有人说是根据数船头上的点的平移情况确定旗子的移动情况，进而画出旗子的。

这就可以解释学生为什么不兴奋了：既然难度最大的题目学生不学都会，那么可以判断这节课学生所参与的活动都是无须通过今天的学习就能够完成的，因此教学并没有满足学生的学习需求，没有促进学生的发展。

说到学生的学习需求，很容易将其与兴趣等同起来，而兴趣又容易与可视的外在活动联系起来。而按照这样的理解，"满足学生学习需求"的活动设计的重点常常就被放在学生喜欢的数学活动形式上。比如，创设情境、选择来自学生身边的实际问题引入、组织小组活动等，这样做无疑对于吸引学生的注意力、调动学生的学习兴趣是有用的。"平移"一课是一个典型案例，学生们在不停地呼应着教师。但是，众声喧哗并不一定说明学生有很高的兴趣，因为这样的活动仅仅能起到将学生带入一种情绪兴奋的状态的作用，却不能使学生一直处于思维兴奋的状态。纵观这节课的每个活动，无论是平移概念的广泛背景，还是平移概念的两个要素的提炼，都是在教师的高度控制下逐条出现的，学生没有感受到认知冲突，他们关于平移的已有认识没有得到展示，生活中的平移概念与数学上平移概念的差距也没有得到揭示，学生只是在被动接受着自己似乎本来已经很熟悉的知识，解决着自己本来就能解决的问题。毫无新鲜感和力量的数学知识有何魅力？

　　《义教课标（2022 版）》对教学提出"强化情境设计与问题提出"的建议，真实情境有利于学生感受到数学在现实世界中广泛应用，而合理的问题需要能够引发学生认知冲突，激发学生学习动机。这就要求教师要在了解学生学习需求的基础上设计问题。学生在"平移"一课的学习需求，显然不是获得"像这样图形的平行移动，简称平移"这一依赖于实例的描述性定义，也不是从这个定义出发演绎出的平移的具体性质，因为这样的定义和具体性质学生不学也都知道。面对像这样学生对所教的具体知识比较熟悉的情况，教师需要追问这些具体知识对于学生核心素养发展的意义是什么，可以进一步加深对哪些基本概念的理解，也就是要善于在简单熟悉的内容中引导学生对复杂的深刻知识的理解。以"平移"为例，教师就可以教学生用数学的逻辑方法将自身关于平移的诸多认识组织起来。这样，教学可以从具有真实情境的问题开始，比如先让学生解决"小船"问题或其他类似问题，让学生说一说自己是怎样作图的，此时学生就将自己对平移的认识表达了出来。由于这种认识是基于解决问题产生的，因此未必全面、系统，教师接下来就可以引导学生对自己作图方法背后的数学内涵进行分析，厘清不同的数学内涵之间的逻辑关系，然后再将其组织成符合数学知识结构要求的系统的体系。这样的过程就是荷兰数学教育家弗赖登塔尔（1999）所说的"数学化过程"，也是"将非数学内容组成一个合乎数学的精确性要求的结构"。在这个过程中，学生在用数学的眼光观察、用数学的思维思考、用数学的语言表达，而通过这样的过程，学生原有关于平移的生活概念变为了数学概念。这个过程就是知识的发展过程，其中包括了知识产生及知识体系形成的方法和程序，能够为日后其他知识的探究过程提供示范，具有较强的迁移性。

　　要做到尊重与满足学生的学习需求，就必须"用教材教，而非教教材"。教师不仅要改变知识的呈现形式，而且要根据自身对数学学科知识的理解而赋予所教知识以符合学生发展需要的价值。

案例 1-1-4

仅仅"了解位似"是不够的

关于"相似形"内容的位似变换,《全日制义务教育数学课程标准(实验稿)》(以下简称《义教课标(实验稿)》)的要求是"了解图形的位似,能够利用位似将一个图形放大或缩小",在后来修订的《义教课标(2011版)》和《义教课标(2022版)》中,则将其中的"能够"改为"知道可以",始终未提出"理解原因"的要求。

但是通过与学生交流发现,学生在物理的光学理论、绘画透视图的方法学习中已经获得了许多利用位似变化画出相似图形的方法,但这些方法的"理由"却都留给了数学。

在向物理教师调研时,物理教师说:"凸透镜作图法我们都讲了,也告诉了学生原理就是相似,至于为什么这样作图,还等着你们数学呢!"

在了解到这一情况后,数学教师认为:如果只讲利用位似将图形放大或缩小,而不去证明为什么这种过程保持了图形的形状不变,那么学生就体会不到数学学习的价值,而且也可能会失去通过数学学习获得发展的机会。

于是教师做出决定:要教"为什么",通过与学生探讨物理中凸透镜作图法和美术中所学的绘画透视法中蕴含的数学原理来揭示位似概念的价值与内涵,而不能仅仅告诉学生怎么画位似图形。(李青梅,2012)

通过分析我们认识到,优秀教师的"备学生"活动不仅涉及与学生的交往和对学生的知识基础的了解,还涉及教师对数学学科知识及其教育价值的理解,体现了教师对"教给学生什么样的数学"的追求,是教师着眼于学生未来发展的行动自觉。这种行动自觉将教师对学生过去的了解、对学生现实的观察结合在一起,能够真正使得"备学生"活动成就教学,体现对学生主体地位的尊重。

第二节
从"备学生"到"研究学生"的转变

备课要备学生,那么,充分的"备学生"是要求我们做到对课堂上学生的各种表现都先知先觉吗?显然不是。实践中有大量的案例说明,即使是经验非常丰富的教师在开放的课堂上也会面对"预设与生成"的挑战,乃至《义教课标(2011 版)》专门对教师如何处理预设与生成的关系提出了建议:

教学方案是教师对教学过程的"预设",教学方案的形成依赖于教师对教材的理解、钻研和再创造。

实施教学方案,是把"预设"转化为实际的教学活动。在这个过程中,师生双方的互动往往会"生成"一些新的教学资源,这就需要教师能够及时把握,因势利导,适时调整预案,使教学活动收到更好的效果。(中华人民共和国教育部,2012)[50]

那么,为什么即使是经验丰富的教师,也会在充分备课的情况下遇到未曾预料到的"生成"资源呢?这就需要我们对"预设与生成"的矛盾根源做深入探究。通过探究,我们也将得以还原"研究学生"的本真含义。

一、探究"预设与生成"的矛盾根源

"预设"指的是教师预想到的学生面对问题的表现,而"生成"则是课堂中学生面对问题的实际表现。"预设与生成的矛盾"则是指"预设"与"生成"不一致情况的出现。

那么,为什么会出现"预设与生成"不一致的情况?这里面既有实践性、偶然性的原因,也就是一些"生成"之所以让教师感到意外,是由于其个人经验不足引起的;也有理论的、必然的原因,也就是无论一位教师

的经验有多丰富, 在体现 "尊重学生主体地位" 的数学课堂上, 也会有产生令其感到意外的 "生成" 的可能。

(一) "预设与生成" 矛盾产生的实践偶然性原因

课堂产生的令教师感到意外的 "生成", 与教师自身的经验有着紧密的关系, 甚至可以说绝大多数的 "生成" 之所以让教师感到意外是由于教师的经验积累不足。因此, 某位教师感到意外的 "生成" 对于另一位教师来说可能就在其意料之中。

案例 1-2-1

学生竟然知道等差数列求和公式

在高中数学 "等差数列的前 n 项和" 一课中, 教师首先提出问题:

建筑工地上一堆圆木, 从上到下每层的数目分别为 1, 2, 3, …, 10。问共有多少根圆木?

他的预设是一点点引导学生说出: $S = 1+2+3+4+5+6+7+8+9+10 = (1+10) + (2+9) + (3+8) + (4+7) + (5+6) = 5 \times 11 = 55$; 再进一步引导学生得出倒序相加法, 进而得到公式。

然而, 实际课堂上却发生了令他意想不到的事情——

给出问题后, 多数学生非常快地就说出了答案: 55。教师问: "这么快, 怎么得来的?" 学生回答: "用小学学过的等差数列求和公式。"

教师一下子就愣住了, 原来有的学生在小学就学过等差数列求和公式。原以为了解初中数学的内容就算了解了学生的基础, 但是却没想到学生的小学基础令课堂出现了其意想不到的问题。

这里教师的 "意想不到" 就源自其经验不足。实际上, 等差数列的求和公式学生上高中前未必真的学过或者能记住 (事实上, 正式学过的孩子未必很多, 毕竟这并非教材中的正式内容, 而是课外班的内容), 但是由于这一问题以高斯的经典故事作为载体有很广泛的流传, 所以, 有学生能够迅速给出答案应该是非常正常的, 教师为学生的表现感到意外表明教师对学生的数学生活的了解太少了。

所以，要想解决这类"预设与生成"的矛盾问题，教师要注重经验的积累，为自己寻找各种了解学生的渠道，从而使得"预设"尽可能与学生的真实情况一致，减少令自己感到突然和意外的"生成"，使自己课堂的驾驭建立在充分准备的基础上。

(二)"预设与生成"产生矛盾的理论必然原因与处理对策

但是，依靠教师的经验积累消灭意料之外的"生成"是不可能的。从教学的实践看，由于认识到"备学生"的重要性，数学教师在进入课堂前都会尽可能从知识基础、学习规律、学习需求等方面做好充分准备，甚至许多教师也会通过调研、访谈、试讲等活动进行这种准备。然而，人们却发现，无论教师准备得多么充分，如果课堂上贯彻"尊重学生的主体地位"的理念，给学生表达自己对问题的理解的机会，学生经常会有教师预料之外的表现。甚至许多教师感到自己"备学生"方面做的工作在增多的同时，课上学生让其意想不到的表现也越来越多，乃至"预设与生成的矛盾"一度成了数学教学研究中的热点问题。许多老教师也会为自己虽然精心备了学生却仍然难以预料和处理课堂的突发事件而陷入了"为什么我总也准备不好"的苦恼之中，而许多优秀教师的课堂让人感到精彩之处也常常表现在他们对于意料之外的"生成"的处理上。

案例1-2-2

与名师相比，我们缺失什么

与名师相比，我们缺失对学生学习过程的关注。

贲友林老师的"找规律"一课中有这样一个环节。老师问："伸出你的左手，有几个指丫？"学生回答："4个。"老师又问："再伸出你的右手，有几个指丫？"学生回答："8个。"但是话音刚落，立即有学生反驳："不对，是9个指丫。"老师问："怎么会是9个呢？"学生解释："将手腕并在一起而将拇指分开就是9个。"

很显然，"9个指丫"的答案不是老师的预设，如果是我们执教，也许到这里就结束了，但贲友林老师却抓住这一生成问题继续他的教学："那如果将手指围成一个圆呢，有几个指丫?"学生将手腕靠拢十指分开呈空心球状，经过一番观察和思考后回答："10个指丫。"

如果物体一字形间隔排列，物体数总是比物体的间隔数多一；而围成圆形"密闭"排列的物体个数与间隔数是相同的——这是这节课的教学重点，也是教学难点，可贵老师利用课堂生成的问题，在看似不经意间就把它解决掉了，轻松自然，如水到渠成。 （傅海洋，2008)[16]

"与名师相比，我们缺乏对学生学习过程的关注"，本案例作者清醒地认识到当今"名师"也就是优秀教师最重要的特点不在于事先对学生可能表现出的各种情况都了如指掌，而在于其深刻理解了教学内容，从而能够敏锐地看到学生的表现的数学意义，自如地将来自于学生的成果巧妙地转化为教学资源，大胆打破自己既定的设计，甚至改变教学的进程或走向。

教师意料之外的"生成"并不会由于个人的经验积累而消失，而这也就涉及"预设与生成"矛盾形成的根本原因：两种数学观——静态数学观与动态数学观的冲突。

所谓静态的数学观，就是将数学等同于数学知识（特别是"事实性结论"）的汇集（郑毓信，2005)[2]，数学教学的主要任务就是将这些人类智慧的宝贵财产传授给学生。在这种观点的指导下，我们就会认为面对同一个问题，人们产生的想法是有限的、可控的，因而我们能够做好"充分准备"，做到对学生的各种情况先知先觉。

但这只是对数学的一种看法。当今的数学教师都认同"授之以鱼不如授之以渔""要注重数学思想方法的教学"等，这种价值取向的形成意味着我们正在进行着从静态数学观向动态数学观的转变。所谓动态数学观，"即是指数学不应简单地等同于数学知识的汇集，而主要应看成人类的一种创造性活动"（郑毓信，2005)[21]，数学知识也只是人类在特定的问题情境中创造的解决问题和解决新情境中问题的工具。在这种观念的指导下，我们就会为学生提供自主探究的机会。由于认识到创造性活动自身具有的情境性、偶然性、可错性、个性化等特点，也就会对学生在创造的过程中的各种可以预期和不可预期的表现持理解和宽容的态度。

表面看，数学是一门成熟的学科，我们所看到的呈现在教材中的数学知识体系完整、逻辑严谨、叙述简洁，经过数学教师的精心设计会以非常优化的程序和方式向学生呈现。然而，这只是教材编写者和数学教师基于自身对数学的理解进行教学法的选择和再加工、再创造的结果，带着该数学教育共同体的主观印迹，受这一数学教育共同体的价值取向的影响。因此，无论他们的选择理由多么充分，得到的评价有多高，这种选择并不代表真实和全部的数学。

不妨看看当今的数学教材，它们受同一个课程标准的指导，却呈现出了多样化的结构，对具体问题的处理方式更是五花八门。以"直角三角形"为例，有关知识在不同版本的教材中的分布有着明显的差异。比如，人民教育出版社出版的初中数学教材（简称"人教版教材"）将直角三角形的有关知识分散编写在各个章节中，而浙江教育出版社出版的初中数学教材（简称"浙教版教材"）则将其集中在了一起。（如下表所示）

内　　容	在人教版教材中的位置	在浙教版教材中的位置及讨论顺序
直角三角形两锐角互余	八年级上册：11.2.1 三角形的内角和	八年级上册：2.6 直角三角形 讨论顺序为： 直角三角形两锐角互余； 直角三角形斜边中线等于斜边一半； 勾股定理及其逆定理； 直角三角形的全等的判定定理（HL）
直角三角形全等的判定定理（HL）	八年级上册：12.2 三角形全等的判定	
勾股定理及其逆定理	八年级下册：17.1；17.2	
直角三角形斜边中线等于斜边一半	八年级下册：18.2.1 矩形	

再以具体的"勾股定理"的探索过程为例，人教版教材设计了以毕达哥拉斯的历史故事为载体的情境。这一情境意在引导学生通过观察拼接在

一起的等腰直角三角形的面积关系，提出关于等腰直角三角形三边的关系（如图 1 –2 –1 所示）。

相传两千五百多年前，毕达哥拉斯有一次在朋友家作客时，发现朋友家用砖铺成的地面图案反映了直角三角形三边的某种数量关系. 我们也来观察一下地面的图案（图 17.1-1），看看能从中发现什么数量关系.

图 17.1-1

毕达哥拉斯（Pythagoras，约前 580—约前 500），古希腊著名的哲学家、数学家、天文学家.

✖ 思考

图 17.1-2 中三个正方形的面积有什么关系？等腰直角三角形的三边之间有什么关系？

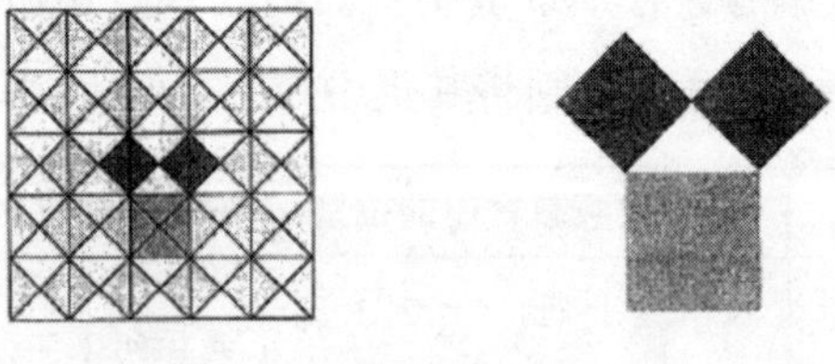

图 17.1-2

可以发现，以等腰直角三角形两直角边为边长的小正方形的面积的和，等于以斜边为边长的大正方形的面积. 即等腰直角三角形的三边之间有一种特殊的关系：斜边的平方等于两直角边的平方和.

看似平淡无奇的现象有时却蕴涵着深刻的道理.

图 1 – 2 – 1

然后，教材再引导学生从特殊到一般，提出关于一般的直角三角形的三边关系的猜想，进而借助地板砖的背景抽象出的网格图进行证明，得到勾股定理（如图 1 – 2 – 2 所示）。

探究

等腰直角三角形有上述性质，其他的直角三角形也有这个性质吗？图 17.1-3 中，每个小方格的面积均为 1，请分别算出图中正方形 A，B，C，A′，B′，C′ 的面积，看看能得出什么结论.（提示：以斜边为边长的正方形的面积，等于某个正方形的面积减去 4 个直角三角形的面积.）

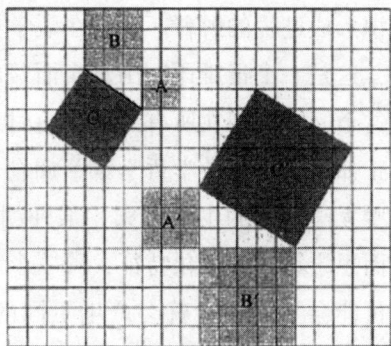

图 17.1-3

由上面的几个例子，我们猜想（图 17.1-4）：

命题 1　如果直角三角形的两条直角边长分别为 a，b，斜边长为 c，那么 $a^2+b^2=c^2$.

图 1-2-2

浙教版教材则直接从一般的直角三角形入手，设计了拼接一般直角三角形为正方形的活动，通过利用不同的方法计算拼接后图形的面积得到勾股定理（如图 1-2-3 所示）。

合作学习

（1）剪四个全等的直角三角形纸片（如图 2-34），把它们按图 2-35 放入一个边长为 c 的正方形中. 这样我们就拼成了一个形如图 2-35 的图形.

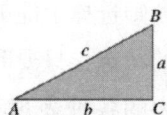

（2）设剪出的直角三角形纸片的两条直角边长分别为 a，b，斜边长为 c. 分别计算图 2-35 中的阴影部分的面积和大、小两个正方形的面积.

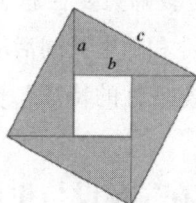

（3）比较图 2-35 中阴影部分和大、小两个正方形的面积，你发现了什么？

图 2-34

图 2-35

图 1-2-3

不同版本的数学课程标准始终要求教材编写要"体现数学知识的形成过程",因此,教材的编写者必定会深思熟虑,每种呈现方式都是他们对于知识形成过程的解释。至于在数学史上,人们到底是怎么样发现勾股定理的,这是一个很难还原出真实面目的问题。即使找到真相,也并不意味着当这个问题呈现在所有人的面前时,每个人都会这样按照同样的方式探索。正如数学家、数学哲学家彭加勒(2008)[34]所言:"数学活动总是存在着某些无法确定的主观因素,某种创造性的直觉活动。"数学是思维的产物,而思维具有个性化特征,同一个对象或者问题所激活的学生头脑中的信息可能会不同,这就会产生不同的思维产品,表现为对其的关注点不同、产生的解决问题的方法不同、得到的结论不同。正如波普尔在《猜想与反驳》中所指出的,决定观察者的着眼点的是"他的理论兴趣、特定的研究问题、他的猜想和预期以及他作为一种背景即参照系、'期望水平'来接受的那些理论","认为我们能够单独从纯观察出发而不带有一点点理论性的东西,是荒唐的"。(波普尔,1986)因此,只要我们为学生提供了自主探究的机会,就必然会导致"生成"的出现,而期待全体学生都按照教师或者某种教材设计的方式进行思考是不合理的。

将数学看作创造性活动,按照创造性活动的过程与规律进行教学,意味着"预设与生成"的矛盾必将普遍存在。因此,"预设与生成"的矛盾并非简单的偶然性的实践问题,而是一个必然性的理论问题。也就是说,课堂中是否出现预设与生成的不一致并非完全由教师的经验与能力所致,只要教师选择了能够引发学生思考的教学方式,只要学生真正进入了积极探究的状态,只要我们相信学生是发展中的、富有个性的人,就不要期待着学生的各种表现都能够为我们所预测。正如叶澜教授(1997)所指出的,"教师只要在思想上真正顾及了学生多方面成长、顾及了生命活动的多面性和师生共同活动中多种组合和发展方式的可能,就能发现课堂教学具有生成性的特征"。

二、在"预设与生成"的矛盾解决中还原"研究学生"的本意

"预设与生成"的矛盾既有实践性、偶然性原因,也有理论性、必然性原因,所以教师既要注意个人经验的积累,尽量减少出现预设与生成不

一致让自己措手不及的现象，还要有"学生可能会有我预想不到的想法"的心理准备，这样才能够冷静、理智、积极地面对课堂中生成的问题。

许多优秀教师认识到了这一点，为此，他们经常提醒年轻教师：在备课时要有预设，但是实施时又不能完全按照预设进行，而是要根据学生的现场表现做出相应的调整，要有课堂会出现生成性问题的心理准备——从"先知先觉式的充分准备"到"学生远非我们想象那样的心理准备"，人们对"备"字的解释悄然发生了变化。这也意味着传统的"备学生"观念在新课程理念下获得了新的发展，人们也更加愿意用"研究学生"一词来替代"备学生"。这使得教师在教学中更敢于向学生提出开放的问题，更愿意给学生独立思考和解决问题的机会，也能够更加坦然面对"预料之外"的观点。而当出现"预料之外"的观点时，教师也不会急于自己出面做是非判断，而是会进一步了解学生的想法，或者询问其他学生对于"预料之外"的看法，力图通过学生们的充分阐述形成对话，纠正错误。

在传统的需要先知先觉式的充分准备的"备学生"观念中，教师认为除非自己讲清楚了概念或者解题的步骤，否则学生就会出错。于是，学生只能模仿例题、按部就班地解决问题。而当学生出错时，教师往往会选择直接纠正和再次讲解、强调的方式，因此学生很少有机会进行真正的问题解决和与他人分享自己的思维过程。

不妨看一位教师在自己的反思中的描写。

案例1-2-3

同类二次根式的判定

我出了三组题目让学生判断每组是不是同类二次根式：

(1) $\sqrt{2}$ 与 $2\sqrt{2}$ (2) $\sqrt{24}$ 与 $\sqrt{28}$ (3) $\sqrt{5}$ 与 $\sqrt{45}$

我认为这三组题很简单，学生应该不会出问题，就找了一个学习成绩中下等的学生来回答。前两组题目该生顺利过关，但对第三组题该生说不是。我追问："为什么不是？"学生说被开方数不同。我接着问："什么叫同类二次根式？"学生回答："被开方数相同的二次根式叫同类二次根式。"

为了让学生弄清概念，我又强调了一次同类二次根式的定义——化成最简二次根式以后如果被开方数相同的二次根式叫同类二次根式。我又进一步解释说明了什么是最简二次根式。课上这个意外出现的问题，耽误了一些时间，致使这部分内容没有在预期的时间内完成。

通过这个事情，我觉得是自己没有强化先把二次根式化成最简二次根式再判断是否是同类二次根式的步骤。我总认为刚刚讲过的知识学生就应该会，所以不应再在此处花费更多的时间。学生在课上出现如此问题，究其原因，主要是他们没有真正理解同类二次根式的概念。这也说明在课上，我没有将同类二次根式的概念分析清楚。

这里的教师就将学生的错误归因于"自己没有讲清楚、强化不够"，因此采取了"再次强调"的方式，这源于教师"充分准备就能确保全体学生学会"的观念。然而，事实上学生的学习过程是复杂的，无论教师讲解得多么清楚，也不能保证全体学生都马上理解。学生的学习需要过程，学生之间存在差异，而出错是学生将自己的真实想法展示出来的机会，也得以给学生一个自我否定的机会。而自我否定很难自己完成，需要教师通过提供适当的外部环境来促进学生的自我反省和观念冲突，比如促进学生间的对话、教师指出错误等，让学生得以对自己的错误有所觉察并进行纠正。

因此，在"研究学生"的观念下，教师会理解和宽容学生在学习过程中的错误，并将其看作学生对问题的一种观点展现。由于学生观点的产生必定与其已有的认知结构有关，因此要让学生充分解释，通过解释，对错误观念的校正与认知结构的调整同步完成。

案例1-2-4

有序数对与平面直角坐标系的关系

课堂上，在回答"有序数对与平面直角坐标系有什么联系与区别"的问题时，学生A首先说道："我觉得有两点。一是先要建立平面直角坐标系,才能有有序数对。比如平面直角坐标系的原点一动,平面上点的坐标就全要变了。我们只有有了平面直角坐标系,才能知道一个有序数对表示的点在哪里;在平面上给了一个点,才能知道怎么写出表示它的有序数对。二是平面直角坐标系是在整个平面上的东西,而一个有序数对就是和一个点有关。"

显然,学生所表述的"先有平面直角坐标系,后有有序数对"的观点是错误的,因为平面直角坐标系只是一个特殊的能够产生有序数对的工具,生活中还存在着大量没有平面直角坐标系的有序数对,如电影院的座位、图书的编号等,都可以看成有序数对或有序数组。但是,面对学生的错误,教师不必急着做是非判断,而是可以将其作为促进学生进一步交流和理解的机会。

案例1-2-4(续)

有序数对与平面直角坐标系的关系

学生 A 的回答颇出乎意料,当时教师至少有两个选择:

第一,请大家看书,书上的顺序就是先说"有序数对",后说"直角坐标系",因此怎么会一定要先有"直角坐标系"呢?

第二,延迟判断,静候其他学生的反应。

注意到这个学生似乎是非常关注了一个能够"建立点与数对的对应关系"的工具应该具有的要素和作用,但忽略了直角坐标系在此类工具中的特殊性,于是教师决定重新整理复述学生 A 的发言,并有意识地突出其发言中合理与不合理的要点,并问其他学生是否同意 A 的说法。

学生 B 不太同意 A 的说法。他认为,有有序数对不一定非要有平面直角坐标系,只要规定了一个原点和足够的方向,就可以用有序数对表达点了。

学生 C 同意 B 的意见。他说看到书上也是先讲有序数对，同时结合教室里排座位没有直角坐标系，也没有明显的原点，但还是可以有有序数对，比如第一排第二个记成 (1，2)。

学生 D 表示不同意学生 B、学生 C 的说法。他认为学生 C 的例子虽然表面没有明确说哪个点是原点，但是实际上是有了规定的，否则就没有数对了。他同意 A 的说法，即先有平面直角坐标系，后有有序数对。

学生 E 在黑板上画了一个电影院座位的示意图（如图 1－2－4 所示），解释说座位也在平面上，但是没有直角坐标系，同样能够建立有序数对与点的关系。他还建立了一个特殊的坐标系（如图 1－2－5 所示），用垂直坐标轴的线来找点的有序数对，比如点 P（3，1），他的结论是：有序数对可以不依赖平面直角坐标系。

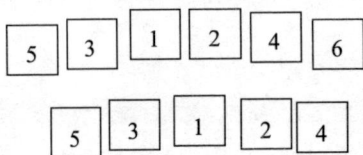

图 1－2－4

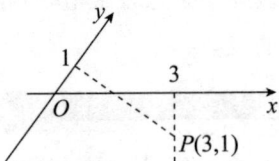

图 1－2－5

学生 E 的发言引起了同学们的自发鼓掌。教师说："看来大家都同意了 E 同学的看法。那么，A 同学，你开始为什么说先有平面直角坐标系，再有有序数对呢？你现在还这样认为吗？"

学生 A 说："我也不是非要说先有平面直角坐标系。我是要强调，要有一个有序数对，就先要有一个（计数的）原点，还要规定一些方向、单位长度，否则就没有办法去说一个点对应的有序数对是什么。不同的原点、单位，（平面上同一个）点的坐标是不一样的。"

最后，教师做了总结："很好，我想我们现在很清楚了，要想建立点和有序数对的对应关系，不一定需要平面直角坐标系，我们可以有各种各样的方法来建立这种对应，平面直角坐标系只是其中一种建立点和有序数对对应的工具。建立了平面直角坐标系，有序数对就可以表示这个平面上的点了。"（谷丹，2008）[26]

我们看到，尽管学生 A 的具体错误在教师的意料之外，但是由于教师对学生会产生异于自己的想法有心理准备，因此，课堂上教师显得异常冷静。这就使得其有可能将"意料之外"作为研究、分析对象，将注意力从单纯关注是非，转向对学生回答中的合理与不合理成分的辨别上，从而把一个学生的答案转化为供全体学生辨析、讨论的资源。于是，课堂上学生就会有更多的阐述自己观点的机会，这就使得课堂有了研讨的味道。通过研讨，原本的错误认识得以纠正，学生对问题的认识也更加深入和全面。

值得注意的是学生 A 的再次发言。我们发现，他最初的观点与其说是错误的，不如说是表达得不完善但很深刻。实际上，尽管有序数对的产生不依赖于是否有实体的平面直角坐标系，但是总要有与平面直角坐标系各要素本质相同的东西的支撑才可以。从抽象的意义上看，学生 A 的说法其实是正确的。

第三节
"基于学生研究的数学教学" 的提出

"既要有预设，又要有出现生成的准备"，这种在数学教师群体中日益被更多的人认同的观点，实质上已经将"备学生"上升为"研究学生"。"研究学生"意味着我们带着问题与猜想走近学生，带着猜想被证实或被证伪的惊喜与惊奇去发现学生，这种发现是教师对学生真实状况的认识与评价，进而应该成为教师决策、推动学生发展的依据，这样的教学过程体现了教师的教、学生的学以及教师对学生评价的一体化，其中的评是学生学的活动和教师教的活动之间的桥梁与纽带。

一、"基于学生研究的数学教学"的提出

在数学学习活动中，数学知识是客体，学生是学习的主体，教师及其设计的活动是帮助主体认识客体的中介，而"尊重学生的主体地位"就是

承认主体对客体认识的复杂性——客体在主体头脑中的反映不像简单的镜像反射，而是需要经过主体认知结构这一"有色眼镜"的过滤，因此，不同主体的头脑对同一个客体可能会有着差异巨大的理解。对于教师来说，给学生展示自己思维的机会，研究和准确评价学生的思维过程，就变得非常重要了。为此，我们提出"基于学生研究的数学教学"，它让我们将对学生的了解、判断、评价和对策建构置于教学的中心位置。而当站在"研究"的视角重新审视数学教学活动时，教学设计、教学实施和教学评价也就有了新的内涵与意义。

在备课或者教学设计中的研究学生的活动所用方法主要是推理法，研究的成果则是关于学生的猜想与假设。备课时，教师对学生的分析通常是依据自己对数学的理解、对教学的理解和积累的教学经验做出的，偶尔会做一些调查，包括正式问卷调查或者根据作业、课堂表现等进行的非正式调查。通过这些研究，教师会推测学生面对所学知识时可能会表现出哪些智慧和困难。这种推测是一种关于学生的猜想或者假设，一般来说，教师所设计的活动都以这些猜想或者假设为前提。

课堂教学中的研究学生的活动属于实证研究。由于教师对学生的智慧与困难的推测是在教师有限经验的基础上做出的，推测所用的方法主要是归纳法，这就决定了其存在着不可靠性——此学生可能与教师以前教过的几百位学生都不同。学生的真实情况与教师的预测不同是正常现象，同时，由于学生的学习过程具有情境化特点，比如课堂上同学之间的互相启发就会使得他们迸发出比个人独立思考更多的智慧，一些原本存在的困难通过同学间的互相推动也许就自然化解了，也可能由于互相干扰引发了新的困难。因此，教师还要在课堂中给学生研究问题、解决问题的机会，让学生将自己的真实智慧与困难展示出来。如果学生的真实表现与教师的猜想或假设相同，则按照预设的方案进行；如果前提被否定了，自然要调整预设的教学方案，形成新的指导对策。

教师的指导、引导是否有效？学生是否真的如教师期望的那样学会了？回答这些问题仍然需要对学生进行研究，通过观察学生解决问题的过程、倾听学生的发言、分析学生的作业作品等，来评价教学目标是否达成。

这样，数学教师对每堂课的教学设计、教学实施、教学评价活动就构成了一个"微研究",如图 1 - 3 - 1 所示。

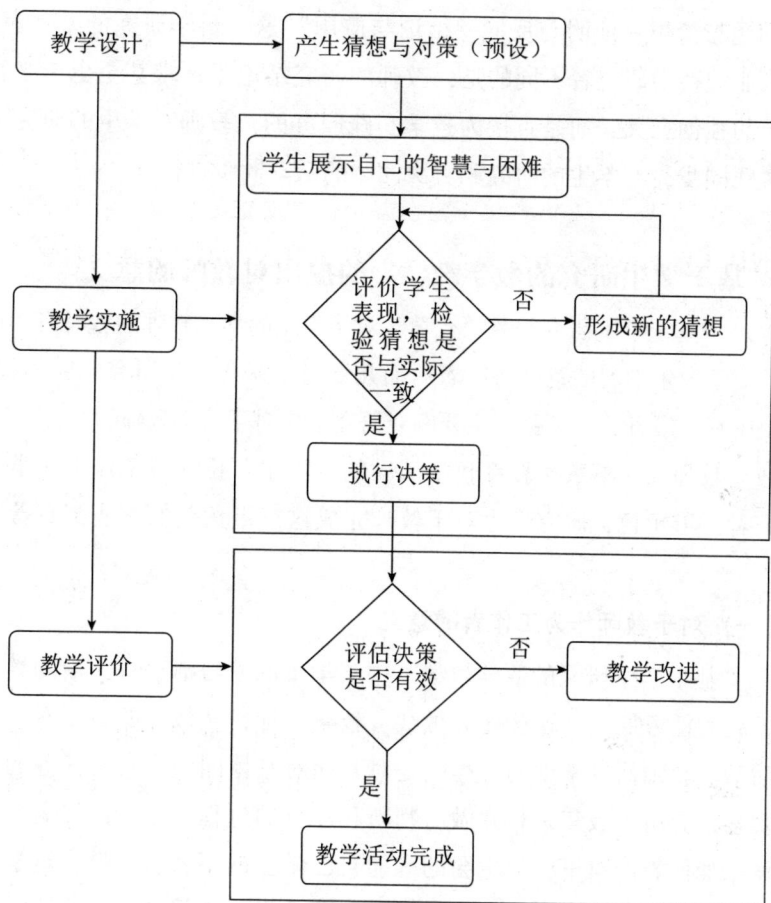

```
┌─────────┐        ┌──────────────────────┐
│ 教学设计 │───────▶│ 产生猜想与对策（预设）  │
└─────────┘        └──────────────────────┘
     │
     │      ┌─────────────────────────────────────────┐
     │      │    ┌──────────────────────┐              │
     │      │    │ 学生展示自己的智慧与困难 │              │
     │      │    └──────────────────────┘              │
     │      │               │                          │
     ▼      │          ╱╲                              │
┌─────────┐ │        ╱评价学生╲    否  ┌──────────┐     │
│ 教学实施 │─┼──────▶ 表现，检 ──────▶│ 形成新的猜想 │     │
└─────────┘ │        ╲验猜想是╱       └──────────┘     │
     │      │         ╲否与实际╱                        │
     │      │          ╲一致╱                           │
     │      │           是 │                            │
     │      │        ┌──────────┐                       │
     │      │        │ 执行决策  │                       │
     │      │        └──────────┘                       │
     │      └─────────────────────────────────────────┘
     │      ┌─────────────────────────────────────────┐
     │      │              ╱╲                          │
┌─────────┐ │            ╱评估决策╲   否  ┌──────────┐  │
│ 教学评价 │─┼──────────▶ 是否有效 ──────▶│ 教学改进  │  │
└─────────┘ │            ╲      ╱        └──────────┘  │
            │              ╲  ╱                         │
            │           是  │                           │
            │        ┌──────────┐                       │
            │        │ 教学活动完成 │                    │
            │        └──────────┘                       │
            └─────────────────────────────────────────┘
```

图 1 - 3 - 1

在基于学生研究的数学教学中，贯穿着两条互相作用的研究脉络。

第一条脉络是学生的研究。他们研究的是数学问题，得出的是数学结论，交流的是思考过程；他们的研究可能很顺利甚至取得超越教师设想的成果，可能遭遇困难甚至深陷泥泞而不能自拔；可能独立一个人就能完美完成，也可能需要同学间的合作，还可能需要教师的指导与帮助。这些都应该成为学生数学学习的必要组成部分。

第二条脉络是教师对学生的研究。教师通过对学生研究问题的过程与成果的观察、倾听、分析，了解到学生的真实智慧与困难，对自己课前形成的猜想进行检验，根据实际情况给予学生必要的指导、引导。教师的研究过程尽管经常是在一节课内与自己的教学工作同步进行的，但同样经历了"问题与猜想—证明与反驳—结论与应用"这一科学研究的基本过程。而与专业的科学研究者不同的是，教师的研究结论不追求甚至也未必具有学术上的独创意义，而是直接为教学实践服务的，教师对学生的研究与其教学实践同步，与学生的研究和解决问题的活动同步进行。

二、"基于学生研究的数学教学"的提出对教师的意义

提出"基于学生研究的数学教学"对于学生的学和教师的教具有不同的意义。对于学生学习的意义将随着后面几章对"基于学生研究的数学教学"的内涵阐释而展开，本节我们主要阐释研究学生对于数学教师的意义。

数学教师在从事数学教育教学活动的过程中，扮演着工作者、学习者和研究者三重角色，研究学生对于教师完成这三重角色的扮演都有着重要作用。

（一）对于教师作为工作者的意义

在"基于学生研究的数学教学"中，学生的学习活动首先借助教师设计和发起的任务展开，这些任务承载着教学目标，从教师的角度看，属于教的活动。教师研究学生的过程就是对其面对具体问题、真实任务的表现进行观察、分析、收集资料并做出判断和评价的过程，之后再根据自己的判断做出如何教的决策，学生会的和能自己学会的不教、少教，对学生不会且通过自己的力量难以学会的则给予合适的指导和帮助，这就让评价成为教师的教和学生的学的中介，在教学实施层面实现了"教—学—评"一体化，避免了脱离学生的学的教，能有效提高数学教育教学的有效性。

作为数学教师，其工作的核心或者说本质是教书育人，因此，提高教育教学的有效性是每位数学教师都最为关注的问题。而通过研究学生、了解学生，会尽量避免由于自己的主观判断与学生的客观现实存在差距而导致教学无效或者低效的情况发生。

案例 1-3-1

商和余数能都是 3 吗

一个上二年级的孩子做作业时问家长:"您帮看看我这道题对不对呀?"

孩子做的题目是 18 除以 5 的竖式,结果是商 3 余 3。孩子小小的脸紧缩眉头的样子让家长感到很奇怪:"是什么让你感到怀疑呢?"孩子犹豫着:"商和余数都是 3,行吗?"家长追问:"你为什么认为商和余数不能都是 3?"

孩子说:"今天在学校我有一道题就是这样的,可老师说不对,让我改了。"

翻看了孩子练习本上的题目,家长发现那道题目是 25÷4,改正后的答案是:$25÷4=6……1$(原题为竖式)。家长问孩子原来是怎么写的,孩子说原来:$25÷4=5……5$(原题为竖式)。

家长恍然大悟:原来她的错在于余数比除数大了,但是她却以为自己的错误原因是余数不能和商一样大。

案例中教师发现学生的错误后对其进行了个别指导,然而,学生的错误表面上得到了改正,但其原有的关于余数与除数大小关系的观念并没有得到纠正,经过改错,反倒形成了一个新的错误观念:有余数除法的商和余数不能一样。显然,教师的这次教学活动是无效的,而无效的原因则在于"有教无评",也就是教师实施了教的活动却没有评价,想当然地以为"自己教了,学生就会了"。

联想到许多教师颇为困惑的现象——"为什么我讲了许多遍,学生当时似乎明白了,可过后还出错",其原因与这个案例中的情况可能是类似的。也就是教师在帮助学生改错的时候没有了解学生到底是哪里不明白,在学生改完错后也没有通过有效的方式评价一下学生是否真正明白了,因此实质上是研究学生活动的缺失导致了教学的低效甚至是无效。

按照学生的真实情况进行教学,这个道理很浅显,但是真正做到却并不容易，有时候还需要教师不断对自己的常识进行批判、对习惯进行改变。比如，我们经常会以学生是否学过和当初学得怎样作为判断学生能不能解决相关问题的依据，但实际上却未必如此。我们曾经在一所学校八年级学生"分式"单元的教学研究中做过一次前测，其中包含着学生在七年级已经学过的合并同类项的题目和没有学习的分式运算的题目，最终得到了下面一组数据。

案例 1-3-2

合并同类项与分式运算的调研结果

合并同类项化简 $5x^2y - xy^2 + x^2y + 2xy^2$ 的正确率为 42.3%；而根据自己的理解进行分式的化简问题中，题目 $\dfrac{3b}{2a^2} \cdot \dfrac{5a^2}{4b^2}$ 的正确率为 37.2%，题目 $\dfrac{3m}{2n^2} \div \dfrac{m^2}{4n}$ 的正确率为 38.9%，题目 $\dfrac{14mn}{3a} \div 12m^2n$ 的正确率为 40.6%。

调查发现，学生学习过的整式加减法化简问题的正确率，似乎与没学过的乘除法化简问题的正确率相差无几。类似现象的出现很可能会使得我们在学生学过的知识上高估学生，在学生没学过的知识处低估学生。

除了数学知识教学的有效性问题外，师生之间常常会出现一些不和谐的状况甚至冲突，这种不和谐影响着教师和学生每天的生活质量或者说快乐指数。而分析每个具体的不和谐与冲突，经常是由于教师对问题的主观判断与学生的客观现实的差异造成的。

案例 1-3-3

小奇的故事

小奇同学平时数学成绩很差，对许多知识都一知半解。

一天，小奇找 L 老师问一道题。L 老师感到很高兴，就停下手头的工作，为他格外细致和耐心地讲解，并不时地问他：明白了吗？懂了吗？

听到最后小奇终于说"懂了"时，L老师深吸了一口气——虽然累了点，但内心很高兴，并且是发自内心的高兴。

第二天，L老师想利用这个机会鼓励一下小奇，就在上课时出了一道与之前讲解的那道题类似的题目，满怀希望地让小奇来回答。然而，小奇磨磨蹭蹭地站了起来，低着头不说话。

见此情景，L老师轻声地提示他："仔细想想，我昨天给你讲的内容对这道题的回答有没有帮助？"小奇还是低着头不说话，但脸很红，同学们的目光都投向了他。

沉默了好一会儿，小奇低声说道："我昨天就没听明白。"L老师很生气，正要发火，却听见小奇继续说："昨天看到您已经很累了，说话的声音都有点儿哑了，看您实在太辛苦了，我不忍心再说不懂了。"

幸运的是，这个故事以师生情感的交融作为结局。但是，我们可以设想，如果小奇没有继续解释，随之而来的会是教师对小奇的一番批评，小奇则会感到很委屈，不和谐就这样产生了。

回首这一故事，其实矛盾的种子在前一天的晚上就已经种下：教师通过让小奇自己主观判断会不会、懂不懂的方式评价其学习效果，即使小奇不是出于体贴教师的考虑，也容易导致教师被蒙蔽，因为学生认为自己明白了与学生真的明白了是不同的。所以，这里的矛盾主要源自教师用了一种不太科学的方法对学生的学习情况进行评价，由此得出错误的结论，以此为基础做出判断会导致教学低效或无效。

（二）对于教师作为学习者的意义

"学生是我的老师"，许多教师发出过这样的感慨，而研究学生对于教师的学习而言，既是学习方法，也能够帮助教师收获许多具体知识。

由于长期从事教师培训工作，笔者发现了一个很有趣的现象：与在学历教育中需要面对"理论有用吗"的质疑不同的是，世纪之交的第八次课程改革启动以来,一线数学教师表现出了强烈的对理论的需求和渴望,但是我们也发现,教师强烈的发展愿望和学习付出与其发展效率之间不成正比(顿继安,2007)[29]。有教师教育的研究者发现:中小学教师即使通过培训或者阅读,在概念上理解或者甚至在理念上认同了某种教育学理论,但是也很难将学术界的教育学理论用于自己的日常教育教学实践中(陈向明,2008)[39]。这样的发现难免过于悲观,但却与笔者自身的观察与感受一致。

然而,随着培训经验和更加深入的理论分析的增加,笔者逐渐改变了这种认识。

在一个数学教师培训班中,笔者曾经做了一个关于"研究学生的意义、内涵与方法"的讲座,其中,提出了"因学生需要而教"的理念,并且给出了这一理念指导下的一种教学模式。笔者在讲座中分析了许多案例,现场也组织了非常充分的讨论,观察表明学员们对于笔者的观点也表现出认同和理解。

不久以后,培训班中的学员 C 在自己的研究课"有理数的混合运算"的交流反思活动中说:

这节课进行到一半学生做练习时,我就意识到前面不该先讲混合运算规则,然后示范、练习,而应该直接让学生做有理数的混合运算题目,不讲先做,然后让学生讲自己的想法,老师再说一些表扬和鼓励的话激励、引导,然后再让他们填运算顺序,就像顿老师讲得那样。那样效果可能会更好。

为什么 C 老师在进行教学设计时没有运用讲座中的理论?是笔者的讲座抽象空洞,还是 C 老师的理解力低或者没有认真聆听?从 C 老师的反思来看,显然并非如此。事实上,如果没有理论讲座带来的"有准备的头脑",C 老师也不会看到自己实践中的问题;而如果没有在自己的课堂中亲自观察到的现象带来的触动,C 也难以真正理解讲座中理论的内涵与价值。

C 老师的故事实际上揭示了学习的一个基本规律:感性认识是理性认识的基础,理性认识是感性认识的升华。而带着理论对自己的学生和课堂进行观察,会让教师对理论产生感性认识,从而逐步走向对理论的理解。

　　翻阅各种登载中小学数学教师的论文、案例、感悟等成果的期刊或图书，客观地说，这些成果中鲜有真正的新理论、新发现，但是却凝聚了教师的智慧、感悟和体会，是教师"再创造""再发现"的结果。在这个过程中，研究自己的学生、自己的课堂是重要的起点。

　　研究学生带给教师的除了教学理论，还有对数学学科知识的认识。

　　首先，研究学生会让教师直接从学生处获得一些具体问题的新解法。许多教师都有从学生那里积累起某些数学问题的多种方法的经历。一些教师教过许多遍的问题在遇到新的学生时还经常会有新的方法产生，这会为教师带来惊喜，也必然会促进教师对数学学科知识的认知发展。

　　研究学生为教师对数学学科知识的理解经常起到的另一个作用就是，学生的质疑会促使教师自身对一些本源性问题进行思考。这会促进教师对知识的本质和来龙去脉有更深刻的理解，还会督促教师进行学习和补充必要的知识，以解答学生的疑问。

案例1-3-4

乘法竖式因式末尾一定要对齐吗

　　一位教师发现小数乘法的竖式作业中，多位数学学得很好的学生在列竖式解决 12.4×7 的问题时，并未按照课上讲的规则列把两个因数的末尾对齐后再按照整数乘法的竖式进行计算，而是将7写在12.4中个位上的数"2"的下方，如图1-3-2（1）所示：

$$
\begin{array}{r}
1\,2.4 \\
\times\quad 7 \\
\hline
8\,6.8
\end{array}
\qquad
\begin{array}{r}
1\,2.4 \\
\times\quad 7 \\
\hline
2.8 \\
1\,4\ \\
+\,7\,0\ \ \\
\hline
8\,6.8
\end{array}
\qquad
\begin{array}{r}
1\,2.4 \\
\times\quad 7 \\
\hline
2.8 \\
1\,4\ \\
+\,7\,0\ \ \\
\hline
8\,6.8
\end{array}
$$

　　　　（1）　　　　　　　（2）　　　　　　　（3）

图1-3-2

　　找到孩子交流时，几名学生在仔细检查后都认真而自信地说："做对了，没问题。"教师请他们对照书上的竖式再看，学生都发现了自己的竖式中两个数的末尾没有对齐，再追问学生的想法，有学生说"马虎了，没注意末尾对齐"，但也有几名学生坚持认为自己没错，一名学生还解释道："老师，您看12.4乘7，表示7个0.4、7个2、7个10，我这样写多清楚啊，而且得数也是正确的！"学生的分析引起了老师对小数乘法为什么要把因数的末尾对齐的思考。通过进一步阅读教材、查阅资料和与同行及专家交流，该教师认识到：竖式的作用是为多位数的运算提供了将运算过程展开、记录的思维支架和直观工具，是算理和算法直观化的产物，对于乘法运算来说，因数的末尾是否对齐无关本质，其关键在于在展开的过程中有便捷的方式记录每步运算所得结果。事实上，世界各地的教科书给出的竖式形式也是五花八门，并无统一标准，因此，竖式的形式并无对错之分，但是一般会有优劣之别。比如，学生给出的竖式将7与2对齐显然是由于两者都为个位数、受加法竖式规则的影响，但加法竖式数位对齐的意义在于直观表达了加法的算理，而做乘法运算时，比如12.4×7，需要分别用12.4的各数位上的数与7相乘后，将结果数位对齐后再相加，用常规竖式和学生给的竖式如果充分将这一过程表达，将分别如图1-3-2(2)和(3)所示，因此，7写在哪里无关紧要，重要的是正确写出12.4的各个数位上的数与7相乘的结果，也就是说，不必非将7与12.4的个位对齐，7的位置是自由的，而由于7与12.4的各位数相乘所得结果的末位数都与12.4对应的数位上的数同位，因此，将7写在与12.4的末位数对齐的位置将有利于整体观察和书写，是"思维经济"的选择——我们看到，对来自学生的新奇答案的深入探究推动了教师的学习，更深刻得理解了本来认为"理所应当"的乘法竖式规则的内涵。

数学教师的工作具有重复性，循环往复的教学会使得我们对自己任教学段的知识、问题非常熟悉，这就很容易让我们"一步走向答案"，从而与自己的思维过程失之交臂。而面对学生的这种追问，我们就需要"慢"

下来，对自己的思维过程进行分析，使得知识与方法的生成过程得以还原，从而更好地理解问题，理解我们自身的数学思维特点。

（三）对于教师作为研究者的意义

数学教师要做研究、写论文，既是解决时代背景下涌现出的各种复杂问题的需要，也是许多教师出于自身评职评级等实际利益的需要而必须面对的任务。

笔者经常会面对许多教师的询问：怎样做研究？怎样写出好的论文？笔者的观点是：任何研究都始于问题，研究学生吧！它是问题产生的源泉，也是取得有说服力的成果的保障。

作为一线教师，我们在每天与学生打交道的过程中一定会有许多疑问或者困惑，或者发现一些令自己感到意外的现象。比如，某道题讲了多遍但错误率仍很高，某节课学生表现得格外活跃、有趣等。如果我们此时能够进一步对学生做个调查，就可能会有些发现。但是这种发现依赖的是个别情况的发生，其可靠性尚显不足，更不适合直接用于实践。但它却为我们提出了一个问题，对问题的研究过程就是证明自己的发现是否可靠的过程，就需要寻找更多的证据，而证据可能来自现有理论；如果现有理论的解释不够合理，就可能创造新理论，而将自己的研究过程、结果表达出来，就是论文。

当然，也许数学教师对学生的研究不追求甚至绝大多数也不会具有学术上的独创意义，而是直接为自身的教学实践服务，但这并不意味着数学教师没有可能提出有独创意义的成果。

数学教育中的一个经典案例就是著名的"几何思维水平理论"的提出，其提出者是两位来自荷兰的一线数学教师范·希尔（Van Hiele）夫妇。范·希尔夫妇在教学中发现，教材所呈现的问题或作业所需要的语言及专业知识常常超出了学生的思维水平。为了解释这一现象，他们学习了瑞士心理学家皮亚杰的认知发展阶段理论，并将该理论用于自己对学生的数学学习过程研究，提出了刻画学生几何学习不同发展阶段的"几何思维水平"理论模型。如今，这一理论模型在许多国家的数学课程设置中都产生了影响。

在实践中发现疑问、提出问题，是各个学科领域开展研究、取得成果的重要途径。例如，心理学中的 A 型、B 型人格理论的提出者并非心理学家，而是美国心脏病医生弗里德曼与罗森曼。

弗里德曼医生在行医的过程中偶然发现，与其他科室相比，心脏病科室患者就诊椅的破损要严重得多，椅子后腿下的地面上竟然存在凹陷。这一现象使得他开始观察就诊的冠心病患者的行为。他发现，冠心病患者候诊时，总会不断抱怨候诊时间太长，往往把椅子两条前腿翘起来，以椅子后腿作为支撑，并把自己的双腿交叉起来，不断地摇动或转动椅子，直到护士叫到他的名字为止。就这样，年复一年，许多冠心病患者就这样摇晃，使地面形成了凹陷。

在观察研究了大量这类行为之后，弗里德曼在 1987 年用四个单词来概括其特性：易恼火（Aggravation）、激动（Irritation）、发怒（Anger）和急躁（Impatience）。这四个词的英文中有两个都以字母 A 开头，于是"A 型性格"这一概念从此出现。进而展开的医学统计表明，85% 的心血管疾病与 A 型性格有关。这一发现改变了长期以来医学界认为诱发心脏病的原因是高血压、血清胆固醇、吸烟等的看法。（管健，2012）

我国数学教师的教学研究中虽然没有产生过像"几何思维水平"这样的重大成果，但在数学教师们汗牛充栋的论文、案例中，一些对同行有启发、令人耳目一新的成果往往也是由于有了对学生的研究。

案例 1-3-5

你是左撇子吗

我教立体几何时，总是会在第一节课末尾留一点时间，请学生们做一个小测验：看着书上一个正方体的图形（如图 1-3-3 所示），想象一下：①过 A_1、D_1、C、B 四点"切一刀"，切下来的下半部分多面体是什么形状？②如果接着再过 D_1、D、B 三点"切一刀"，切出来的多面体是什么形状？

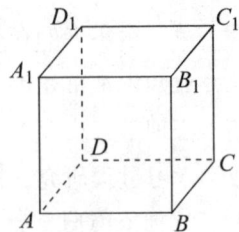

图 1-3-3

通常，如果第一问就想象不出结果来的学生，在立体几何后面的学习中，往往会因为空间想象能力不够而困难重重；第二问，对有些学生有一定难度，而那些在以后的学习中表现出良好的空间想象能力的学生，往往可以迅速、准确地答对切"第二刀"以后得到的两个多面体的形状。所以，这个测验，往往成为我了解学生空间想象能力的比较有效的工具。但是，可能是因为我自己的空间想象能力还不错吧，最初，我不能理解"空间想象能力不行"是怎么回事，因此在帮助学生提高空间想象能力时，也只能更多地指导学生遵循立体几何的公理、定理刻画的几何关系，从平面图形中寻找关键的"点"与"线"，慢慢想象、构建几何元素的空间关系。

在第三次教立体几何课的时候，有一个女孩，很郁闷地跟我说："老师，我好像完全没有空间想象能力啊。第一节课那个小测验，您让我们切'第一刀'的时候，我就晕啦！后来上课的时候，我也看不懂您画的图，我怎么看那些图，都是平面的，'立'不起来。"

她无意间看了看我手上的立体几何课本，突然惊叫道："咦！为什么我现在全能看懂啦！"我也吃了一惊，注意到我和她当时是相向而立，脑子里灵光一现，脱口问道："你是左撇子吗?"女孩点头："对呀，我是左撇子，但这跟我看不懂立体几何图有什么关系吗?"我说："可能有关系！"

接着，我又请她将课本倒过来，看看那些以前总是"看不懂"的图形，是不是能"看懂"了？女孩也很兴奋："啊！这回看怎么都能'立起来'了呢?"我说道："我猜啊，课本上的图，一般都是右利手的人画的，视线都是从右往左看的，但也许左撇子的人，更能'看懂'视线是从左往右看的图形中的空间关系。"由此我还建议："以后再做立体几何题，就把书或练习册倒过来看吧！"

这个建议，虽然不能彻底解决女孩的问题，但至少使她更了解自己的认知模式，不再认为自己是一个"空间盲"了。于是，一方面在可能的情况下，她就将书本"倒过来"看图；另一方面，她也慢慢试着从正向看图、识图，立体几何的学习随之有了比较明显的进步。

此后,再遇到那些通不过小测验第一问的学生,我首先会问:"你是左撇子吗?"在这些学生中,回答"是"的孩子的比例甚高。有趣的是,男生中的左撇子,却不一定会通不过这个测试,但是,他们在画空间图形时,却很有可能是按视线从左向右的方向画的。(谷丹,2017)[175-176]

这个案例的产生似乎来自偶然,但实则蕴含于必然中:教师认为由于自己不能理解"空间想象能力不行"到底是怎么回事,所以对于自己帮助学生提高空间想象能力的手段和效果不尽满意,这就使得她在潜意识中寻求"为什么有些孩子的空间想象能力不行"的解释。因此,当一个倾诉自己由于空间想象能力差而带来苦恼的学生出现在自己面前时,教师就非常敏锐地捕捉到学生与教师相向而立引发的立体图形观察视角的变化,进而引发了"你是左撇子吗"的追问。尽管这不是一个严格的实验研究,得到的结论也未必可靠或者具有统计学上的意义,但是它对于教师理论认识和实践工作的指导都具有很切实的意义。

第二章
『学生研究』视角下的数学学科知识

　　教师要研究学生，就需要给学生研究数学问题、展示自己的智慧或者困难的机会。但是，如果把让学生研究问题仅仅看作为教师提供的了解学生的平台，那就本末倒置了。教学方式与教学目标总是相互关联的，诚如《义教课标（2022版）》在提出要"丰富教学方式"建议的同时，特别指出要"发挥每一种教学方式的育人价值"。实际上，在基于学生研究的数学教学中，学生对数学问题的研究对于学生自身发展的作用更重要，这些作用体现了我们对数学及其教育价值的看法、对学生形成有意义的知识结构的方式的看法，也代表着关于教学方法的主张。本书随后三章就将从这三个方面对基于学生研究的数学教学进行内涵诠释。

　　本章将首先讨论数学学科知识问题。

第一节
从学生发展的视角认识数学及其教育价值

最初认识到研究学生的重要性，是源于发现数学课堂中存在着比较普遍的由于教师不了解学生而导致的教学低效甚至无效的现象。但是后来我们又发现：即使教师了解学生的困难，如果先知先觉地进行强调和提醒，学生也会由于缺乏感性认识而对教师所强调的内容不以为然。学生的成长过程是不能省略的，给学生研究问题的机会，让他们经历探索、从失败和挫折中走出来是必要的和重要的。尽管这可能会导致表面上时间的"浪费"，但其实它是教学目标能够落实的必要途径。

"怎么教"背后的深层结构是对"教什么"的追求，教师实质上是在借助教学方法阐释自身对数学知识的形成过程的理解，这种理解也代表着教师对今日数学知识的学习可以带给学生怎样的发展的认识。

数学的学习为学生带来哪些发展，不同时代有不同的回答。当今世界范围内的课程改革形成的一个基本共识就是促进学生核心素养的发展。《普通高中数学课程标准（2017 年版 2020 年修订）》（简称《高中课标（2017 版)》）和《义教课标（2022 版）》中，对"核心素养"的说法存在一些差异，但本质和核心都是"三会"，即会用数学的眼光观察现实世界、用数学的思维思考现实世界、用数学的语言表达现实世界，"'三会'是数学教育要培养什么样的人的描述"（史宁中 等，2017)[8-14]。不同的是，《高中课标（2017 版)》直接以"三会"具体化后的内容为数学学科核心素养，包括数学抽象、逻辑推理、数学建模、直观想象、数学运算和数据分析，而《义教课标（2022 版)》明确将"三会"作为"数学课程要培养的学生核心素养"，给出的具体表现除了与《高中课标（2017 版)》的各项为发展性关系，具有非常明显的数学特质的数感、量感、符号意识、抽象能力、运算能力、几何直观、空间观念、推理意识、数据意识、模型意识外，还包括更具一般意义的应用意识、创新意识。值得关注的是，在核心素养培养目标下，抽象能力、逻辑推理能力、运算能力等传统上数学教育一直重视的能力，被赋予了新的、指向人的良好品格与健康人格形成的内涵。例如，《高中课标（2017 版）》对"数学抽象"的解释中"养成在日常生活和实践中一般性思考为的习惯，把握事物的本质，以简驭繁"的内容、《义教课标（2022 版）》对"运算能力"的解释包括"形成规范化思考问题的品质，养成一丝不苟、严谨求实的科学态度"的内容，这既体现了数学课程对于学生核心素养发展的独特贡献，也提醒教师"数学学习不仅仅是数学的学习"、具有智育的功能，数学学习过程也对学生的品德涵养、全面发展具有重要作用。

核心素养导向的数学教学，根本上是让数学教学着眼于学生成为全面发展的人的视角，考虑今日数学学习历程能够为学生当下和未来的生活、工作、学习中需要面对的问题所需要的价值观、必备品质和关键能力做出哪些贡献。最早提出核心素养概念的国际经济与合作组织（OECD）认为，核心素养是保障个人的成功生活和未来社会良好运转的条件，这些条件是：与他人具有亲密的关系，理解自我和自身所处的世界，与自身的生理和社会环境的自主互动、拥有成就感和愉悦感，由此给出的核心素养包括"能互动地使用工具""能在异质的群体中互动""能自主自律地行动"三个方面的内容。（张娜，2013）[41-45]

中国学生发展核心素养团队基于对"全面发展的人"的本质与内涵的分析，提出核心素养应包括人的主体性、社会性和文化性三个方面的内容，进而根据党和国家的发展目标建构了由文化基础、自主发展和社会参与构成的中国学生发展核心素养三维框架。比较 OECD 和中国学生发展核心素养框架体系，会发现两者分别针对自身的国际需求和国情而制定，存在着很大不同。比如，前者主要强调的能力与技能，后者则将学生需要养成的品德与人格特点纳入其中，但两个框架都着眼于学生当下和未来必须面对的三类对象不同的基本问题需要的基本素养：来自客观世界的问题、来自与他人互动的问题、来自面对自我的问题，很多情况下，一个真实的问题成功解决往往是这三类基本问题的综合。而数学学习过程对于学生成功面对这三类问题均可以产生影响。

一、面对客观世界：积极进取，主动探索

在探索世界的奥秘、解决现实问题方面，数学无疑是非常实用的工具。这正如华罗庚先生所言："宇宙之大，粒子之微，火箭之速，化工之巧，地球之变，生物之谜，日用之繁，数学无处不在，无处不用。"我们生活的每个方面都或明或暗地受到数学的影响，"三会"让一个人能够感知、体验进而主动利用数学的影响。

案例 2-1-1

"细想"带来的快乐①

一天课间，一名初一学生跟我说："老师，星期天我买了条裤子，可是我却用我的智慧节约了 10 多元钱。"看着他得意的样子，我很好奇，就问是怎么回事。

原来，周日他和妈妈到一个专卖店准备买一条仔裤，店内正在打折促销，所有商品打 6 折或是满 100 返 50。他的妈妈问售货员怎么买更省钱，售货员告诉妈妈那要看买多少钱的衣服，这要你自己算。

学生说："以前遇到这种问题我从来没细想过，反正都比原价便宜，随便选一种方式呗。可是当时听着妈妈的话，我心想咱们刚学完关于打折的问题，我一定算算试试，然后我就告诉妈妈我会算。"于是他与妈妈一起挑选了一条 169 元的裤子，接着他借店里的计算器算了一下，按照打 6 折算要花约 101 元，而按照满 100 减 50 的方式要花119 元。然后他告诉妈妈应该怎么买。他妈妈说："你们学的知识这回还真用上了。"学生说："老师，你不知道我当时有多美，而且我还告诉妈妈，如果买一条 110 元的裤子就要选择买 100 返 50 了。"

真正让学生感到愉悦的恐怕并非节省的 10 元钱，而是"细想"带来

---

① 本案例由北京市门头沟区育新学校赵凤娥老师提供。

的乐趣。引发学生"细想"的是知识，知识让人有了一双发现的眼睛，产生了探究的冲动，让孩子的生活变得有了故事，变得充实了。

对大多数人来说，也许不需要借助数学知识谋生，甚至有些人也不必过精打细算的生活，但是拥有数学知识却能够让人更加理性地面对生活中的现象。比如，面对前些年社会上关于"房价拐点是否到来"的争论，一些人感到无所适从，被"砖家"搞晕了。然而，有着基本数学思维的人首先会去弄清争论双方所言概念的内涵，这就会发现两者所言"拐点"的含义是不同的：认为"房价拐点到来"的一方所说的"拐点"与数学中的拐点的定义相同，也即指房价的增长率由快到慢的转折点，用数学知识解释，就是二阶导数为 0 的点，此时房价仍然处于上升状态；而争论的另一方所言"拐点"指的却是"房价由增到减的转折点"，用数学的概念解释，就是极值点即导数为 0 的点。类似的还有近年的"人口拐点"问题，有文章意指"人口增长势头减弱的变化点"，有人的文章则用该词指代"人口从增到减的变化点"。希望这种情况能够在指向核心素养培养的数学教育下成长起来的未来一代中不再出现。

柯朗（2005）[1]在其名著《什么是数学》中说："数学，作为人类思维的表达形式，反映了人们积极进取的意志、缜密周详的推理和对完美境界的追求。"正是数学活动的这种特点，使得从事数学研究活动的人在面对没有现成方法和答案，甚至也没有做好知识准备的问题时，会不畏困难，大胆将复杂问题简单化，再通过缜密周详的推理将问题逐步解决，问题解决后还会努力找到更好的方法、更优美的结论。

《义教课标（2022 版）》提出教学建议：要"重视设计合理问题""问题提出应引发学生认知冲突，激发学生学习动机，促进学生积极探究"，这不仅是提高数学学习有效性的需要，更是将学生培养成积极进取、有探究精神的人的需要。如果我们将培养学生的这种追求作为目标的话，就会在数学教学中把更多的机会、更重要的任务留给学生探索，将新知识的形成看作探索的必然结果，而非探索奥秘的障碍。

案例2-1-2

欲知其中奥秘，请认真学习本课知识

七年级（即初一）"同类项与合并同类项"一课，许多教师都通过"猜一猜"的活动引入：请同学们分别给出 x、y 的任意值，让老师来告诉你们下面代数式的值——

$$3x^2y + xy - 2xy + (-3x^2y)$$

学生们给 x 和 y 赋以各种各样复杂的数值，发现老师都能脱口而出代数式的值，且经过检验，发现老师给出的答案都是正确的。

此时老师说：想知道老师为什么能够这么快就算出代数式的值吗？学完本节课的知识，你们就知道其中的奥秘了。

接下来，老师会呈现若干组符合同类项特征的单项式，请学生观察每组单项式的特征，得到同类项的定义，进而讨论合并同类项的法则，在概念和法则得出后，再返回这一情境"揭秘"。

上述案例是一种典型的引入方式。老师们都非常注重"创设问题情境，引发学生兴趣"。的确，情境对于激发学生的兴趣很有效，但许多课堂在创设情境、提出问题后，并不给学生独立思考和解决问题的机会，"欲知其中奥妙，请认真学习本课知识"成为一句常见的教学语言。在这里，"学习"的含义即"拥有"或者"接受"，其潜台词就是：学生只有有了同类项概念和合并同类项法则的知识后，才能揭示游戏的奥秘；学生只能接受知识，而不能通过探索奥秘来创造知识。那么，如果此时教师将探索奥秘的任务直接交给学生，学生能够探索出其中的奥秘吗？在与老师们交流时，许多老师认为"应该能，因为合并同类项同小学的利用乘法分配律简算的问题差不多"；而当问到"为什么不给学生这样的机会呢"，老师们的说法通常是"没想过"。

"没想过给学生探索奥秘的机会"，数学教学就在这种习惯和传统中剥夺了学生探索的机会，使得我们的数学教师每当讨论一个新问题时，总是首先对学生进行引导、启发，直到概括形成新知识，甚至通过例题进行了解题过程示范后，才让学生进行独立的工作，此时，学生做的主要是操练性的常规运算问题。"而一位数学教师如果把分配给他的时间都用来让学生操练一些常规运算，那么他就会扼杀学生的兴趣，阻碍他们的智力发展，从而错失他的良机。"（波利亚，2005）[i]

案例2-1-3

没学过就一定不会吗

有一次，在等待听"幂的乘法"一课时，笔者请旁边的一个学生试着做一下学案上的一组题目：

(1) $7^8 \times 7^5$　　　　　　　　(2) $(-2)^2 \, (-2)^5$

(3) $(0.5)^4 \, (0.5)^3$　　　　　(4) $(x+y)^2 \, (x+y)$

没想到该生非常干脆地拒绝："老师，没学过，我不会。"

这时，该班的数学老师走过来，鼓励道："你是咱班数一数二的学生，能不会吗？试试看！"

该生说："老师，这个还没学过呢，我真的不会！"

笔者指着其中的第一题，问他："你先说一说，这题让你干什么呢？"

该生说："要做乘法。"

笔者问："那你说说，这里的 7^8 是什么意思？"

该生说："8个7相乘。"

笔者问："7^5 呢？"

该生说："5个7相乘。"

笔者问："那你现在能写出这道题目的结果吗？"

该生说："能，就是 7^{13}。"

笔者说："接着往下做试试，你会的。"

接下来该生又做出了第（2）、第（3）题，到第（4）题时，他又对笔者说："老师，这个我可真不会了。"

笔者说："你用刚才我们分析第一题的方法分析一下，再试试。"

这个学生再次开始分析第（4）题，很快就得出了正确答案。

即使没有"幂的乘法法则"这一理论知识,面对幂的乘法问题时,我们只需根据幂的定义和乘法结合律就可以推得幂的乘法的结果,而幂的乘法法则不过是使得幂的乘法问题的步骤得以简化而已。这一案例中的学生显然并非不具备解决问题的能力,而是"没学过,我(就肯定)不会"的观念阻碍了其探究的勇气,使得其在面对陌生情况时采取退缩的态度。这种情况对学生的影响巨大,乃至有相当多的大学生"不会甚至不敢去自己探索","碰到不能立即搞清楚的题目,马上四处找参考资料,力图从中找到现成的解答"(郇中丹,2009)[8]。

数学学科知识本是人类创造的结果,数学思想方法说到底是从事数学活动的人面对问题的思维活动特点。数学家弗赖登塔尔甚至说"数学是系统化的常识,它比任何一门学科都更容易发现和创造"。许多数学知识与其说是我们发现的结果,不如说是我们用数学的方法对已有经验进行组织和表达的结果。因此,数学学科知识的教学在培养学生的创新精神和创造力方面能够提供巨大的空间和可能,而"基于学生研究的数学教学"以将这种可能变为现实作为自己的基本追求。

二、面对他人:容忍"异己",善于倾听

我国台湾地区的两位有着丰富的小学数学一线教学经验的研究者,在总结自己的教学实践对学生的影响时写道:"我从孩子们的日记中看到他们分析事理的能力愈来愈强;从课堂中听到他们使用的词汇愈来愈清晰有理;从他们的同学互动中感到容忍与爱心的滋生……一切的一切,让我觉得不只是与他们共同讨论数学而已,重要的是培养一个会做理性批判思考、会主动学习、会容忍异己欣赏别人以及有世界观的国民。"(林文生等,2013)

案例 2-1-4

谢谢你的不懂!

教师让学生组成小组探索如何计算 $18.9 \div 6$,下面是小组四个人的交流过程:

生1:(指着自己练习本上的竖式,如图2-1-1所示,说)我是列竖式计算的。

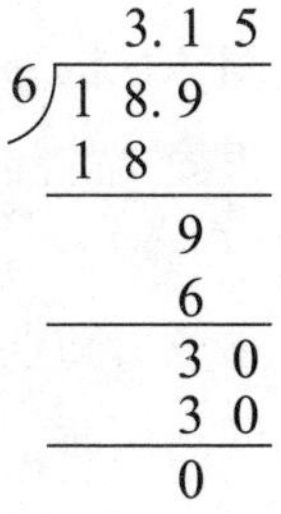

生2:18.9乘100,变为1890,转化为1890,除以6得到315,再用315除以100,就得到3.15。

生3将18.9分为18+0.9计算:18÷6=3,0.9÷6=0.15,3+0.15=3.15。

```
      3.1 5
  6 ) 1 8.9
      1 8
         9
         6
         3 0
         3 0
           0
```

图2-1-1

三个人都介绍自己的方法后,问生4是怎么算的。

生4:我不会,也不懂你们的方法。

生2:我们的答案相同,也都对,你为什么不懂?

生4没有回应。

生1:我的方法,你哪里不懂?

生4:(指着生1所列竖式中"30"中的"0"说)这里为什么写上0啊?

生2、生3:当然是0啊,难道还能是别的数吗?

生1:(思考了一下后说)我觉得之所以补上0,是因为添加0不影响数的大小,3.0和3相等,填上其他数就不一样了,例如3.1。

生2:("哦"了一声,补充道)而且,你看是不是小数末尾本来就有无数个0,只是我们没写出来,不够除的时候就显现出来了(边说边在18.9后写了个0)。

生3:(继续解释)我觉得补上0的方法有点像生2的方法,3表示3个0.1,补上0以后的30就表示30个0.01了。

生4:(点头)我明白了。(之后自己完成了竖式。)

生1:我自己的方法我都没有想这么多,多亏了生4的提问,谢谢你的不懂!

四位小学生的交流过程生动展示了交流的意义,面对生4的"不懂",生1的助人意识让他们有机会对各种算法背后的原理进行了深入探讨,既形成了对数学更深刻的理解,也体会到了助人助己、与人交流与合作的意义。

数学课堂中的学生并非单纯数学知识的习得者,还是以数学问题的探讨为载体的社会化过程,是学生学习并实践着如何换位思考、互相理解、合作共赢的场合。这里的他人既包括教师、同学,也包括教材所代表的数学共同体。以学生的研究为基础的数学课堂会有许多不同的观点,即使是一些很简单的问题,一旦给了学生自由思考的机会,也经常会出现"一题多解",这与数学的特点有关。正如柯朗(2005)[2]所指出的:"数学的基本要素是逻辑和直观、分析和构作、一般性和个别性。虽然不同的传统会强调不同的侧面,然而正是这些相互对立的力量的相互作用以及它们综合起来的努力才构成了数学科学的生命、用途和它的崇高价值。"不同侧面带来的新视角、新方法、新结论,只要符合数学共同体公认的法则,都会成为枝繁叶茂的数学之树的一部分,也会使得人们对问题的认识越来越丰富和接近本质。

案例2-1-5

一道简单的习题引发的探索[①]

在"平行四边形的定义与性质"一课,在讲完"平行四边形的两组对边分别相等"这一性质后,教师请学生通过解决如下题目熟悉这条性质:

如图2-1-2所示,在平行四边形 $ABCD$ 中, AC 为对角线, $BE \perp AC$, $DF \perp AC$, E 、 F 为垂足,求证: $BE = DF$ 。

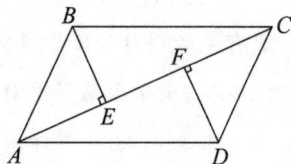

展示交流时,生1利用平行四边形的性质证得 $\triangle ABE \cong \triangle CDF$,然后给出结果;生2的方法类似,不同的是他利用的是 $\triangle ADF \cong \triangle CBE$ 。

图2-1-2

到此,这个题原本计划的任务已经完成,然而没想到,又有一位生3要求展示。他说:"我们组不但用了这种方法,还用了另一种方法!而且我们认为他们所说的实际可以算作同一种方法,都是利用平行四边形边的性质证三角形全等。"

---

① 案例来源:北京市房山区石窝中学宋春燕老师。

其他组的学生也纷纷表示："是！我们都用了这种方法。"

生3接着说："我们的方法是：联结BD，交AC于O，证明$\triangle BEO \cong \triangle DFO$。"他在黑板上画出了图形，如图$2-1-3$所示，同时板书了推理过程。

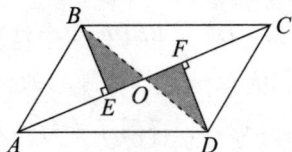

图 2 - 1 - 3

但是生3的方法得到了刚刚展示过的小组同学的质疑："他们的方法太麻烦了，证了两次全等。"

教师说："我们先来听听他们是怎么想的吧！"

生3解释道："我们想已经有一条对角线了，不妨再连上另一条对角线试一试，结果发现可以证出来，而且我们还发现$AO = CO$，$BO = DO$。"

同学们纷纷点头，表示赞同。教师很兴奋，点评道："太精彩了！他们不但证出了这道题，还得出来平行四边形对角线互相平分的性质，以后我们就可以直接用了。这本应该是下节课讲的，看来本来麻烦的方法有大价值呢！"

这时班上的数学天才生4站起来说："老师，我有更简单的方法，不知行不行？"

"说说看！"

生4说："我们可以利用面积相等的三角形，同底一定等高。"

教师很惊讶：是啊，这道题原本是要练习平行四边形的性质1的，却没想到利用以前的知识就能够更简洁地解决，看来自己的头脑被知识限制了。教师不禁喝彩道："太行了！"

班里平时很淘气的生5也提出了自己的想法——"可以联结BF、ED（如图$2-1-4$所示）"，但是他还没有解决。教师说："直觉很好，是不是感觉BF和DE也相等？生5为我们出了道变式题，大家做一做吧！"

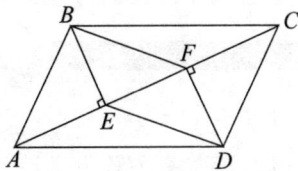

图 2 - 1 - 4

学生们共同探究得以解决，由于证明 $BF = DE$ 的过程中，先证明了四边形 $BEDF$ 是平行四边形，而这一结论又是经由 $BE /\!/ DF$ 且 $BE = DF$ 进一步推理得到的。在整理时，教师引导学生关注了这一过程的普适性，得到了平行四边形的判定定理"一组对边平行且相等的四边形是平行四边形"。

在这个教学过程中，学生表现出的思维特征各异：有的人关注当堂课知识的运用，有的人关注问题本身因而能够跳出当堂课的知识进行观察与分析，还有人不满足于问题的解决而主动利用自己的直觉进一步探究新的问题，这使得一个本来平凡的习题发出了绚烂的光彩，而这一教学过程呈现的现象与数学家的研究过程也极其类似。表面上看，数学家的工作都是个体独立思考的结果；实质上，没有一位数学家的研究，特别是重要的研究，是"一个人的战斗"，它们都是通过有效的合作完成的，甚至许多合作是跨越时空的。比如，著名的哥德巴赫猜想"一个合数等于一个素数加上一个素数"，几百年来，引发了无数数学家前赴后继地进行研究。有些数学家虽然并未取得名垂青史的成就，但也同样为后继者的前进贡献着自己的力量（比如，以自己的失败告诉后人某条道路是行不通的），从"2 + 3"到"1 + 2"，每一位数学家的每一次前进都离不开来自同行的启发、质疑与批判。

容忍"异己"，团队才能发展。在数学发展史中，人们领悟到这一道理也经历了漫长的过程，甚至付出了血的代价。

案例 2 - 1 - 6

自然数和完全平方数到底哪个多

这一问题最早由伽利略所关注，全体自然数（注：这里的自然数不含 0）为：

$$1,\ 2,\ 3,\ 4,\ 5,\ \cdots,\ n$$

全体完全平方数为：

$$1，4，9，16，25，\cdots，n^2$$

直观上看，是自然数多，因为自然数中有许多数并非完全平方数。

可是从另一个角度看，有一个自然数，便有一个完全平方数与之对应：

$$1，\quad 2，\quad 3，\quad 4，\quad 5，\quad \cdots，\quad n$$
$$\updownarrow \quad \updownarrow \quad \updownarrow \quad \updownarrow \quad \updownarrow \quad \cdots \quad \updownarrow$$
$$1，\quad 2^2，\quad 3^2，\quad 4^2，\quad 5^2，\quad \cdots，\quad n^2$$

如果把所有自然数排成一行，每个自然数平方后排成另一排得到的就是全体完全平方数。这样看，全体自然数应当和全体平方数一样多。

从不同的角度看同一个事物，却得出了两种迥异的结论，人类在面对自己似乎很熟悉的"多与少"这一问题的过程中，遇到了前所未有的挑战。面对挑战，德国的青年数学家康托意识到，问题的根本在于在数学中还没有对"多与少"下定义，这导致不同人会选择不同的标准，也就是选择不同的对"多与少"的定义方式："自然数比完全平方数多"这一结论的得出，是以"如果集合 A 是集合 B 的真子集，则集合 A 中的元素个数，少于集合 B 的元素个数，集合之间具有真包含关系"作为依据的，而得出"自然数与完全平方数一样多的结论"则是以"如果集合 A 与集合 B 之间具有一一对应关系，则两个集合的元素个数一样多"作为依据的。通过对有限集合中我们所认识的"多与少"的本质的分析，康托提出了基数理论，其核心是给出了集合元素个数（基数）的定义：如果两个集合的元素间具有一一对应的关系，则称这两个集合的基数是相等的。

康托的理论推导出了许多与我们的日常感性认识不一致的结论，比如：

自然数和整数的个数一样多；

自然数和有理数的个数一样多；

有理数的个数小于无理数；

一个很小的圆上的点和很大的圆上的点一样多；

一条很短的线段和一条无限延伸的直线上的点一样多；

……

这些结论与人们的常识如此相悖，乃至康托的老师、当时的数学权威克罗内克和被誉为"数学领域的最后一个多面手"的数学家彭加勒，也都难以接受康托的理论，甚至对康托进行反对与嘲讽。尽管康托坚信自己的理论，来自外界的压力仍然让其经常处于精神压抑之中，致使他后来患了精神分裂症，最后死于精神病院。（伊夫斯，1986）[512]

今天，康托开创的集合论已经成为现代数学的基础，在讨论一个问题之前先明确有关的关键用语也就是概念的准确含义，更是成了现代数学思考问题的最基本方式之一（张景中，2003）。这段历史提醒我们：即使是极具才华的数学大师，也可能会有盲点，克服自身盲点带来的危害的唯一途径，就是要学会倾听，换位思考，摒弃唯我独尊的处事方式。

容忍异己不等于自说自话，而是在同一个规则框架下允许不同的观点、方法存在；也只有有了共同的规则，一群孤立的人才会成为有组织、有关系的团队，遇到争端才有可能理性解决。

学生从事的每个数学活动都要遵守数学共同体业已形成的规则。比如，在欧氏几何中，大家都承认"过直线外一点有且只有一条直线与之平行"，都承认"圆就是到定点距离等于定长的点的轨迹"，都承认从公理和定义出发按照"三段论"进行演绎推理的结果……这样才能保证不同的人说的同一个词是同一个含义，不会由于不同的人对同一个词的解读产生差异而导致无谓的争议。由此，团队才能和谐共处，个体劳动的成果才能被他人承认、为群体共享。

但是，为什么要制定规则？为什么规则是这样的而不是那样的？如果一个人不理解这些问题的话，就会对规则产生距离感甚至排斥心理，而被强制要求遵守规则的后果就是轻视规则，一旦有机会就会"钻空子"。

著名杂交水稻专家袁隆平先生曾经讲过这样一个故事：在学习有理数乘法时，自己对为什么"负负得正"感到不解，就去问老师，老师用"这是规定的"就把袁先生打发了。袁先生对此感到很不满意，认为数学"不讲理"，就不喜欢数学了。

其实，袁先生的老师的解释没有错，有理数乘法本质上确实是人为规定的。然而，数学中的任何规定都不是凭空而来的，数学家并非蛮不讲理、随心所欲的"沙皇"，在规定一些法则时一定要考虑其合理性：一是与现实意义的一致性；二是与已有数学知识的相容性，不能发生矛盾。比如，从现实意义看，我们可以赋予（-6）×（-3）一个现实情境：某水库在某次暴雨前放水增容，水位每小时下降6 cm，如果以12：00的水位高度为原点，那么上午9：00的水位高度应该为+18 cm。这个过程我们可以用有理数乘法表示：记水位上升为正，则水位下降的速度为-6cm/h，从12点到9点经过的-3 h，所以（-6）×（-3）=+18 cm。更合理的解释则是数学知识需要"和谐共处"：如果规定（-6）×（-3）=-18的话，那么就得到：（-6）×（-3）=（-6）×（+3），两个不同的数乘一个相同的数结果却相等，显然与我们的已有知识发生了矛盾，所以定义"负负得正"更合理。当然，还可以解释为算式（-6）×（-3）与算式（-6）×（+3）具有相反的意义，其结果是相反的，所以（-6）×（-3）=+18。

在示范规则制定的必要性和制定方法方面，数学具有独特的优势。没有一门学科中的规则对准确性和严谨性的要求像数学那样高，严谨到连一些非常直观的名词如"三角形""连续"都给出严格的界定，严谨到不仅研究从客观世界中抽象出的具体内容的含义和规律，还研究我们都习以为常的探讨这些规律的方法的本质，乃至数理逻辑成为数学的一个分支。

然而，严谨而完美的规则也并非数学家的天生自觉，而是面对同行的批判质疑不断修正的结果，也可以看作团队协商、集体智慧的结果。比如，数学中的"公理"就是一个群体公认的正确的命题，而概念之所以要进行严格的定义也是为了避免出现不同的人对同一个术语给出不同的解释而可能带来的混乱。

案例2-1-7

"老师，我们需要下个定义吧?"

初中各个版本教材（如华东师大出版社2007年版、人民教育出版社2014年版）都为相似形下了如下定义："具有相同形状的图形称为相似形。"

但是，在一位老师的教学中，在讨论了一组生活中的图片是否相似之后，教师出示了几组几何图形：等边三角形、正方形、圆，大家都毫无争议地认可这些图形都是相似的。接下来，教师出示了下面两个矩形（如图2-1-5所示）：

图2-1-5

这时学生们产生了争论，有的说这两个图形相似，有的说不相似。认为相似的学生的理由是"这些图形都是矩形，形状相同"，而认为不相似的学生则认为"这些矩形太不像了"。

争论中，有学生提出："老师，我们需要下个定义吧?"

教师追问道："为什么需要下定义了? 刚才不是有定义了吗?"

学生说："那个定义不行，'相同形状'不准确，谁想怎么说就怎么说了。"

教师评论道："对啊，定义就是标准呀，没有标准，我们争论起来就没有依据，标准不清楚，就可以随便说了。那你们认为该怎样为相似的矩形下定义?"

经过讨论，学生们达成了共识：长和宽的比值相等的两个矩形是相似矩形，然后大家用这个定义解决了前面的争端。

接下来，学生们又为相似多边形下了定义：对应角都相等、对应边成比例的多边形是相似多边形。

当用原定义去解释同一个对象时，得到的结论不能被大家一致认可，也通不过逻辑自洽性的审判，此时，数学的方式不是狡辩，更不是靠某些人的权威去压制他人，而是需要认真地倾听他人、反思自己、促进对话、取得共识。当发现矛盾产生的根源在于概念界定不清时，就要修正概念的定义,通过"谈判"为概念下一个不会导致彼此误解的新的定义。这一过程不就是一个团队协商制定规则的过程吗?

柏拉图说:"吾爱吾师,吾更爱真理。"在"基于学生研究的数学教学"中,学生需要将自己的独立思考作为与他人对话的基础,当来自不同人智慧的火花碰撞在一起使得数学学习变得极具乐趣时,当合作使得本来不成熟的想法变得越发完美时,合作的意义彰显,每个人也都会更加容易形成谦虚、开放、理性的态度,学生也容易在这种环境的熏陶中学会容忍异己,学会与人合作。

三、面对自我:自觉反思,主动发展

"认识我自己"是成长过程中一项更加艰巨的任务,它意味着一个人对自身的身心特征有着清醒的认知,从而能够对自身的行为和心理活动进行自觉而有目的的调整和控制,使得认识活动减少盲目性和冲动性,也更能提高智力的效率和获取成功的可能。"善于反思"是中国学生发展核心素养的内容,不同版本和学段的数学课标也都提出了这一要求。

"基于学生研究的数学教学"的课堂上,学生需要充分展示自己研究问题的过程、方法、结论和困难。其中,有些学生能够解决问题,但是未必能够意识到自己为什么能够解决。作为教师,不能停留于仅仅知道学生做了什么,更要揭开学生的数学思维过程,理解学生行动背后的思想根源。为此,课堂上教师和其他学生会追问"你是怎么想到的""你为什么这么想",这些问题将会推动发言者以及与其有类似行动的人对自己的思想进行分析,从而实现对自己思维过程的认知。

案例 2 - 1 - 8

"你当初为什么要这样想啊?"[①]

在讨论"勾股定理"的证明时,生1在黑板上展示了自己的证明方法(如图2-1-6、图2-1-7所示):

---

① 案例来源:北京市第二十二中学李红老师。

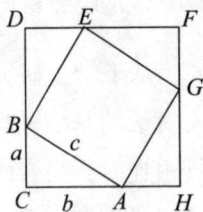

图 2-1-6

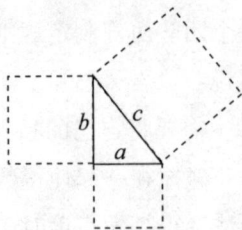

图 2-1-7

通过构造四个相同的直角三角形围成一大一小两个正方形（如图 2-1-6 所示），再对中间部分的正方形的面积用两种方法表示，化简后就证明了勾股定理：

$$a^2 + b^2 = c^2$$

介绍完自己的方法后，生 1 放下粉笔，准备回到自己的座位上。

师：（制止道）我可不想让你走，给我们点时间，大家有什么要问的问题啊？

生 2：你当初为什么要这样想啊？

师：对啊，你怎么想的？其他同学，我猜虽然你们没有举手，也一定有这种想法吧？她为什么这么想？（对生 1）你为什么要用面积？

生 1 沉默不语。

师：那我试着帮你分析一下，我们看到 a^2，b^2，c^2 都是面积，这个等式刻画的是面积的关系式，所以我就想把面积用到底。可是，还有问题啊：面积有很多啊，你怎么"欻"一下就把四个三角形一转，就得到了这个正方形？如果我们都学会你这样想，那站在这里讲的就不是你一个人了。你能不能说一说，你是怎么想到这么巧妙地补出正方形的？有的时候可能想得太快了，但有时候需要放慢些。是什么信息刺激你让你在这种情况下这样想？哪句话？还是哪个画面？

生 1 仍然沉默。

师：其他同学，你们觉得她可能是怎么想的呢？

生 3：我觉得应该是有三个正方形，组成那个大个的。

师：哦，你是在看我们最初的这个图（如图 2-1-7 所示）。这两个小正方形摆得差不多，都是正着摆的，但是这个大正方形是歪着的，你是不是想要图形更规范、更好看？是不是觉得这个斜着放的大正方形不好看，想补全了，于是就补了四个直角三角形？（对生1）你是这个意思吗？

生1仍然沉默。

师：我们所有人都在同一起跑线上想，但是我不得不说有些同学比她晚想到、晚知道一些。所以我们还是要好好想一想：为什么这次她站在我们前面？她之所以在我们前面是源于哪些经验或成功之处？我们要看看自己有没有潜力，下次能不能站在别人的前面，而其他人一定要问到底，问她是怎么想到的。（对生1）我也希望你能想到底。以前有人问过你这个问题吗？

生1：没有。

师：这位同学很了不起。如果她生活在勾股定理产生的那个年代的话，那这个定理还不定以什么名字命名呢！

事后我们了解到，生1通过提前看教材知道了证明方法，但是其课堂表现说明，她并不理解教材上的方法是怎样形成的。那么，这段教学过程对于生1来说就有了两层意义：第一，促进生1真正理解勾股定理的证明方法；第二，促使生1反思自己的学习方法——即使是由于自己感到困难而向他人（教材、教师、同学等）寻求帮助，但是绝不能停留于仅仅了解了答案，更要一问到底。真正的理解必须以对行动意义的把握为前提，以追求理解为目标的学习才是对自身负责任。

即使是一名学生自己探索出了方法，也可能会出现不能说清自己思想根源的情况。而在课堂上，学生并非孤军奋战，教师和其他学生会共同分析其思想根源，这更像是一种集体反思。

案例2-1-8（续）

"你当初为什么要这样想啊?"

师：其他同学，谁曾经有过这样的想法，哪怕没证好?

生4：我也是跟她那样想的。我觉得既然是直角，就想把它框起来；因为都是直角，就有了正方形；然后……

师：别急，你为什么把它框起来? 这个太重要了!

生4：因为 c^2 在里头。

师：不对，c^2 开始不在里头。

生5：我觉得应该是看到了 $a^2 + b^2$，就想到了完全平方和，然后就是变成了 $(a+b)^2 = c^2 + 2ab$。正方形的面积应该就是边长的平方。

师：作为大家的同伴，我认为现在重要的已经不在于她（指生1）是怎么想的，而在于当这个问题重新摆在我们面前，我们可以怎么想，她对我的启发就足矣了。她一定是一个学习很用心的人，很在意老师说的话。刚才我不断重复"平方和"。当初，老师在讲平方和这个概念的时候，一定要你们区分它与和的平方。她能把过去老师讲的联系起来，还做了对比，马上变成了一个新的式子，然后把代数式赋予了几何意义，就是这个图形了。

"重要的已经不在于她是怎么想的，而在于当这个问题重新摆在我们面前，我们可以怎么想"，这句话深刻地揭示了反思的意义，使得勾股定理的证明方法具有了为其他类似问题提供示范的价值。事实上，任何问题的解决思路一定源于以前的经验和知识，尽管有时候现成的经验和知识未必能够带来问题的顺利解决，甚至会带来解决问题的困难，但是如果我们能够对导致困难的原因进行透彻分析的话，失败也会变为成功之母。

案例2-1-9

三角形中位线定理证明①

三角形中位线定理是八年级下学期"四边形"部分的教学内容。该定理的内容是：

已知：在△ABC中，D、E分别是AB、AC的中点（如图2-1-8所示）。求证：DE // BC且 $DE = \frac{1}{2}BC$。

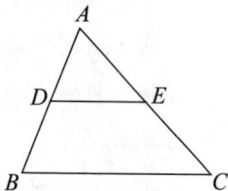

图2-1-8

课上，教师先请学生自己证明定理。学生最初的探索都是取BC边中点F或者通过点E作EF平行DB交BC于F（如图2-1-9所示），然后力图证明四边形BDEF为平行四边形，或者证明三角形BDF与三角形EFD全等，进而得到答案。但是，大家都没能解决问题。

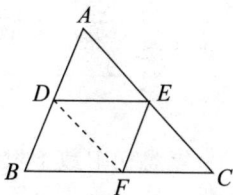

图2-1-9

在交流中，教师先请学生汇报了自己的探索过程和遭遇的困难，然后进行总结。

师：我们发现两种方式都证明不出来。那么我们分析一下，无论哪种方式，你们看，题目给出的两个条件AD = BD、AE = EC能不能帮上忙？

生：不能。

师：这可能就是矛盾所在——添加的辅助线不能用上已知条件。但是两位同学的想法无论是作平行线还是取中点，都非常好，都瞄着要证明的结论作辅助线。但是发现走不通，因为已知条件用不上。那么，走不通怎么办？

生：换条路。

师：怎么换？有人换成功了吗？

① 案例来源：北京市房山区良乡第五中学刘红英老师。

生1：（举手后回答）我作 CF 平行于 AB 交 DE 延长线与 F（如图 2-1-10 所示），能够证明四边形 $BCFD$ 是平行四边形。

师：你是怎么想的？一下子就这么做了吗？

生1：我开始也是像他们那样想在三角形里边作辅助线，但是发现不行，就想到到外面作，然后就成功了。

图 2-1-10

师：说得好！在里边构造平行四边形的路不行，就想到到外面作了。解决问题就是要这样，如果一种思路不行，就要换一个思路，再分析一下题目的条件，看看还能怎样搭建与结论之间的桥梁。

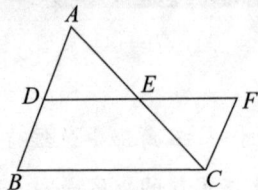

　　熟悉初中数学教学的老师们都知道，在这个定理的证明中，学生通常会用案例中学生最初采用的方法添加辅助线，这源于以前的经验，想法自然、合理。对此，教师首先要报以理解、共情的态度，这种态度是坦诚开放地组织生生、师生间思想交流的基础。当帮助学生分析出自己的思考中哪些是合理的、哪些又是存在问题的成分时，学生对自己的思想就有了清醒的认识，新的方法就产生了。当学生发现自己的错误也是有价值的，只要做适当的优化也能解决问题时，他们就会感受到认识自我的意义，其自信心也就容易建立起来，数学学习就显得容易起来。

第二节
数学学科知识在研究学生中的作用

　　在体现尊重学生主体地位的课堂中，一个最突出的特点是，学生会先获得独立思考和合作探究的机会，教师的教则要尽可能地以学生的思考与探究为基础。只有学生思考和探究的成果成为教师推动学生进一步学习的资源,教师的教才能真正与学生的学融合,教学才会有效。

但是在具体实施中,我们观察到了一种教与学"擦肩而过"的现象:当学生独立思考和探究后,如果教师发现学生的探索过程与成果和自己的预设不一致时,教师往往会另起炉灶重新讲授或者往自己的思维方向引导,学生已经有的探索的价值被漠视,探索中遇到的困难与问题得不到分析和解决。可以说,此时教师的教并没能有效地服务于学生的学。

那么,为什么会出现这种现象呢?教师如何才能更好地利用好学生探究的成果呢?本节将对此进行讨论。

一、PCK 知识对于研究学生的意义

美国学者舒尔曼(Shulman)1986 年提出教学内容知识即 PCK(Pedagogical Content Knowledge)的概念。PCK 大致包括两类内容:一是对学生学习某个具体问题可能遇到的困难和有利因素的理解,二是关于如何表述、系统地阐述学科内容以便学生理解的知识。(黄显华 等,2014)概括地说,PCK 指的是关于特定内容学生是怎么思维的、教师该怎么教的知识。

如果教师对学生关于某一特定内容会如何思考有全面的掌握,就会比较好地利用学生在活动中探究的成果,否则就可能出现教与学"擦肩而过"的情况。

案例 2-2-1

最小公倍数

受 A 老师所在学校的邀请,笔者参与了 A 老师"最小公倍数"一课的研讨活动,经历了其备课、上课、课后研讨的完整过程。

备课时,笔者建议,最小公倍数的定义是计算最小公倍数的基础,而分解质因数法只是从定义出发得到的具体的计算方法而已,因此,定义得出后,不妨给学生一个探究的机会,让学生先利用最小公倍数的定义求出两个数的最小公倍数,然后教师组织学生一起总结规律,找到更加便捷的因数分解法。

A 老师接受了建议,决定尝试一下。

上课时，在得到最小公倍数的概念后，A 老师首先请学生独立解决几个求最小公倍数的题目：

(1) [1, 7]；(2) [5, 6]；(3) [9, 15]；(4) [2, 8]；(5) [4, 9]；(6) [8, 12]。

大约 5 分钟后，A 老师组织学生进行交流。

师：你们认为哪些题目最好算？

生：（齐答）第 1 题和第 4 题最好算。

师：怎么好算了？

生 1：因为第 1 题中的 1 和 7、第 4 题中的 2 和 8 有倍数关系，最小公倍数就是其中的大数。

师：我们发现了两个有倍数关系的数的最小公倍数就是其中的大数，非常好。那么，比这两个稍好算一些的呢？

生 2：[5, 6] 这两个数是相邻的，相邻的数相乘就是最小公倍数。

生 3：不仅是 [5, 6]，还有 [4, 9] = 36。我认为如果两个数互质，那么最小公倍数就是两个数相乘。

师：我们又找到了一个规律，很好。[9, 15] 这个题目你们是怎么算的？

生 4：我用的是列举法，先列出 9 的倍数：9、18、36、45，发现 45 也是 15 的倍数，最小公倍数是两数的倍数，所以 9 和 15 的最小公倍数就是 45。

生 5：（主动举手）老师，我慢慢发现，这种题也有简便方法，就是用最小公因数乘大数：$3 \times 15 = 45 \cdots\cdots$

师：（打断生 5）最小公因数？9 和 15 的最小公因数是 3 吗？

生 5：哦，是用不是 1 的那个最小公因数。我验证了，[8, 12] 这个题目也行，它们（不是 1 的）的最小公因数是 2，用 $2 \times 12 = 24$。

师：（此时其他学生没有反应，教师评论道）哦，你的发现挺好的，但是对所有数都能用吗？下课你再研究研究。下面我们一起来看怎么求这种情况下的两个数的最小公倍数。

接下来，A 老师向学生介绍了求最小公倍数的因数分解法。

这一教学过程中，教师给了学生探究机会。显然，关于"哪些题目最好算"这一问题，教师预测到了学生会选择相邻两数和互质两数的情况，师生交流非常流畅；生5的方法是教师意料之外的，此时，教师尽管给出了看似积极的评价"你的发现挺好的"，但这更像是敷衍，因为教师并没有说该方法好在哪里，更没有请学生说说自己是怎么想的，或者帮助学生分析一下其方法为什么对于特殊情况是对的，而是通过质疑"对所有数都能用吗"进行了抽象的肯定、具体的否定，接下来另起炉灶，转向了教师主导的分析、讲解。

其实，来分析一下生5的方法，虽然适用范围有限，但是既然适用于 $[9，15]$、$[8，12]$ 这两种情况，就一定有暗含的原理。分析 $[9，15]$ $=3 \times 15$，15显然直接来自题目的条件，而3则来自另一个整数9。而9中有两个因数3（$9 = 3 \times 3$），它只贡献给最小公倍数一个3的原因在于，15中也有因数3。这样，生5的发现就有一般意义了：任意两个数求最小公倍数，一个数做因数，在质因数分解的意义下，另一个数中比这个数"多"出来的因数也是最小公倍数的因数，而这其实就是因式分解求最小公倍数的原理。

听完笔者的分析后，教师A说："哦，原来是这样！以前上课从没遇到过这种情况，所以就不知道怎么处理了。"

这里，由于教师是初次尝试用这样让学生探究的方式教这一内容，所以以前未曾遇到过这样的情况，教师预先不知道学生面对最小公倍数这一特定问题会怎样想，也就导致了教与学"擦肩而过"的现象的发生。用PCK理论解释就是：A老师缺乏关于最小公倍数这一特定内容的教学知识，如果有了这种知识，A老师就能够更好地组织教学，从而避免教与学"擦肩而过"现象的发生。

可见，PCK知识对于教师研究学生的意义是重要的，如果教师具备了丰厚的学生面对特定问题如何思考及处理对策的知识，那么在处理课堂上发生的各种情况时自然也会得心应手。PCK知识的形成需要积累，积累既可以通过教师个体完成，也可借助外部的力量——许多学者将梳理中小学数学所有内容的教学知识，建立中小学数学PCK知识库，看作数学教育研究的一项重要任务。

二、数学学科知识对于研究学生的意义

按理说,拥有了 PCK 知识,也就是知道了学生对于即将处理的问题是怎么思考的,就应该不会出现教与学"擦肩而过"的现象。但笔者发现,情况却并非如此。我们来看一个案例。

案例 2-2-2

圆周角定理(九年级)教学

"圆周角定理"是指:一条弧所对的圆周角等于圆心角的一半,如图 2-2-1 三种情况所示,$\angle BOC = 2\angle BAC$。

备课时,B 老师通过问卷进行了学生调研,在回答"在与圆相关的计算和证明中常常需要添加辅助线,对于添加辅助线你有什么经验"的问题时,全班 26 名学生,有 18 人提到了"添加半径"。B 老师在教学设计中分析道:"学生的经验是添加半径、构造等腰三角形,但是这个定理的证明是要添加直径。"

添加直径是教材上的证明方法:按照圆周角与圆心的关系分为三种情况(如图 2-2-1 所示)。在图 2-2-1(a)中,$\angle BOC$ 是等腰三角形 AOC 的顶角的外角,所以:$\angle BOC = 2\angle BAC$。图 2-2-1(b)和图 2-2-1(c)中,通过添加直径 AD 转化为图 2-2-1(a)的情况即可。

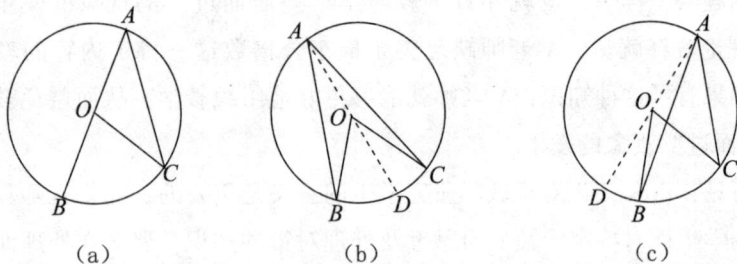

(a)　　　　　　(b)　　　　　　(c)

图 2-2-1

课堂教学中,图 2-2-1(a)和图 2-2-1(b)的情况比较顺利,但是面对图 2-2-1(c)所示情况,学生普遍遇到了困难,不能

完成添加直径转化为第一种情况的工作。此时，B老师做了引导，分析了图2-2-1（c）和图2-2-1（a）的关系，并联结了直径。然而，仍有许多学生处于困惑中。于是，B老师又用彩色粉笔仔细地描出对应的角，引导学生与图2-2-1（a）进行比对，这时学生才说"明白了"。

B老师在反思中写道："在证明的过程中，大多数学生走了偏路……最困难的就是圆心在圆周角外的情况了，学生似乎毫无办法。即使有了前两种情况做铺垫，即使有的学生已经正确地添加了辅助线，但是大家仍然不能证出。于是我用彩色粉笔仔细描出不同的角，'原来这是一个作差的过程'，有的学生恍然大悟了。定理虽然证完了，但是却没有时间进行定理的应用。"

学生走的"偏路"到底是怎样的？为什么做了充分的调研也未能阻止学生"走了偏路"呢？

笔者在课堂中，观察到了这样一幕：

生W面对第三种［如图2-2-1（c）所示］图形时，联结半径OA。

师：为什么联结OA？

生W：这样就得到了等腰三角形OAC。

师：构造等腰三角形有什么用呢？

生W：就有等角了。

师：那接下来呢？

生W：还没想好。

课堂上，生W的思考由于B老师的集中讲解而中断了，但这却引起了笔者的进一步思考：看来正如教师课前调研所说，学生"添加半径、构造等腰三角形"的经验在此发挥了作用，这就是学生的"偏路"。然而，学生却并非基于应激性反应而盲目地添加半径，而是基于等腰三角形与二倍角关系的合理联系而为的。这种思路是合理的，是不是也能够导致问题解决呢？笔者顺着这一思路往下想，得到了本题的另外一种证明方法：

如图 2-2-1（c）所示，因为 $\triangle OAC$ 是等腰三角形，$\angle DOC$ 是顶角的外角，所以 $\angle DOC = 2\angle OAC$。

题目要得到的结果是：$\angle BOC = 2\angle BAC$，比较两式发现左边相差 $\angle DOB$，右边相差 $2\angle OAB$，而这恰好是由半径 OA 产生的等腰三角形 OAB 的顶角外角和底角，即 $\angle DOB = 2\angle OAB$，于是问题得以解决。

课后交流时，笔者将自己的观察与分析同 B 以及在场的十几位老师交流时，大家也都感到惊诧：圆周角定理自己教了许多年，一直按照教材的方式证明，也都知道添加直径是难点，但却没想过添加半径也能够证出，而且这种方法更加反映问题的本质。其实具体的证明方法真的不重要，真正的困难恰是学生不能从自己的已有经验和题目的具体特点出发，通过不断分析、调整、搭建题目条件与结论间的桥梁，直至解决问题的过程——从这个意义上看，B 老师的教与学生的学也是"擦肩而过"的。

通过 B 老师的案例还可以看出：不了解学生对于特定内容是怎么思考的不是关键，关键是教师对于学生做法的数学含义的理解不够，背后则反映了教师自身的数学思维存在缺陷。

显然，与 A 老师不同的是，B 老师遇到的是自己预想之中的情形：对学生的调查和 B 自己的经验都表明学生可能会添加半径作辅助线、作等腰三角形，即 B 具有关于圆周角定理这一特定内容学生是怎样思考的知识。但是，B 老师之所以认为"学生走了偏路"，是由于其没有看到学生的方法的价值：受教材和自己多年教学经验的影响，和绝大多数老师一样，B 老师认为"这个定理的证明要添加直径"，其潜台词就是"添加半径是解决不了问题的"，所以，B 老师没有对学生的思维进行分析的原因不在于其缺乏"学生是怎样思考的"知识，而是对圆周角定理的证明方法还有哪些、添加直径这种证明方法与学生经验中添加半径的方法的关系是怎样的缺乏思考和认识——这本质上是数学学科性知识，这种知识的缺失导致了 B 老师的课堂中出现了教与学"擦肩而过"的现象。

实际上，如果进一步比较 B 老师课堂上生 W 的表现与 A 老师课堂上生 5 的表现，可以发现两者之间具有很大的相似性。生 5 和生 W 在探究活动中，首先是在利用自身已有经验和直觉形成了猜想——这也是数学研究工作者面对问题时自然会产生的思维活动，如果再继续对猜想进行论证、对经验或直觉进行批判性分析，就会发现并修正自己的错误，为新发现的产生提供可能，就像前面对生 5 的方法的分析那样。

从这个意义上看，尽管表面上 A 老师的课堂表现是由于出现了"意料之外"，在于不了解学生面对"最小公倍数"这一特定知识是如何思考的，但是根本原因仍然在于教师数学学科性知识的缺失。

PCK 理论中对"特定内容的教学知识"有其合理的一面，但也存在着明显弊端。一方面，如上所述，依靠"穷尽各种可能"的方式面对充满活力和变数的学生探索过程是充满风险的。更为重要的是，强调"特定内容的教学知识"容易忽略问题的本质，忽略面对不同特定内容的探索和学习过程中的共性，忽略教学中出现问题的表层原因与根本原因的关系。这势必导致张奠宙等批评的现象的出现："数学教师培训的内容越来越泛化，只谈怎么教，无关教什么。"（张奠宙 等，2010）正如前面的分析，与特定内容的教学知识相比，教师的学科性知识的质量是导致课堂中出现教与学"擦肩而过"现象的更为根本的原因。因此，解决问题的根本途径应在于提高教师的数学学科知识水平，特别是要重视数学学科知识中的方法性知识。即教师需要了解数学学科领域中知识的产生方式，数学研究者面对问题的探究方式、思考方式——"用数学的思维思考现实世界"是数学课程的目标，这一目标的实现需要教师的示范与引领。

三、高质量的数学学科知识是收放自如的保障

荷兰数学家、数学教育家弗赖登塔尔用非常焦急的语气说："我真想对他们（指数学教师）大喊一声：不要对学生正在做的事情横加干涉！你们能做的事就是观察！站在旁边认真地观察！"（王长沛，1999）[265]实际上，许多教师的干涉源于其误读了学生行为与语言所蕴含的数学意义。

正如英国数学教育家赫斯所说，"对数学本质的认识是一切教学法的根"。我国数学教育界也有类似的观点："教师的数学功底很关键。"而所谓教师的"数学功底"，既包括教师的数学知识拥有量和数学视野，还包括教师自身的数学探究能力和数学问题解决能力。数学功底强的教师更容

易在课堂突发事件面前判断学生的方法和成果的是非与价值，当看到学生有新颖想法却没有进展或进展并不顺利甚至错误时，能够迅速转换角色，与学生共同进行数学探究，从而让学生通过自己探究所取得的成果，甚至是困难和错误，成为学习的资源。

案例2-2-3

学生的困难中也有智慧

学生的作业中有这样一道题：

在△ABC（如图2-2-2所示）中，$(\overrightarrow{BC}+\overrightarrow{BA})\cdot\overrightarrow{AC}=\left|\overrightarrow{AC}\right|^{2}$，则 △ABC 的形状一定是（　　　）。

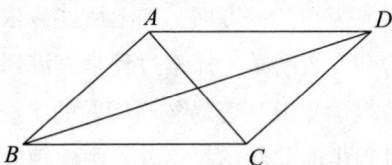

图2-2-2

A. 等边三角形

B. 等腰三角形

C. 直角三角形

D. 等腰直角三角形

在讲评时，生1汇报了他的做法：

如图，因为$\overrightarrow{BC}+\overrightarrow{BA}=\overrightarrow{BD}$，故原式变为：$\overrightarrow{BD}\cdot\overrightarrow{AC}=\left|\overrightarrow{AC}\right|^{2}$，将$\overrightarrow{AC}$约掉，因而$\left|\overrightarrow{BD}\right|=\left|\overrightarrow{AC}\right|$，故▱ABCD为矩形，所以△ABC为直角三角形，选C。

生1的解题过程是错误的，因为他错误地认为向量乘法运算也可以有消去率，但是答案却是正确的，其他同学都没有提出异议。

面对这种情况，我（指授课教师）并没有指出解答的错误，而是首先肯定了最后答案的正确性，然后进行点评，并发起进一步的讨论："在这道题中，表面看，题目给了一个条件：$(\overrightarrow{BC}+\overrightarrow{BA})\cdot\overrightarrow{AC}=\left|\overrightarrow{AC}\right|^{2}$，我们还可以结合图形找到其他条件，接下来把这些条件通过整理变形，找到表现三角形边角关系的条件，生1就是这样想的。那么还有没有其他思路呢？"

大约过了两分钟,生2又说出了一种思路,虽然答案也是直角三角形,但却是 $BA \perp AC$。生3随即做了完善,使得解题思路更为简洁。

我肯定了这两名学生在短时间内积极思考并获得正确思路的表现,随后提出:"虽然三位同学都得出 $\triangle ABC$ 是直角三角形的结论,但是生2和生3的解答告诉我们,$\triangle ABC$ 的直角应当是 $\angle A$,而生1则告诉我们直角是 $\angle ABC$,难道这两个角都是直角吗?"

学生们一下子从兴奋状态安静了下来,大家陷入思考之中。很快,有学生发现问题所在:"生1的方法有问题,不能将 $\overrightarrow{AC}$ 约掉!""是呀,向量不能像数量那样直接两边同除以一个向量!"学生们都如梦初醒!(吴中才,2011)[注二-1]

本案例中生1所犯的对向量的数量积运算运用消去律的错误具有一定的普遍性,这属于PCK理论中"对特定内容学生是怎么思考的"知识。有经验的教师通常都具有这一知识,但是这样的错误会在何时表现出来,却是教师无法预知的。实际上,一般的教师凭借自身的数学知识都会在学生出现这种错误时及时发现,本案例中教师并未采用直接纠正的方式,而是通过其他方法获得不同答案引发的冲突让学生自己去发现错误,从而使学生对于运算律的意义产生更为深刻的印象。

难能可贵的是,对于生1的错误做法,教师也并未"全盘否定",而是发现了其思考过程中关注几何意义的特点,并与学生一道开展了探索。

案例2-2-3(续)

学生的困难中也有智慧

问题被澄清后,我感觉,虽然生1解决问题的过程中用到了错误的方法,但他的方法充分利用了图形的特点。这种数形结合的思想很好,应当还是能续出一条有效思路来,于是我决定与学生们一起探索一下。

我问道："生 1 直接把条件结合几何意义重新表达了一下，这很好。虽然它有点问题，但是这么好的思路难道就废了?!"

这又掀起了一个小的高潮！我边思考边在黑板上和学生一起推导：

将 $\overrightarrow{AC}$ 平移到 $\overrightarrow{BE}$，这样就将条件集中到一个三角形中，从而有 $\overrightarrow{BD} \cdot \overrightarrow{BE} = \left| \overrightarrow{AC} \right|^2$；

又因为 $\overrightarrow{BD} \cdot \overrightarrow{BE} = \left| \overrightarrow{BD} \right| \cdot \left| \overrightarrow{BE} \right| \cdot$

$\cos \angle DBE$，所以 $\cos \angle DBE = \dfrac{\left| \overrightarrow{AC} \right|^2}{\left| \overrightarrow{BD} \right| \cdot \left| \overrightarrow{BE} \right|}$；

图 2 - 2 - 3

因为 $\left| \overrightarrow{AC} \right| = \left| \overrightarrow{BE} \right|$，所以 $\cos \angle DBE = \dfrac{\left| \overrightarrow{BE} \right|}{\left| \overrightarrow{BD} \right|}$。

此时，学生们都叫起来了："$\angle E$ 是直角！"

我接着问了一句："为什么呢?"

有学生就说："直角三角形中一个角的余弦等于它的邻边与斜边之比。"

我又问："逆命题也是真吗?"学生们又陷入了思考。

不一会，有一个学生说可以用余弦定理证明：

在 $\triangle BDE$ 中，记 $\angle B$、$\angle D$、$\angle E$ 的对边分别为 b、d、e，则 $\cos \angle DBE = \dfrac{d^2 + e^2 - b^2}{2de} = \dfrac{d}{e}$，化简即得：$e^2 = b^2 + d^2$，于是 $\angle E$ 是直角，从而 $\angle BAC$ 是直角。

学生们兴奋得鼓起了掌，我又追问道："还有不同的方法吗?"

学生们又"啊"了一声。这时，我顺势引导学生："已知条件 $(\overrightarrow{BC} + \overrightarrow{BA}) \cdot \overrightarrow{AC} = \left| \overrightarrow{AC} \right|^2$ 中，所涉及的向量与 $\triangle ABC$ 的边有关，如果利用向量的数量积公式将其变形，结果会怎样?"

学生顺口答："全部都可以化为 $\triangle ABC$ 的边和角的关系式。"

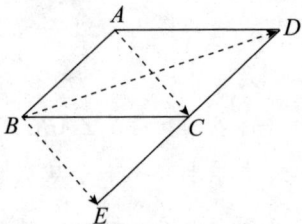

我肯定了学生们的说法，并让大家自己探索。不一会儿，就有学生举手示意并报告自己的方法：

记 $\triangle ABC$ 的三边分别为 a、b、c，则 $\left(\overrightarrow{BC}+\overrightarrow{BA}\right)\cdot\overrightarrow{AC}=\overrightarrow{BC}\cdot\overrightarrow{AC}+\overrightarrow{BA}\cdot\overrightarrow{AC}=ab\cos C-cb\cos A=a^2-c^2=b^2$，故 $\angle A$ 为直角。

听完这个学生的陈述，我也情不自禁地为他喝彩！ （吴中才，2011）[1]

从错误的做法中有价值的想法出发，经过审慎分析和推理，得到了新的解决问题的方法，这无疑会加深学生对几何意义的作用的印象，是一次"直觉＋逻辑"综合作用的数学探索过程的现场示范。

这一案例也表明，真正收放自如的优秀表现是充分准备的结果，而准备之一就是教师的数学学科知识。教师的数学学科知识水平决定了其是否能够迅速读懂学生作品的数学含义，决定了教师对这些想法、做法的价值判断，决定了教师是否有大胆处理自己也没有现成答案的问题的底气与勇气。而过于强调特定内容的思考方式可能会不利于问题的解决。因为数学知识浩如烟海，学生的思维方式更是五花八门，即使是同一个想法也可能会有不同的表现形式，即使教师有几十年的教学经历仍然不能穷尽所有的情形，以学生的思考、探索为基础的课堂总会出现"意外"，因此，"特定内容的教学知识"不应该是影响其课堂决策的根本原因。从根本上看，解决课堂有效决策问题的关键仍然在于发展教师的数学学科知识——当然，不仅仅是扩充数学知识的数量，还要注重提高学科知识的质量，把重点放在对数学知识产生过程的认识的提升、体会数学研究者面对问题的探究和思考方式的特点方面上来。

第三节
研究学生需要具体数学知识的准备

　　读懂学生为教师的数学学科知识准备提出了新的要求。首先，教师需要对所教内容有比较充分的了解，包括理解概念的来龙去脉、掌握一个问题的基本解题方法等。但是由于教学过程并非单纯将自己先期掌握的知识讲授出来，而是需要面对学生的追问与质疑，分析学生的行为、语言、作品的数学含义并判断其价值以及发展方向，甚至还需要与学生一起探究师生都未知答案的问题，因此，就需要教师既做好具体数学学科知识的准备，还要做好数学方法论知识的准备。本节和下一节将分别来讨论这两个方面的数学学科知识问题。

　　具体的数学学科知识是指数学中的具体概念、公理、定理、公式、法则等，比如分数的运算法则、三角形的面积公式、函数的定义及各个具体函数的性质、双曲线的定义与性质等，也包括一些解决问题的具体方法，如勾股定理的各种证明方法、证明不等式问题的常用方法等。这些具体知识是面对中小学阶段数学问题的基础，要想读懂学生并且给学生以有效指导，教师必须有一定的积累。

一、概念、原理及其关系

　　学生表达自己的思维主要是靠语言，数学语言是由一个个代表数学概念的名词和代表逻辑关系的连接词构成的，因此，教师读懂学生，首先需要理解学生说出的每个名词的含义和这些词汇间的逻辑关系。这似乎是一个非常基本甚至很低的要求，但是一旦与处于发展中的学生联系起来，就变得复杂起来了。

　　作为数学教师，通常都能够非常准确地用术语说出自己所任教学段的每个数学概念的定义，但这是不够的。由于术语的选择也是最终探索的结果，同一个意思有时候也可以用不同的方式表达，探索中的学生可能已经洞察了本质但却并未用与教材相同的词语表达，而教师只有对数学概念有特别清晰的认知，才能辨别学生所使用的代表某一概念的名词希望表达的意思与其实际表达的意思是否一致。

案例2-3-1

什么是封闭

三年级"认识面积"一课上，老师问："这个图形（如图2-3-1所示）有面积吗?"

学生七嘴八舌地答"没有"，同时纷纷举手进一步解释：

——一般面积都有四条边。

——面积得有边，比如国旗，都有边，而且边都得重合在一起。

图2-3-1

——这个图形差一条边。

教师总结说："得是封闭图形。（板书）物体表面的大小；封闭图形的大小叫作面积。"

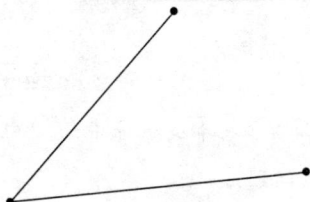

如果把数学教材中的规范数学用语比作"数学普通话"[①] 的话，那么，尚未接触正式数学术语的学生表达自己思想时所用语言就可比作"数学方言"，而听懂读懂学生的"数学方言"则需要教师对概念的本质有特别清晰的认识。在本案例中，表面看，三名学生的回答都不在点儿上，老师有点儿着急就自己说了。然而，分析三名学生的回答，我们就会发现，尽管他们都没有说"封闭"一词，但是无论是生1所说"四条边"还是生3所

---

① 来自施银燕、王尚志《关于小学数学课堂的数学味——王尚志教授访谈录》（《江苏教育》2010年第4期）。在该文中，王尚志教授用"数学普通话"指代学生自己的语言，本书则用以指代规范的数学术语。

言"一条边",其本质都并非强调边数到底是"3"还是"4"这样的实在数字,而是在用"数学方言"表达"封闭"之意:生1的经验中或者瞬间闪现在他脑海中的封闭图形有四条边,他是在用具体的封闭图形表达对抽象的"封闭"概念的理解;生3想说的意思是"需要添上一条边使之封闭";生2则借助国旗这一具体图形表达"边得重合在一起"也就是封闭的意思。如果教师能够读懂这一点的话,就会在生1发言后,在上述图形上添加两条边使之变为有四条边的图形,然后追问"必须加两条边吗?",进而引导学生将自己的思想用更准确的方式表达,形成"面积是平面上封闭图形才具有的性质"这一认识。

案例2-3-2

是平均数,还是中位数?

七年级统计中的"中位数与众数"一课上,学生们讨论下面一个问题:

下图(如图2-3-2所示)是某公司员工一个月完成的销售情况。

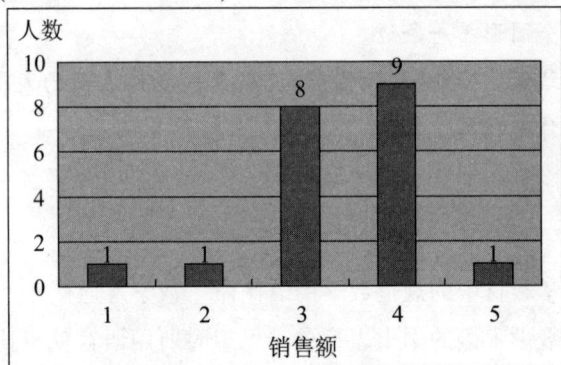

图2-3-2

(1)销售额的平均数是5.4万元,中位数是＿＿＿＿＿＿,众数是＿＿＿＿＿。

(2)公司为激励员工,制定了奖惩措施,如果低于标准销售额,将被扣工资。如果你是老板,在制定标准销售额时,会参考平均数、中位数还是众数?

在回答第二个问题时，他们进行了激烈的争论。有的学生提出用众数，因为众数4万元是大多数人的水平，会鼓励下面的人更加积极。有的学生选择平均数，说它能体现中间，是中间的水平，会让员工更积极。一个学生补充道："我算了一下，平均数是5.4万，正好10个人达到了，10个人没达到。"还有的学生选择中位数，认为这个数在中间，比较公平合理。

最后老师总结道："同学们把三种数都用到了。其中，众数是大多数人能完成，只有1个人完不成，就起不到激励作用了；而平均数和中位数则让一半人觉得没压力，另一半人觉得自己经过努力也能达到，从而起到激励的作用。所以选择平均数和中位数比较合理。"

这里，选择平均数的学生的理由是"平均数体现中间水平""平均数是5.7万，正好10个人达到了，10个人没达到"。但是，"中间水平""居于中间位置的数"是中位数概念的本质特征，只不过这组数据的特殊性导致平均数恰好处于中间水平，从而发挥了与中位数类似的作用。所以，这里师生共同犯了逻辑性错误。

实际上，"概率统计"的内容是第八次课程改革中变化较大的内容，特别是突破了传统上仅仅重视计算的定位，而更加重视对各种概念的价值的理解。因此，尽管师生对通过纸笔测验考查的概率统计知识都感到并不困难，但是在与实际问题结合的讨论中，像上面这样的科学性错误却经常出现。这与概率、统计知识在当今教师的职前学习中比较薄弱有显著关系，也从另一个侧面印证了教师的数学学科知识对于读懂学生的重要性。

除了本学段教材中需要学生掌握的概念、原理外，学生的一些智慧或者困难还可能超越本学段所学的知识范围，对此教师也要有一定的准备。比如，许多初中生在学完一次函数后，会在探索反比例函数或者二次函数图象时，受一次函数图象描点连直线的影响，将描得的点用折线联结；还有的学生会问："为什么一次函数的图象是一条直线？""怎么能描出几个点看着在一条直线上，就说一次函数的图象是一条直线呢？"这些问题在初中阶段并不能给出严格的证明，但是教师可以给出直观的解释。实际

上，一次函数的图象是一条直线的原因在于，其反映了一种均匀变化的规律。以 $y = 2x + 1$ 为例，每当 x 增加一个单位，y 都增加 2 个单位，比如，x 从 0 变为 1，y 就从 1 变为 3，而 x 从 1 变为 2，y 就从 3 变为 5；也很容易通过任意三个点都共线的方式证明函数图象是一条直线，如图 2 - 3 - 3 所示，一次函数 $y = 2x + 1$ 上的点 A（0，1）、B（1，3）、C（3，7），很容易算出：$|AB| + |BC| = |AC|$，即说明这三个点在一条直线上，严格的证明只需将 A、B、C 三点坐标用字母表示即可。

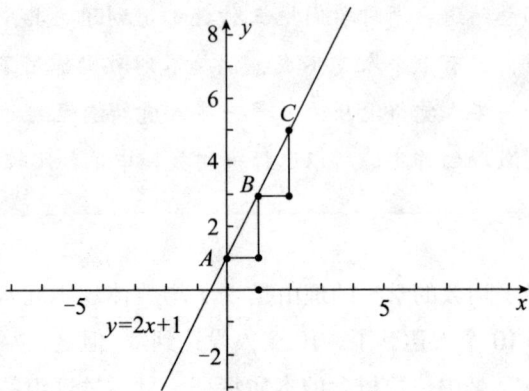

图 2 - 3 - 3

中小学阶段的许多知识只是以片段的形态或者事实的形态呈现，然而学生有着对意义和整体的追求。在面对这些片段或事实时，他们会提出为什么、从哪里来、到哪里去等问题，因为他们希望获得关于自己所面对的数学世界的整体图景的把握。比如，学完直线与射线，经常会有小学生问：老师，是直线长还是射线长？优秀的教师会以对学生的这些问题的解答为契机，开展寻根究底的学习。

二、解决问题的具体方法

一位近 50 岁的北京市市级骨干教师说，自己 80 岁的老母亲对于自己教了一辈子书每天还花那么多时间备课感到十分不解，质疑道："你到底干得了还是干不了啊？"笔者也观察发现，许多数学教师，特别是优秀数学教师，都会随身携带练习册、试卷等，一有空闲就会投入解题中去。是这些教师担心自身的解题能力不够强而被学生问倒吗？不完全是。实际上，教师解题的目的与学生不同，教师解题自身是一种备课活动，只有亲自经历了解决一道题的思维过程，才能充分挖掘一个题目的内涵与教育价值，也只有对一个题目不断审视，也才能掌握多种解题方法。

解题在数学研究和数学学习中起着重要作用，正如华罗庚所言："学数学而不解题，犹如入宝山而空手归。"而教师与学生进行数学交流的主要内容就是具体数学题目的解决方法、思路与答案。其中，解决问题的方法的掌握，为教师读懂学生的作品特别是判断学生作品的对错、价值提供了最直接的依据，会更加快捷（即不需要即兴做数学探究）地读懂学生作品背后的概念、原理等。本章上一节有关圆周角定理教学的案例中，如果教师掌握通过添加半径构造等腰三角形、利用等腰三角形顶角的外角等于底角的二倍证明圆周角定理的方法，就一定能够借助学生已有的探索做出更有意义的引导。

在课堂上，对某一问题掌握了多种方法的教师会比只掌握了一种方法的教师更愿意追问："还有其他方法吗？"因为他更容易对学生形成期待，也更有把握驾驭学生提出的方法。相反，如果一位教师自身对数学知识的理解比较浅显，那么他在教学中就不太愿意放开让学生探索。因为教师会出于自我保护的需要而担心万一学生的方法自己处置不当会"没面子"，这样学生就可能"越位"，为教师驾驭课堂带来挑战。事实上，在开放的课堂上课堂交流不畅的原因主要在于，教师不理解学生的方法。

案例 2-3-3

两角和与差的余弦公式

一位老师在讲授两角和的余弦公式的时候，引导学生将 α、β、$-\beta$ 作在同一个单位圆中（如图 2-3-4 所示），得到点 P_1、P_2、P_3 和 P_4。根据 $\triangle OP_1P_3$ 和 $\triangle OP_2P_4$ 全等得到：$P_1P_3 = P_2P_4$，然后要求学生利用两点距离公式推导出两角和的余弦公式：$\cos(\alpha+\beta) = \cos\alpha \cdot \cos\beta - \sin\alpha \cdot \sin\beta$。

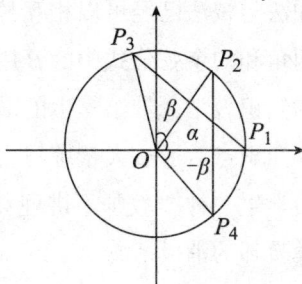

图 2-3-4

大多数学生按照老师的要求进行推导，得出了以上结论。在学生汇报完以上结论后，一个学生举手说他还有别的方法，老师让他到前面展示。该生选择的是另外两个全等的三角形——$\triangle OP_1P_4$ 和 $\triangle OP_2P_3$，然后利用 $P_1P_4 = P_2P_3$ 进行推导，然而用这种方法推导出的是两角差的余弦公式：

$$\cos(\alpha - \beta) = \cos \alpha \cdot \cos \beta + \sin \alpha \cdot \sin \beta$$

结论出现后，该生还想继续推导，但是却被老师打断了："我们这节课学习的是两角和的余弦公式，两角差的余弦公式是下节课讨论的内容。"

回到座位后，该生跟同桌小声嘀咕着说："用 $-\beta$ 替换 β 不就是和的公式了吗！"

本案例中，教师原本选择了一种对学生的思维过程与结果高度控制的教学方式，教师直到给出公式推导的思路后，才让学生做运算性的工作。然而即便是这样，仍然出现了一位"不配合"的学生做出了不同的选择而导致出现了不同的证明方法，得到了不同的结果。但遗憾的是，教师没有读懂学生，而且没有给学生充分陈述的机会。分析其中的问题，显然在于教师在具体学科知识方面不知道本题还有其他解决方法，反应也不够迅速，这反映出其备课中，将两角和的余弦公式与两角差的余弦公式安排在两节课作为两个独立公式教。实际上，在七年级引入有理数及其运算后，加法与减法已经可以相互替代。事实上，随后的两角差的余弦公式也是将两角和的余弦公式中的 β 用 $-\beta$ 替换而得到的。像案例中教师这样过"死"的知识教学，带给学生的最初知识都是孤立的点，只能期待学生在学完各个知识点后通过大量练习再拼接成一个整体。另外，这样的教学也直接带给学生一种"教师不讲理、数学不讲理"的印象，从而产生关于数学和数学教师的消极情感。

第四节
研究学生需要的数学方法论知识

　　具体的概念、解题方法等数学学科知识的发展是对知识的量的积累的要求，然而人类的知识浩如烟海，即便是中小学某一学段的内容，与之有关的概念和解决具体问题的方法也经常会超出教师的准备，因此，不能等所有与教学内容有关的具体知识都准备好后再去面对课堂中学生的探索。由此，我们需要将解决问题的视角转向另一个方面：这些具体的概念和解决问题的方法是如何形成或者怎样被提出来的？这就涉及方法论问题。

　　数学方法论研究的是"数学的发展规律、数学的思想方法以及数学中的发现、发明与创新等法则"（郑毓信，2001）[1]，而数学方法论知识是指数学具体知识的产生、发展原则与原理。比如，关于函数概念的具体知识指的是函数概念的定义、各类具体函数的图象和性质等，而从方法论的角度，我们关注的是函数概念怎样被提出来、各类具体函数在函数知识体系中起什么作用、如何应用函数知识解决问题等。这些知识为数学研究提供了方向和方法，与具体的知识是互为表里的关系，并且一起构成有效思维所运用的内容，是我们读懂并有效处理自己未曾见过的学生在从事数学创造性活动过程中的智慧或困难的基础。

一、关于具体知识性质的概念性知识

　　数学知识体系是由概念、公理、法则、定理、性质等构成的，而概念性知识探讨的是"什么是概念、公理、性质、定理"以及"这些概念、公理、性质、定理是怎样确定的"（季苹，2009）[86]。

（一）知识产生的基本方式之一：人为规定性

　　表面看，许多数学概念、公理甚至定理，似乎就是将人们在现实中的直接经验和生活常识进行数学表达的结果，例如，等式性质、圆的定义、等腰三角形的两个底角相等、异面直线的距离等。这使得许多数学概念、公理甚至定理即使在初次接触时也不会有陌生感，事物的"本质特征"似乎是客观存在的、不证自明的。然而，来自生活中的"实事"只是现象或者实在物，它们并非数学事实，即便有时候我们用数学中的名词、术语表达它们，但是其含义有时候也与数学概念有着本质的区别。

案例 2-4-1

橄榄球的截面是椭圆吗？

上课伊始，为了唤起学生对生活中椭圆的印象，老师请学生举出生活中椭圆的例子。学生举出了鸡蛋的截面、油罐车的截面等，但是，老师认为："有的学生基础太差，简直是胡说八道。"是什么例子让老师感到学生在"胡说八道"？老师说："比如有学生说橄榄球，这根本就不是椭圆啊，引起了一番争议。"

学生们的争议反映了一个关键问题：科学概念与生活概念有着本质区别。在常识的层面，我们常说"眼见为实"，亦即真实存在或发生过的事情、现象就是事实，然而，判断"橄榄球的截面是不是椭圆"并非"眼"见为实的问题。的确，与鸡蛋的截面、油罐车的截面相比，橄榄球的截面图形与大多数人头脑中的椭圆印象有较大区别，但是，难道鸡蛋的截面、油罐车的截面图形就是椭圆吗？未必。实际上，鸡蛋、油罐车、橄榄球的截面曲线只是原始素材，它们到底是不是数学学科意义上的椭圆，则需要以其是否符合数学中椭圆的定义为依据。

从方法论的角度看，"某事物的形状是不是椭圆"这一问题，由于还没有给出椭圆的定义，因此其实质是在问"到底什么是椭圆"，是在追问"到底我们心中为椭圆做出了怎样的规定"。这里，学生举出的橄榄球的例子引发的争议使得实质性问题得以显现。接下来需要做的就是为椭圆概念下一个准确的、可操作的定义，从而使得我们对椭圆的认识从常识的方式走入科学的方式——概念的定义和公理是人为规定的知识，它们是数学共同体为了展开推理而确定的逻辑起点，无须证明真伪，但需经过大众的审判。

《高中课标（2017 版）》和《义教课标（2022 版）》都先对数学研究对象的特征和固有属性做了说明：数学源于对现实世界的抽象，基于抽象结构，通过符号运算、形式推理、模型构建等，理解和表达现实世界中事物的本质、关系和规律。经由抽象而得到的数学研究对象即数学概念，很多情况在表面看只是对客观事物的直观特征的提炼和表达，但其本质和核心则是规定了概念需要遵守的规则，张景中院士（2003）53 对哲学和数学把握概念的特点概念做了比较："哲学和数学都讲究把握概念，可是哲学家对概念的理解主要是力图讲明白它的字义，说明概念的形成过程，数学家则更关心概念在推理中服从的规则"。从某种意义上看，数学是一种按照约定的逻辑起点和约定的规则建构起的体系，按照约定的规则承认什么是存在的、什么是正确的。比如，"没有宽度"、"向两边无限延伸"和"两点之间线段最短"是对直线的一种约定，有理数乘法中的"负负得正"是对有理数乘法法则的约定，而"三段论"约定的是演绎推理的规则，在欧氏几何中，约定"过直线外一点有且仅有一条直线与已知直线平行"，在罗氏几何和黎曼几何中，则分别约定"过直线外一点至少有两条直线与已知直线平行"和"过直线外一点，不存在与该直线平行的直线"。人们在这些约定下进行推理和运算，得出更多为大家所认可的结论。例如，根据约定的偶数概念的定义能够说明"2 是偶数"，而要想说明"一次函数的图象是一条直线"，则既需要利用一次函数概念的定义，又需要利用关于直线的规定性特征。数学归纳法则是关于自然数性质的一个公理，这一公理在学生的经验中有着坚实的基础，对其性质的这种认识会使得我们的教学更开放。

案例 2-4-2

我们真的需要多米诺骨牌吗

关于高中数学"数学归纳法"的教学，老师们经常首先提出一个与自然数有关的数学问题，学生很容易给出猜想，然后教师会强调：归纳得出的结论未必可靠，需要证明。接下来教师解释多米诺骨牌的原理——"要推倒第一张骨牌，还要能够传递下去"，然后大家将多米诺骨牌原理中的思想提炼为两个步骤：第一，要证明 $n=1$ 时成立；第二，如果 $n=k$ 时成立，则 $n=k+1$ 时也成立。这样我们就可以认为命题对任意的 n 均成立，然后再让学生用数学归纳法证明最初的数学问题。

然而，学生在理解数学归纳法的过程中真的需要借助多米诺骨牌原理吗？

"数学归纳法"的一节课上，教师首先提出一个问题：$1^2+2^2+3^2+\cdots+n^2=\frac{1}{6}n(n+1)(2n+1)$ 正确吗？

学生们开始了探索，教师注意将学生的叙述进行板书：

$n=1$ 时，$1^2=1$，$\frac{1}{6}\times1(1+1)(2\times1+1)=1$；

$n=2$ 时，$1^2+2^2=5$，$\frac{1}{6}\times2(2+1)(2\times2+1)=5$；

$n=3$ 时：$1^2+2^2+3^2=14$；$\frac{1}{6}\times3(3+1)(2\times3+1)=14$；

$n=4$ 时：$1^2+2^2+3^2+4^2=14+16=30$，$\frac{1}{6}\times4(4+1)(2\times4+1)=30$。

对于 $n=4$ 的情况，教师追问了一下："怎么算的？为什么这么快？"

学生回答道："把上式代入了下式，就好算了。"

教师评论道："把上式代入下式，用一句话说明了一个道理：当 $n=1$ 时成立，如果 $n=k$ 时也成立，那么 $n=k+1$ 时就有：$1^2+2^2+3^2+\cdots+(k+1)^2=\frac{1}{6}k(k+1)(2k+1)+(k+1)^2=\frac{1}{6}(k+1)(k+2)(2k+3)$，这说明当 $n=k+1$ 时也是成立的。那么，这样能不能就证明了命题对于任意的 n 都成立？"

学生回答："应该可以。"

怎样理解"应该可以"？如果站在数学归纳法是皮亚诺自然数公理体系中关于自然数的性质的公理上看，教师对"应该"的解读就是"既然大家都同意，那么我们就以此作为解决与自然数有关问题的公理了"。

事实上，尽管在十一年级（高二）数学归纳法才正式提出，但是此前，学生已经具有许多用数学归纳法研究和解决数学问题的经验，比如小学和初中的多边形内角和公式，高中的等差数列通项公式、求和公式等，因此，教学完全可以首先激活学生已有的解题经验，然后追问："解决我们这类问题的模式是什么？""既然归纳得到的结论未必可靠，那为什么我们解决这些问题却没人怀疑其结论的可靠性？到底什么样的问题能够用这样的方法呢？"前一个追问促使学生将自己的经验有意识地组织成一个原理，形成一种语言模式，也就是得到数学归纳法的两个步骤；后一个追问则指向对数学归纳法的公理特点的揭示——数学归纳法就像数学中的许多概念、公理一样，都是对人们习以为常的经验、常识等用数学语言进行表述、组织的结果，并约定其可以作为解决其他问题的逻辑起点。

（二）人为规定知识需要满足逻辑的相容性

既然概念的定义和公理是人为规定的，那会不会出现不同的人做出不同规定的情况呢？

当然可能。但是，不同的人给出的定义需要满足两个最基本条件：与经验常识的一致性和定义内外部的逻辑相容性。

与经验和常识的一致性即要求人为规定的知识需要经过大众审判。也就是说，对于大家熟识的名词，按照给出的定义构造的对象必须与人们日常的感受一致。这就涉及数学概念的存在形式问题。通常我们说到概念，首先反映在脑海中的就是"定义"，定义是"表明事物的本质特征的短句"，可实际上，定义只是概念的一种存在形式或者说是高级存在形式，在此之前，人们的头脑中通常已经有了以本质直观的形式存在的概念，由于人们的生活经验和语言的一致性，对于同一个词的反应会大致相同。

案例 2 - 4 - 3

二面角的度量

师：请同学们用书或本摆出 30°、90°、150° 的二面角的模型来。

师：（观察学生用书、本演示各二面角的模型）据大家摆出的模型来看，大家的想法很一致，但我们还没有对如何度量二面角的大小给出任何规定，你们为什么会那么一致呢？究竟认为什么东西的 30°、90°、150° 可以代表二面角的 30°、90°、150° 呢？能不能用数学语言或图形来描述一下？这也就是给出二面角度量的概念。（谷丹，2017）[63]

这里的教师就充分利用了数学概念的常识性和学生以直观把握本质的能力，不做任何铺垫，而是直接将摆二面角的任务交给学生，相信学生能够摆出正确的二面角。这一任务的意义在于激活学生的经验，接下来教师则引导学生对自己被激活的经验进行分析，从而获得二面角的度量概念。

需要注意的是，最初学生头脑中的以经验和常识形态存在的概念是笼统的、模糊的，通过理性的反思与分析，思维中的细节得以明察，表面相同的二面角的度量背后往往隐藏着不同的思维过程，表现为对同一个对象给出不同的定义。

案例 2 - 4 - 3（续 1）

二面角的度量

生 1：（方法一）在二面角 $\alpha - m - \beta$ 棱上任取一点 $A \in m$，在 α、β 内分别作 $AB \perp m$、$AC \perp m$，则 $\angle BAC$ 的大小就是二面角 $\alpha - m - \beta$ 的大小（如图 2 - 4 - 1 所示）。

生 2：（方法二，画出图 2 - 4 - 2）过二面角 $\alpha - m - \beta$ 棱上任意一点 A 作平面 $\gamma \perp m$，则有 $\alpha \cap \gamma = AB$，$\beta \cap \gamma = AC$，$\angle ABC$ 的大小就是二面角 $\alpha - m - \beta$ 的大小。

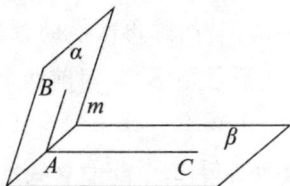

图2-4-1

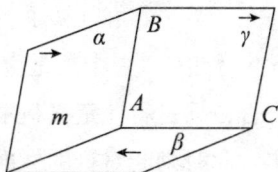

图2-4-2

生3：（方法三，如图2-4-3所示）在二面角$\alpha-m-\beta$的面α内作$BA\perp m$于A，再作$BC\perp\beta$于C，则AC是BA在β的射影，$\angle BAC$的大小就是二面角$\alpha-m-\beta$的大小，（犹豫着）但这种方法不一定行。（在教师的追问下解释）如果二面角的大小是锐角就行，如果$AB\perp\beta$就不好办了，如果二面角的大小超过$90°$也不好办。前一种情况$A=C$，后一种情况$C\notin\beta$（半平面）。

生4：（方法四，如图2-4-4所示）AA'、$BB'\perp m$，则AA'、BB'所成的角的大小就是二面角的大小。

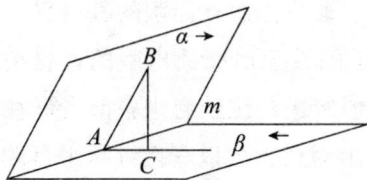

图2-4-3

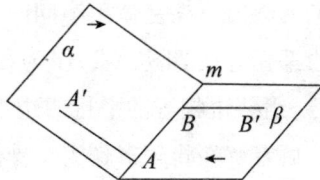

图2-4-4

生5：不行。若视AA'、BB'为两条射线，则我们在前面没有规定过两条端点不重合的射线所成角的大小；若视AA'、BB'为直线，又无法用异面直线所成角的大小来区分$30°$的二面角和$150°$的二面角。

面对学生给出的不同定义，教师首先要判断对错，那么判断对错的标准是什么呢？许多教师会以是否与教材一致作为标准。比如，八年级的"矩形"一课，教师为了让学生顺利给出"有一个角是直角的平行四边形是矩形"这一定义，借助了一个平行四边形教具演示其变为矩形的过程，然后再问学生"什么是矩形"。但显然学生自己头脑中的矩形起的作用更大。第一个学生的回答是:"四个角都是直角的四边形是矩形。"第二个学生做了补充:"三个角就够了,不需要四个角。"教师再次借助教具提醒,第三个学生才说:"一个角是直角的平行四边形是矩形。"对前两个回答教师未置可否,只是将此定义板书在黑板上。

其实,此时判断对错的标准应该是,按照学生给出的定义构造的对象是否与人们的普遍认同的常识一致。从某种意义上看,这是一个通过"谈判"确定共同需要遵守的规则的过程,而且通过"谈判",得到的定义可能是多个。

接下来就涉及知识的逻辑相容性问题,也就是对同一个对象的不同定义,必须要证明其等价性,以保证数学知识体系的逻辑自洽性。在高等数学中,不同的定义通常被称为"等价定义";而在初等数学中,通常会选择一个规则作为定义,其他规则被称为"判定定理"。此时需要讨论的一个问题是"哪个作为定义更好",而"好"的标准则具有个性化,需要考虑的要素通常包括直观性、简洁性、与教材所设计知识体系的一致性等,不同的教材可能会做出不同的选择。比如,北京出版社出版的教材以"四条边都相等的四边形"作为菱形定义,人民教育出版社出版的教材则以"有一组邻边相等的平行四边形"作为菱形定义,比较起来,前者好在直观,后者好在将菱形作为特殊的平行四边形对待,可以直接继承平行四边形的已有知识。于是,在有关概念定义内容的教学中,如果以学生的研究为基础的话,大致会按照"定义—判定定理—性质定理"这样的程序展开,而这一程序与教材上常见的"定义—性质—判定"是不同的。

案例 2-4-3(续2)

二面角的度量

师:我们提出了四种度量二面角大小的办法,其中前三种大家认为是可行的,第四种有些问题。那么,如果让你来编课本,你会选哪一个办法作为二面角的度量概念呢?决定了,再翻开课本,看看写书的专家与你的意见是否一致?说说你或课本选择那种方案的原因。

学生先选择后看书。大部分学生与课本选择方案一致（法一），很兴奋。

师：那我们提出的法二、法三、法四都没什么用了？要是让你来写书，你会如何处理？

学生再次兴奋地交换意见。

生：既然我们已经证明了法二、法三与书上的定义是等价的，我们可以将法二、法三作为求二面角大小的"定理"。法四虽然不能作为二面角大小的度量方法，但是我们可以用这种方法来求异面直线 AA'、BB' 所成角的大小。而且异面直线 AA'、BB' 所成角的大小与二面角的大小相等或互补，所以知道 AA'、BB' 所成角的大小对求二面角的大小显然是有很大帮助的。我们猜，后面会有可以利用法二、法三解决的问题，还可能会有类似法四的问题，来看看我们是不是会混淆异面直线间所成角的大小与二面角的大小。

师：好，我们看看他的"预言"会不会实现。

上述教学过程与实际科学研究工作的方式类似，也就是尽管我们的教学通常从定义开始，然而，多数定义并非事先想好的，而是发现、组织、推理和选择的结果，而学生也有权利发现和选择定义、证明不同定义之间的等价性。

（三）被证明为真的命题是定理

学生在研究问题的过程中的一些发现，有的就是教材上的定理或者性质，还有时会有超越教科书的新发现。这些新的发现是否为真必须经过演绎推理的检验，只要被证明为真都可以被称为定理，但是否在正式考试中能直接使用则是基于数学教育的其他因素的选择。例如，担心定理过多会造成学生的记忆负担过重，国家课程标准层面通常都会对需要学生掌握的定理进行限定与约定，于是一些更为基本的，特别是复现率较高的就成为教材中的定理；对于有一些虽常用但却没有被教材选录为定理的正确结论，如弦切角定理，老师通常会叮嘱学生"用的时候证明一下"。

从几个基本的概念和公理出发，经过演绎推理获得的定理汗牛充栋，这是数学推理的力量所在。数学中有的定理直接以发现者的名字命名，如韦达定理、毕达哥拉斯定理，又如微积分基本定理又叫牛顿－莱布尼茨公式；但是更多的定理都会以定理内容所反映的数学结构或者功能来命名，如三垂线定理；而勾股定理、蝴蝶定理的名称既形象，又反映了其数学结构，这样的名称会使得一个定理表里如一、内外一致，是数学对美的追求的一种体现。

案例 2 - 4 - 4

等腰三角形的判定方法

　　一位老师在"等腰三角形的判定"一课中，请学生开动脑筋画出一个等腰三角形。一名学生的方法是：画一条线段 AB，再画这条线段的垂直平分线，在其上任选一点 C，联结 CA、CB，则 $\triangle ABC$ 就是等腰三角形。

　　师：你这样画出的三角形可以被证明是等腰三角形，但正确的不一定是定理。还有其他画法吗？

　　……

能够被证明为正确的命题一定是定理，但是用何种方式命名却是另一回事。上述案例中学生的画图方法，按照其绘制等腰三角形的目的可以形成的等腰三角形的判定定理是：如果一个三角形一条边上的中线也是高线，则该三角形是等腰三角形。但学生的绘图方法更直接的表达是"线段的垂直平分线上的点到线段两端点的距离相等"，它是以"线段垂直平分线的性质定理"的角色在教材中出现的，显然，后者更基本，也更为恰当地为这一定理提供了位置。

二、关于具体知识产生方法的方法性知识

　　在一次听课时，教师讲了一道题后，发现学生们在窃窃私语，就问道："有不明白的地方吗？"没想到学生说："老师，您讲得每一步我们都

明白，但就是不知道您是怎么想到的！"这里，学生希望获得的就是方法性知识，即思考和解决问题的方法是如何获得的知识。这些知识决定了一个人思考问题的途径，是我们能够从一个题目中收获对解决其他题目有启示性的成分的保障。

一直以来，数学思想方法在我国的数学教学中都得到了特别的重视，学者和教师们总结了许多数学思想方法，如转化与化归、归纳法、方程思想与方程方法、函数思想与函数方法、代数思想与代数方法、数形结合、换元法、配方法、待定系数法等。但显然，这些思想与方法并不在同一个层级。比如，数学中所有解决问题的思想几乎都可以看成转化与化归思想，也就是将新的或者繁杂的问题转化为旧的或者简单的问题进行解决；而配方法是一种处理特定代数问题（如求解一元二次方程、代数式求值等问题）的具体技术手段，是化归思想在特定问题面前的具体表现。

不同层级的数学思想方法杂乱地混在一起，使得人的思维难以对它们进行有效支配，对于教师和一些优秀学生来说很容易想到的方法，另一些学生却很难想到。因此，我们有必要从解决问题的角度对数学思想方法的产生机理进行整理。

（一）已知规律的事物方法来自其规律

老师们经常为学生总结一些常用的解题思路，以帮助其"看到什么就想什么"。例如，看到线段中点，就想倍长中线、中位线、直角三角形斜边中线。这种思路确实很实用，因为许多问题的解决方法是直接从该问题的条件所界定事物的规律中直接产生的，而寻找方法的过程就是不断激活已知事物规律的过程。

事物自身的规律包括事物自身的属性及其与其他事物的关系。比如，三角形的三个内角和等于180°、两个对应边都相等的三角形全等都是三角形的规律，在解决许多问题特别是以巩固知识和具体方法为目的的习题时，方法主要来自对这些事物的规律的认识。比如，下面有两个以桥为背景的问题。

问题1：如图2-4-5，赵州桥是1300多年前我国隋代建造的石拱桥，是我国古代人民勤劳与智慧的结晶。它的主桥是圆弧形，它的跨度（弧所对的弦的长）为37.4 m，拱高（弧的中点到弦的距离）为7.2 m，你能求出赵州桥主桥拱的半径吗?

问题2:图2-4-6是抛物线形拱桥,当水面在 l 时,拱顶离水面为2 m,水面宽4 m。当水面下降1 m时,水面宽度增加了多少?

图2-4-5

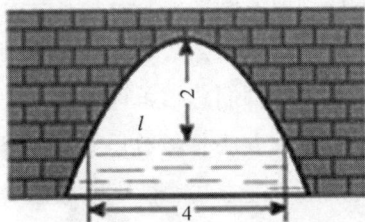

图2-4-6

对于九年级(初三)学生来说,两个问题中的事物(桥的形状的数学定义)的规律都是已知的,解决问题的方法就可以直接从事物的规律中产生。由于九年级学生关于圆的规律的认识都是几何形态的,因此,问题1需要用几何法解决;而抛物线的规律是代数形态的,因此,问题2需要用代数法、借助二次函数知识解决——作为已知类型的函数,直接借助待定系数法求该二次函数的三个系数即可。

再如,求 $|x-2| + |x+3|$ 的最小值问题,既可以根据绝对值的代数定义通过分类去掉绝对值符号解决,也可以根据绝对值的几何意义去解决。即将 $|x-2| + |x+3|$ 看成数轴上的点 x 到2、-3的距离和,如图2-4-7所示,显然,当 x 在 -3 和 2 之间时,$|x-2| + |x+3|$ 取得最小值5,这里绝对值概念的几何属性使得数形结合的方法得以发挥作用。

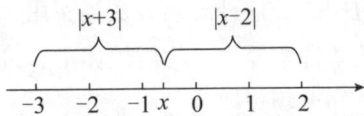

图2-4-7

有的事物的规律比较复杂或者抽象,需要借助直观、比喻等方式去理解或展示。比如,一次函数 $y = -2x+1$ 在 $(-2,1)$ 上的取值范围,直接将端点值代入求得函数值即可根据函数的单调递减性得到 $-1 < x < 5$;但是,尽管二次函数 $y = x^2 + 2x - 3$ 的单调性也有很确定的规律,但对于求该函数在 $(-2,1)$ 上的取值范围,老师

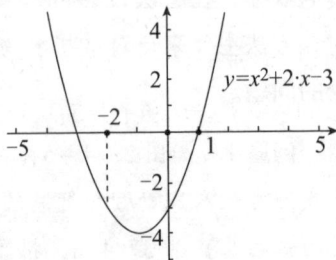

图2-4-8

们都会建议甚至要求学生"数形结合",也就是画出函数的图象——如图 2-4-8所示,在图象上标出（-2，-3），（1，0）两个点,这样就非常直观地看到函数在此区间上的取值范围为 $-4 \leqslant x < 0$。正是由于函数的概念和性质具有抽象性特点,所以数形结合方法在函数中常被使用,许多有经验的老师总结道:如果说学习函数有什么诀窍的话,那就是用好图象。

常规数学题目中,难度大的题目的主要表现为事物的规律比较隐晦,需要解题者围绕题目给出的条件进行挖掘,解题思路的形成过程是对一个事物的诸多规律的认识被层层激活的过程。比如下面的一道几何题:

如图 2-4-9所示,△ABC 中,D 为 AB 的中点,G 为三角形内一点,满足∠GAC = ∠GBC,GE⊥BC 于 E,GF⊥AC 于 F,探索 DE 与 DF 的关系。

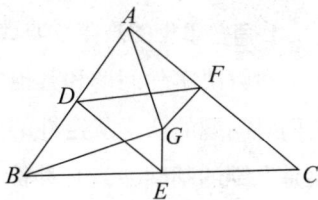

图 2-4-9

这个题目先要对 DE 与 DF 的关系进行猜测,一般容易根据测量或者观察图形直观地猜测出 DE = DF,当然可以通过变化 G 点进一步确认猜想,或者借助几何画板等信息技术手段对猜想进行确认。

形成证明思路的过程中,考虑到要得到两个线段的等量关系,而题目中最直接带来线段数量关系的只有 D 为 AB 中点这一条件,于是,证明思路自然要围绕中点信息能够带来哪些结论进行。其中,三角形中位线定理、直角三角形的斜边中线定理是我们对中点规律的已有认识,再看到图中有两个垂直关系带来的 Rt△AFG 和 Rt△BEG,很自然想到取 AG 中点 M、BG 中点 N,连接 DM、MF、DN、NF,此时得到的△DMF 和△DNE 看起来具有全等关系,而它们的全等关系也与 DE = DF 密切相关。接下来再分析保证全等的条件。根据三角形中位线定理,很容易得到四边形 DMGN 为平行四边形;再根据直角三角形斜边中线定理,可以得到:MF = DN，DM = NE;再结合 ∠GAC = ∠GBC 和平行四边形 DMGN 的对角相等,可以得到∠DMF = ∠DNE。这样就证明了△DMF 和△DNE 全等,从而推导出 DE = DF

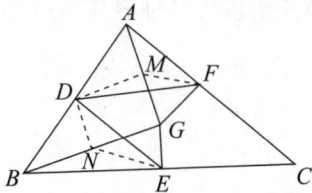

图 2-4-10

（如图2-4-10所示）。作为几何中一道难度较高的题目，这里的点 D 是中点的条件就是一些教师所说的"题眼"，而本题解决过程的重点和难点都在于对线段中点所具有规律的应用。

（二）面对未知规律的事物需要探索其规律的方法

有的问题中所涉及的事物是新的，解题者对其规律一无所知。要想解决这种问题，必须对事物的规律有所认识，而认识和研究一个新对象的规律也有一定的规则可以遵循。

1.有些事物的规律并非数学范畴

在解决实际问题和其他学科的研究过程中，数学作为一种方法得以使人们对问题的认识从定性的模糊进入定量的精确，其中，抽象是基础。抽象是思维的基础，只有具备了一定的抽象思维能力，才可能从感性认识中获得事物（事件或实物）的本质特征，从而上升到理性的认识。（史宁中，2008）[3]当会用抽象的方法对一个事物的规律加以研究并且能够用数学公式表示时，人们对这个事物的探索过程就大体完成。

但是，需要特别注意的是，有些被发现的规律自身却并非数学知识，不属于数学范畴。例如，伽利略通过光滑斜坡实验发现了滚落的小球运动的位移 s 与时间 t 之间的关系为 $s = \frac{1}{2}at^2$ ——这是一个物理定律而非数学知识。又如，德国数学家亥姆霍兹（Helmholtz）说：只有经验才能够告诉我们算术的加法法则用到哪里。比如，1升温度为40℃的水与1升温度为50℃的水混合后，不能得到温度为90℃的水。（史宁中，2008）[28]这两个事实都是来自生活常识，当让学生解决这样的实际问题时，其实是在假定学生具备相关的常识或者知识。但由于这些知识不属于数学知识的范畴，所以很可能会出现学生所理解的规律与教师所理解的规律不一致而又难以在数学中得以合理解释的情况。

案例2-4-5

娃娃鱼就有四条腿

一年级的一节课上，老师给学生出示了这样一个问题：

一只小兔、一只小鸡和一条鱼一共有多少条腿？

在老师看来，这几种小动物是如此常见，这个问题毫无难度。但学生的答案颇令人感到意外：全班35人，竟然只有15人是正确的，20名同学给出了五花八门的"错误"答案——4条腿；5条腿；7条腿；8条腿；9条腿等。

孩子们的解释更是令她大开眼界。

给出答案4的生1认为兔子有两条腿，有同学提醒他兔子有两条前腿两条后腿，生1反驳道"兔子前面的不是腿，是爪子"。

生2的答案是7，他说"鱼有三条腿，两个鳍和一条尾巴都是腿"。

还有一位同学说：鱼有4条腿，"娃娃鱼就有4条腿?!"

教师想进一步全面了解下孩子们的理解，于是在另一班增加了一个问题，设计了一个问卷：

1. 兔子有（ ）条腿，小鸡有（ ）条腿，鱼有（ ）条腿。

2. 一只小兔，一只小鸡和一条鱼一共有多少条腿？

随后统计的学生的作答情况如下表所示：

序号	人数	第一问答案	第二问答案
1	16	兔子有4条腿，小鸡有2条，鱼有0条腿。	$2+4+0=6$
2	5	兔子有2条腿，小鸡有2条，鱼有0条腿。	$2+2+0=4$
3	2	兔子有4条腿，小鸡有4条腿，鱼有0条有。	$4+4+0=8$
4	1	兔子有4条腿，小鸡有4条腿，鱼有1条腿。	$4+4+1=9$
5	1	兔子有4条腿，小鸡有4条腿，鱼有8条腿。	$4+4+8=16$
6	1	兔子有2条腿，小鸡有4条腿，鱼有3条腿。	$2+4+3=9$
7	1	兔子有2条腿，小鸡有（ ）条腿，鱼有（ ）腿。	空白

类似的情况在中学教学中也会出现，不过会表现得更为隐蔽和深刻。

案例2-4-6

传染病到底是按照什么规则进行传播的

人教版初中数学九年级上册"一元二次方程"中，一道应用题是这样的：

有一人患了流感，经过两轮传染后，有121人患了流感。请问每轮传染中平均一个人传染了几个人？

在讨论这个问题时，学生们关于"传染病的传播规则"提出了两种看法：

一种观点认为，"第二轮传染过程中，第一个患病的人应该就不再是传染源了"，因此，如果设每轮传染中平均一个人传染了 x 个人，则方程为：$1 + x + x^2 = 121$。

第二种观点认为，第一个人在第二轮传播中也是传染源，因此用上述的 x 列出方程为：$1 + x + x(1 + x) = 121$。

上面两个案例的本质是相同的。从数学上看，学生给出的不同答案不存在对与错的问题，而是他们对问题中并未给出的条件做出了不同的假设。案例2-4-5中的不同解答源自学生对小动物腿数的理解不同，案例2-4-6中的不同解则来自对传染病传播规则的不同假定。尽管教材中的答案是后者，但是实际上该传染病的传播规则到底是什么，可以借助数学方法研究、得到，但是研究得到的结果并非数学学科知识的范畴，而是流行病学的研究问题。实际上，不同的传染病的规则也不尽相同，每种方法只要所列方程与自己假定的传播规则一致，从数学上看就是正确的。

那么，案例2-4-5中几种小动物的腿数不应该是常识，其标准答案学生不应该具备吗？为什么对成人来说这些似乎天经地义、无可置疑的简单常识，在学生的头脑中却变得复杂了呢？这与孩子们的经验来源有关。当今许多孩子特别是城市里的孩子关于小动物的认识并非来自生活，而是来自科普书和博物馆，这些书和博物馆会告诉孩子们：动物在从海洋走向陆地的过程中鱼鳍进化为四肢，而关于鸟类翅膀的一种假说就是翅膀由腿进化而来。所以,学生关于动物腿数的"假设"也是有着经验渊源的——从数学的视角看,题目的条件就是假设,因此,学生的解答是正确的。而从科学的角度看,孩子们的科学概念存在诸多错误之处。例如,娃娃鱼作为两栖动物并不是鱼,因此不能将娃娃鱼的腿数作为题目中鱼的腿数,但显然这并非通过数学课堂的三言两语就能帮助学生理解,而教师可以此为契机联合科学课组织"动物之腿"跨学科主题学习活动——实际上,具有现实情境的问题经常具有综合性,其解决往往需要多个学科的知识,辨别某个问题的某个环节属于哪个学科领域,属于学科能力的范畴,由此也可以看出数学课标强调的"数学的眼光"的重要性。

下面的两个例子能够更清楚地说明这一问题,如图 2-4-11 所示:

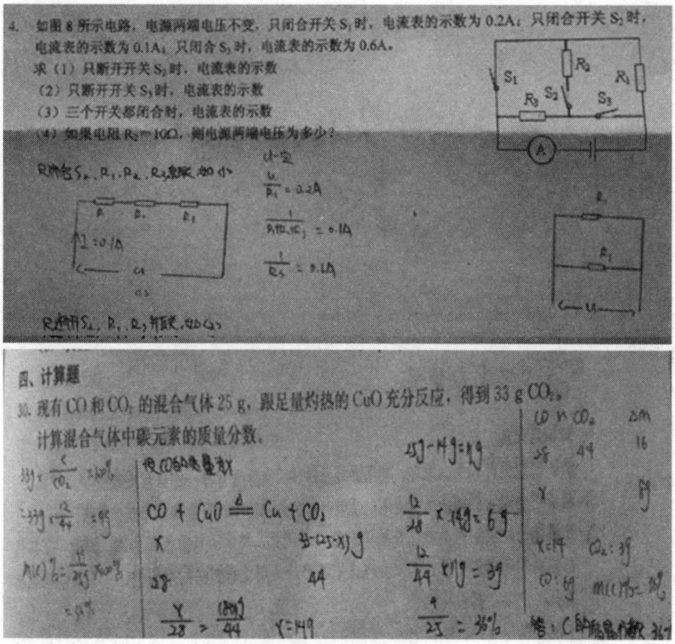

图 2-4-11

尽管这两个问题都是用方程方法解决的,但是显然分别属于物理和化学学科范畴,将其放在数学学科来考查学生的数学能力显然是不合适的。这也是尽管考试改革非常重视"真实情境",在以考查数学学科能力为主要取向的重要考试中却很难见到融合度高、以现实和其他学科为情境的实际问题的原因。

2.寻找或理解数学对象的规律的方法

我们不妨先来探讨一道中考"压轴题"的解决过程——下面的问题来自北京市 2013 年中考第 25 题。

案例 2-4-7

认识"关联点"

如图 2-4-12 所示,对于平面直角坐标系 xOy 中的点 P 和 $\odot O$,给出如下定义:若 $\odot O$ 上存在两个点 A,B,使得 $\angle APB = 60°$,则称 P 为 $\odot O$ 的关联点。

已知点 $D\left(\frac{1}{2}, \frac{1}{2}\right)$,$E(0, -2)$,$F$ $(2\sqrt{3}, 0)$,

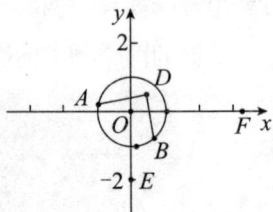

(1) 当 $\odot O$ 的半径为 1 时,

①在点 D,E,F 中,$\odot O$ 的关联点是_____;

②过点 F 作直线 l 交 y 轴正半轴于点 G,使 $\angle GFO = 30°$,若直线 l 上的点 P (m, n) 是 $\odot O$ 的关联点,求 m 的取值范围;

(2) 若线段 EF 上的所有点都是某个圆的关联点,求这个圆的半径 r 的取值范围。

图 2-4-12

显然,对于这样一个问题来说,如果学生对于关联点的概念及其性质是理解的,那么解决起来并不难。但本题中关联点的概念是新的——这道题目也是近年来各地中考"压轴题"的常见形式,其特点是给出一个全新的、学生毫无感性认识基础和经常丝毫没有直观意义的概念的定义,然后利用这一概念解决问题。解决这个问题的关键也就在于学生是否具有自己认识一个新事物的规律的能力。

那么,如何认识一个新事物呢?考题的几个问题就指明了路径——要从具体到抽象,从特殊到一般,从感性到理性。

在上题中,问题 (1) 中①的作用就在于,通过几个具体的点帮助学

生逐渐接近了概念，特别是注意到给出的三个点的代表性：如图 2 - 4 - 12
所示，点 D 在圆内，随便从圆上找两个点 A、B，当作出∠ADB 时，随着
AB 的变化，就能够看出这个角会在 0°和 180°间变化，一定能够取到 60°，
由于这个过程中只利用了点 D 在圆内的性质，所以据此也得出圆内包括圆
上的点都是该圆的关联点的结论，同时思维对同一性的追求使得一个问题
涌现：圆外还有哪些点是关联点？

　　研究要从特殊的点开始，点 D 是命题者搭建的另一台阶，帮助我们回
答了这一问题，在判断点 D 是不是关联点的问题时，我们发现，点 D 是一
个处于临界状态的关联点。这至关重要，因为从中既可以直接得到点 F 不
是这个圆的关联点的结论，还可以得到更为一般的结论：半径为 1 的⊙O
的关联点就是圆心为 O、半径为 2 的圆及圆内的所有点。

　　对半径为 1 的⊙O 的关联点的规律的认识直接
为问题（1）②提供了方法：如图 2 - 4 - 13 所示，
先确定圆心为 O、半径为 2 的圆与直线 l 的两个交点
G（0，2），H（$\sqrt{3}$，1），P 点应该为直线上介于 G、
H 之间的点，于是可得 $0 \leqslant m \leqslant \sqrt{3}$。

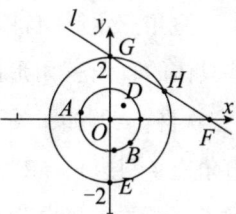

图 2 - 4 - 13

　　在"一般化"精神的指引下，我们开始对半径
为 r 的⊙O 的关联点的规律进行抽象，得到更为一般的结论：如果点 P 到
点 O 的距离小于等于 2r，则这个点是半径为 r 的⊙O 的关联点。问题（2）
的解决方法也就来自对这一规律的认识：如果 E、F 都是某个半径为 r 的
⊙O 的关联点，则 EO 和 FO 都应该小于等于 2r，而 $EF \leqslant EO + FO \leqslant 4r$，由
于 EF = 4，这样就可以得到 $r \geqslant 1$。从图形分析，即当圆心 O 点在 EF 中点
时，半径为 1 的圆是保证 E、F 都是该圆关联点的最小圆。

　　上述问题的解决过程实质是在认识"关联点"的规律，也代表了认识
一个新事物的规律的基本过程：通过具体建立感性认识，又从具体出发逐
层抽象从而逐渐接近事物的本质。

　　需要注意的是，这里所述的"感性认识"并非指通过眼睛、耳朵等感
官认识事物，而是指思维中建立起新事物 A 与自己熟悉的事物 B 的关
系——A 和 B 两个事物的关系很复杂，比较典型的情况有三类：A 是 B 的

特殊情形，B 是 A 的特殊情形，A 和 B 是并列关系。这三种关系为我们借助 B 的规律认识 A 的规律提供的方法有演绎法（特殊化）、归纳法（一般化）和类比法。在很多时候，三者经常是协同发挥作用帮助我们发现问题、解决问题的。

（1）演绎法与特殊化

如果一个新事物 A 是我们已经熟悉的事物 B 的特殊情形，那么，B 的所有规律都适用于 A，同时我们还会关注 A 的特殊性所带来的独特性质。例如，作为特殊的三角形，直角三角形的内角和也是 180°，同时直角又保证了其两个锐角互余。因此，直角三角形的两条直角边的长度一旦确定为 a 和 b，其斜边边长 c 就会因三角形全等的 "边角边" 公理而确定，这就使得 c 一定能够用 a 和 b 表示。

直角三角形的斜边 c 与直角边 a 和 b 的关系并不直观，即使是度量了一些具体的直角三角形的边长，三者的关系也不能显现，其间还可能有一些 "空欢喜"。例如，关于从边长为 3、4、5 的三角形中形成 "长直角边 =（短直角边 + 斜边）÷2" 的猜想，有的教材上说毕达哥拉斯偶然从地板砖中发现了三者关系，更为合理的解释也许是：这一问题也困扰了毕达哥拉斯很久，直至地板砖出现在他的面前（参见本书第一章第二节图 1 - 2 - 1）。

也许毕达哥拉斯根本不需要地板砖的启发，因为地板砖中的等腰直角三角形具有方法论的意义上。它提醒我们，对于一些并不明显的规律，导致我们发现的具体例子的选择很重要。如果最初选择的就是等腰直角三角形，还是很容易通过面积建立直角边 a 和斜边 c 的关系的：这个直角三角形的面积等于 $\dfrac{a^2}{2}$，以斜边为底，则高等于 $\dfrac{c}{2}$，三角形面积可以表示为 $\dfrac{c^2}{4}$，这样就得到了 $c^2 = 2a^2$，进一步形成猜想：斜边的平方等于直角边的平方和。对猜想的验证与证明可以同步。所谓验证，就是赋予 a、b 具体的数，但是斜边的平方并非能够借助度量得出的，而是需要借助方程工具。借助方格计算斜边所在的正方形面积［如图 2 - 4 - 14（b）所示］，必然要在其中分割出整点直角三角形，而这些三角形一旦按照求面积的需要被分割出来，就既可以算出斜边的平方值，又使得方格的作用不再重要，而在淡去方格的同时，具体数字也就变为了一般的数，一般的直角三角形中的勾股定理的证明也就完成了。

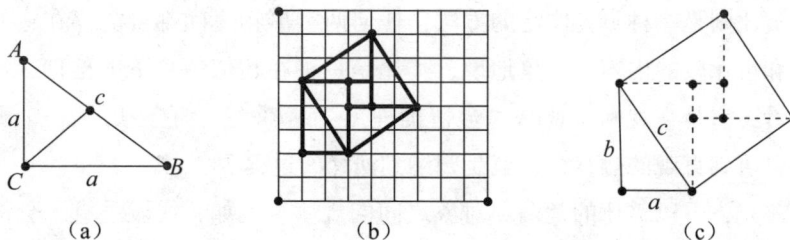

（a）　　　　　　　（b）　　　　　　　（c）

图 2 - 4 - 14

（2）归纳法与一般化

上面证明勾股定理的过程已经用到了归纳的方法，猜想从特殊的直角三角形中来，证明的方法也从特殊的直角三角形中获得启发。

从特殊事物 B 到一般事物 A 的过程是透过现象看本质的过程，如果某个条件不是这样，结果会怎样呢？比如，从勾股定理出发，就会问：如果 $\angle C$ 不是 90°，而是一个一般的角，那么 c 与 a 和 b 的关系又是怎样的呢？在探索的过程中，有的人可能会借助更多的特殊情况，如 $\angle C$ 等于 30°、45°、60° 等，逐渐经由归纳发现规律。也有的人可能直接借助一般情况分析，推得余弦定理。还可以从勾股定理的一种图形解释出发，展开一般性探究：如图 2 - 4 - 15（a）所示，一个直角三角形的三条边生成三个正方形，其中，最大正方形的面积等于两个小正方形面积和。如果正方形换成正三角形、正五边形、正 n 边形 [如图 2 - 4 - 15（b）所示]，结论还成立吗？

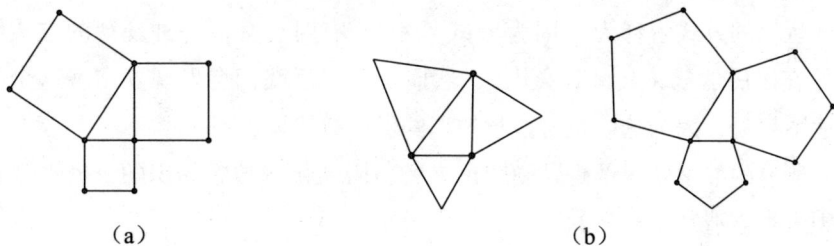

（a）　　　　　　　　　　　　（b）

图 2 - 4 - 15

（3）类比

类比则是一种更为广泛的方法，任何两类事物之间都可能存在一些相似性和可比较的内容。形象地说，类比是一种在相似情景下的推理。从表面上看，它是直观到直观的"合情推理"，而实际上，它经历了一个直观到抽象再到直观的过程，也就是归纳到演绎的过程。

首先，可以类比的是两类对象之间的规律。例如，线段垂直平分线上任一点到线段端点的距离相等，与之类比，形成猜想并证明得到关于角平分线的性质：角平分线上的点到角的两边的距离相等。

更常用的是，将对一个对象的研究过程与方法类比到另一个对象中去。例如，一次函数 $y = kx + b$ 的图象是一条直线，k 和 b 决定了直线的方向和位置，k 决定了函数的单调性，那么，关于二次函数 $y = ax^2 + bx + c$，自然也关心是否所有的二次函数图象形状是否相同，a、b、c 各自对图象产生了怎样的影响，对函数单调性产生影响的量是哪个。关于三角形，研究组成它的三条线段的关系、三个角的关系，还研究特殊的三角形的一些特殊关系、两个三角形的全等关系。自然，在研究四边形时，这些问题也都是研究的内容。实际上，教材中并未讨论四边形的四条边的关系、四边形的全等关系，但是显然并非任意四条线段都能组成一个四边形，四边形全等的理论由于过于复杂而不便作为对全体学生的要求。

三、关于具体知识的产生价值的价值性知识

在面对学生问"为什么要学习这个知识"的问题时，有的教师会以一种开玩笑的方式解释为"因为考试要考"，有时也会以一种理智的方式解释"在以后学习×××时会用"，然而玩笑之后我们会发现要回答这个问题并不容易，因为这涉及对数学知识的价值的认识。

所有的数学知识都是人创造出来的，因而认识数学知识的价值也就是认识人类创造数学知识的目的。

数学家、哲学家彭加勒将数学家研究数学的动力分为三类：好奇心的纯粹任性、功利的指导也就是解决实际问题的需要、对美的渴望即审美的需要（彭加勒，2008）[7-12]。实际上，人的好奇心本质上是人对秩序、和谐、统一、意义的追求，也可以归属为审美的范畴。

（一）实际的需要和对系统解决问题的方法的追求是数学发展的重要动力

数学并非符号游戏，它是许多领域非常实用的解决问题的工具，但是，彭加勒（2008）[8] 指出：仅仅着眼于直接应用的那些人，他们不会给后世留下任何东西，当面临新的需要的时候，一切都必须重新开始。

其实，面对一些简单问题的时候，数学知识的优势还不明显。比如，古代没有任何几何理论知识的木匠，在其生产实践中能够毫无障碍地制作出各种标准形状的建筑。但是问题一旦复杂了，数学知识作为高级思维工具就变得十分必要了，而高级思维工具的产生又来自对简单问题的解决过程中所用关键点的提炼，这种提炼使得思维的力量得以集聚，人类的智慧得以传承。

案例2-4-8

方程方法比算术方法更方便吗

七年级"一元一次方程"单元的第一课，T 老师通过多媒体呈现了下面的问题：

我们学校的篮球场是长方形的，它的周长 310m，长比宽长 25m，长、宽各是多少？

然后，T 老师引导学生寻找题目中的已知量、未知量来分析数量间的关系，然后又引导学生用符号表达数量间的关系。经过一番波折后，学生列出了方程：

设长方形的长为 x，则宽为 $x-25$，根据题意得到方程：$x + (x - 25) = \dfrac{310}{2}$。

然后，T 老师问："通过这个问题的解决，同学们体会到算术方法和方程方法哪个更方便了吗？"

学生异口同声答道："算术方法！"

显然，学生的回答与 T 老师的期望不一致，老师又用质疑的语气追问："算术方法？"

学生又齐声改口道:"方程方法。"

T老师顺势总结道:"对了!方程方法更方便。有了方程,问题解决起来就更容易了。"

在跟老师们交流这个案例时,每到"学生改口"这一情节时,老师们都会发出阵阵笑声,因为"这位老师的处理方式太生硬了",或者"学生表现得太心口不一了"。但是,分析这一教学片段,我们认为,T老师备课时是不会设计这种当学生的回答与自己的答案不一致时就采用这种简单粗暴的方式处理的,因为他预想学生必定会和自己一样,认为"方程方法比算术方法更方便"。

然而,单纯从解决问题方便与否的角度评价算术方法和方程方法过于狭隘,何况评价"方便"也没有明确标准。可能T老师想要表达的意思是"算术法是逆向思维,不好想;方程方法是正着想,要容易些",其含义就是算术方法需要直接将题目中的未知量用已知量表示出来,而方程方法则是将未知量也作为运算对象,从而得以利用直观、基本的数量关系将已知量和未知量的关系表达出来,进而再通过解方程也就是运算求得未知量。如果这样解释的话,评价哪种方法"方便"必然与具体问题的特点相关。有的问题很容易直接用已知量表示未知量,这样当然是算术方法方便;而只有当未知量直接用已知量表示有困难的时候,方程方法才会表现出"方便、好想"。所以无论是方程方法还是算术方法,作为解决问题的工具,"好用与不好用"是受问题自身的特点决定的,而能否很好地解决问题,工具的拥有与否仅仅是一个方面,与之相比更为重要的是分析问题的能力。如果能够分析问题,即使没有现成的工具,也会主动地检索工具,甚至改造工具、发明工具,而非被动等待工具从天而降。

与其关注算术方法与方程方法的区别,不如关注方程方法与算术方法的联系。实际上,人类的进步必定是以继承为基础的发展,那么,方程方法从算术方法中继承、发展的内容是什么呢?我们不妨通过一个具体问题来分析:

已知一个梯形的面积为21，下底为9，高为3，求上底。

如果用算术方法解决这道题，有两种思维过程：第一种是直接利用记熟了的梯形面积公式的变式即"上底＝面积×2÷高－下底"直接列出算式；另一种是没有记熟公式，但是在大脑内部迅速利用梯形面积公式进行代数推理，然后仅仅把推理的结论表达出来就是上底公式，这个思考过程主要处于内隐的状态。

如果用方程方法，则可以直接利用梯形的面积公式，设上底为 x，得到方程 $(x+9) \times 3 \div 2 = 21$，然后再利用有着清晰算法可循的解方程的步骤求出 x。

可以看到，无论是方程方法还是算术方法，都在利用梯形面积公式提供的几个量之间的等量关系求得未知量。不同的是，与算术方法的第一种思维相比，方程方法只需掌握基本公式，而不需要记忆其他变形，减轻了记忆负担；与算术方法的第二种思维比较，方程方法则使隐性的思维过程得以外显，而解方程则相当于把隐性思维过程进行分解，借助于可操作的步骤，大大降低了思维的劳动量。正如哲学家马赫所言，"思维之经济、劳动之经济"是科学的永恒趋势，从算术方法到方程方法的发展，就体现了这一趋势，所以，陈省身先生说，"方程就是'好'数学的代表"。

数学是在对系统方法的追求的推动下不断前进的，这种认识更有利于我们在教学中为学生先提供自由地、创造性地解决具体问题的机会，然后再对各种解决问题的方法进行讨论、对解决问题的过程进行要点提炼，确定通性通法，从而把对一个问题的理解提升为对一类问题的认识。

（二）审美追求的需要

在彭加勒看来，绝大多数数学家的绝大多数研究并非由于实际问题，而是基于审美追求进行的。他说："毫无疑义，有时会发生这种情况；数学家着手解决问题是为了满足物理学的需要；……难道能够说，数学除了帮助那些研究自然的人之外没有其他目标，而我们就只好听候命令了。这种看问题的方式合理吗？这绝不合理；如果我们不为科学而培育精密科学，那我们就既不可能创造出数学工具，待到物理学家提出请求的这一天，我们就会无能为力。"（彭加勒，2008）[16] "数学家把重大的意义与他们的方法和他们的结果的雅致联系起来……雅致……就是各部分的和谐，是它们的对称，它们的巧妙平衡，一句话，它是所有引入秩序的东西，是所有给出统一、容许我们清楚地观察和一举理解整体和细节的东西。"（彭加勒，2008）[19]

实际上，以数学学科的角度看，许多数学知识的产生也是源于数学学科自身的结构更为雅致和完美。例如，面对 $2a + 3a$，即使没有学习合并同类项的知识，一定也会有许多学生主动将结果变为 $5a$；二项式乘二项式的结果有时是两项，有时是三项，有时是四项，学生都会喜欢结果为两项的，进而产生探求"到底两个什么样的二项式相乘结果是两项"的愿望。审美的追求也会有消极作用，例如有学生会将 $(a + b)^2$ 写成 $a^2 + b^2$，其背后的想法就是"两个数和的平方自然应该等于两个数的平方和啊"。

关于审美的需求对于数学研究的意义，笔者通过一次教研活动深有体会。

案例 2-4-9

一次教研活动

一次教研活动讨论的课题是"直线与椭圆的关系"，即将上研究课的 L 老师提出自己的设想——

类比圆的研究过程提出椭圆的研究问题，她首先提出了两个类比点。

类比点 1：类比点与圆的位置关系可以用点到圆的距离 d 和圆的半径 r 的大小关系刻画，探索点与椭圆的位置关系是否可以用点到焦点的距离和与 $2a$ 的大小关系刻画。

类比点 2：类比直线与圆的位置关系可以用圆心到直线的距离 d 与 r 的大小关系刻画，探索直线与椭圆的位置关系是否可以用直线上的点到焦点的距离和的最小值 d 与 $2a$ 的大小关系刻画。

老师的设想得到了其他老师的呼应。有老师补充道：类比圆中的垂径定理 $kk' = -1$ 可以得到，椭圆的中点弦定理 $kk' = -\dfrac{b^2}{a^2}$。

但是，出于对数学结构的统一性的直觉，笔者感到：椭圆的焦点相当于圆心，但是椭圆的中点弦定理讨论的是中心，似乎不在前两个体系中，因此，这种类比不太合理。而合理的类比应该是讨论到两个焦点与中点连线所在直线的斜率与直线的关系，里边可能有一个确定的结论，也就是与 a、b、k 有关，但有可能不优美。

接下来参加讨论的老师们开始了对这个问题的研究。这个问题的计算过程很繁复，绝大多数教师算到一半就说太复杂，一看就知道其中的参数消不掉、结论不定，或者很复杂、没意义；有的老师转而开始从压缩圆的角度去解释为什么圆的垂径定理到了椭圆中成了中点弦定理，为什么焦点没有相关结论……

正在大家陷于这种讨论时，一直埋头推理的 R 老师突然站起来走到黑板前边说边写："我发现了一个结论：设过椭圆的弦的斜率为 k，两个交点与弦的中点的连线的斜率分别为 k_1、k_2，则有 $\dfrac{1}{kk_1} + \dfrac{1}{kk_2} = -\dfrac{2b^2}{a^2}$。"

R 老师还提出：由于化简过程并没有用到 a、b、c 的关系，因此，这个结论不需要焦点这个条件，只需要两个点关于原点对称就可以。当这两个点重合即它们是中心时，就是中点弦定理了，所以中点弦定理是这一结论的特殊情况。

这让大家感到异常惊叹，纷纷感慨道："太有意思了！""太漂亮了！""我们怎么没想到！"

这次教研活动发现的结论是否已经被他人发现并不重要，有价值的是这次活动呈现了审美追求在数学研究和创造活动中的作用：问题产生于感受到所类比对象的不对等而带来的心理的不平衡感，克服这种不平衡感来自人的一种天然的审美追求；绝大多数老师的中途放弃也源于对最终即使有结论但是也可能"不优美"的逃避。R 老师的不懈探求之所以让大家备感惊喜，也并非仅仅在于她获得了结论，而是在其审美追求的驱动下整理结论为一个对称、直观且与大家熟识的中点弦定理一致的结构，从而使得这一结论呈现出一种深奥的和谐、秩序之美。

　　类似的故事一定也可能发生在中小学数学课堂上。当有学生不认同圆的垂径定理可以类比椭圆中的中点弦定理时，教师只有理解其背后的审美原理，才能更好地对此进行处理。人的审美的需要从根本上说是让人感到自己的理智能够把握一个对象，实际上，数学中许多知识的产生可以用审美的需要来解释。比如，将整式按照某个字母进行升幂或者降幂排列的意义在于使得整式看起来更有秩序；合并同类项使得一个代数式更为简洁后容易看出其反映的规律；讨论逆命题以认识到两个对象或者两个关系是否等价，从而可以更自如地进行彼此的转化。

　　数学学科性知识影响了我们对数学的认识和为数学课程赋予的教育价值，是我们读懂学生的语言或者行为的数学意义的基础。学生观则代表着我们认为学生的起点在哪里、发展路径是怎样的。"基于学生研究的数学教学"倡导在教师通过启发、引导、讲授等方式发挥作用之前先将问题给学生，给予学生独立研究问题的机会，那么，学生有这样的基础和能力吗？如果学生自己能研究出结果，那我们教师做什么呢？在研究问题的过程中，他们又会遇到哪些困难？对这些问题的认识既涉及学生观，又涉及关于学生的数学学习过程的知识，本章我们将对这些问题展开讨论。

第一节
每一位学生都是主观能动且富有数学智慧的人

笔者曾经多次在培训活动中问在场的初中数学教师们：如果没讲有理数加法法则，假设学生也没有预习，你们觉得学生能否解决如下这些有理数加法的问题：

$(+7) + (+8)$;　　　　$0 + (-4)$;　　　　$(+3) + (-3)$;

$(-2) + (+1)$;　　　　$(+1) + (-3)$;　　　　$(-2) + (-3)$

许多老师第一反应给出的回答是"不能"，因为还没有学习有理数加法法则。但渐渐地，就会有老师补充说觉得两个正数相加的可能会，因为学生会用小学的方法去算；接下来就会有老师说含 0 的加法的应该会算，因为这个简单；渐渐地就会有老师感到可能学生应该也会用数轴去算、用电梯升降和温度计等去想，可能都会算吧；然而，接下来总会有教师补充：学生会算没问题，但是法则他们肯定概括不出来。

这一调查表明：在教师头脑中，似乎更加容易看到学生"不会"的方面，放大学生在学习过程中的困难和认知障碍，而忽视甚至漠视学生的数学智慧。这会导致教师在教学中不顾学生的现实需求，在不该讲解的时候讲解，在不需要启发的时候启发；也会使得教师不能够积极、耐心地倾听学生的数学思维，从而使得教师的教与学生的学"擦肩而过"。

"基于学生研究的数学教学"以承认学生富有数学智慧、是主观能动的人作为前提，这样才能使得我们更加信任学生，敢于给学生独立思考和探索的机会，从而在学生真正需要的时候给予有效的帮助。

一、需要树立的基本观念：学生是主观能动且富有数学智慧的人

美国学者芬内马（Fennema）等人将教师关于学情的认知分为四个水平（蔡金法，2013）[4]：

水平一：教师认为除非自己教给学生解决问题的策略，否则学生不知道怎么解决。对学情的认知处于这一水平的教师，教学组织往往以讲授一些具体的解题技能和步骤为主，学生往往以模仿例题、按部就班的方式开展学习或问题解决，他们很少有机会进行真正的问题解决和与他人分享自己的思维过程。

水平二：教师开始意识到学生会应用先前获得的知识于新的学习情境或使用他们自己发现的策略解决问题。如果教师对学情的认知处于水平二的阶段，那么教师往往会创设各种新的学习情境，引导学生使用自己先前获得的知识，自己寻求解决问题的策略或方法，而不是直接教给学生解决问题的"标准步骤"。

水平三：教师相信学生靠自己解决问题会更有意义，而不是教师先讲解一些问题解决的策略或标准步骤让学生模仿；同时，教师也希望学生能明白他们所使用的那些问题解决策略或方法的意义。对学情的认知处于水平三阶段的教师往往会采用各种手段引导学生自主开展学习或学生自己先独立地解决问题，并有意识地注意激发学生的学习潜力，让学生相互交流自己的思维，掌握学习的主动权。

水平四：教师认为学生的数学思维决定教学的进展，决定教师与学生互动的方式，这些教师也知道学生已有的知识是如何与学生数学的理解相适应的。这一阶段的教师注意研究学生的思维，并根据学生的思维状况与发展进程灵活调整教学策略和教学组织形式，并且尤其注意采用多种方式开展师生、生生之间的互动和交流，以促进彼此之间的沟通，以便更好地读懂学生。

笔者以参加一个培训班的30位数学教师为对象进行问卷调查和课堂观察发现，几乎所有教师的教学现实处于水平一或者水平二，而希望自己的水平达到水平三和水平四的占91.7%，这说明，并非价值认同影响着行为。

那么，到底是什么制约着教师不能按照自己理想中的教学方式进行教

学呢？老师们认为主要原因是"学生基础差"。问卷中，认为自己的教学现实处于水平一的老师们的主要理由是："我所处的学校是一所农村中学，学生没有一定的自学能力。""我们学校是一所基础薄弱校，学生不善于思考问题。"……

学生间当然存在巨大差异，无论是先天遗传基础带来的，还是后天成长历程造就的，学生们在思维习惯、思维水平等方面的差异都是数学教学所要面对的最大挑战。然而，数学成绩差并不意味着没有数学智慧。在现实中，我们更多看到的是基础差的学生的智慧不被尊重，这说明教师们对基础差的学生的认识存在问题。

以有理数加法法则为例，不讲有理数加法法则，学生也会算有理数加法题。他们有自己独特的方法。

案例 3-1-1

有理数加法法则①

师：面对这些题目（指上文的六道题目），大家想，怎么进行这些运算呢？大家自己先试一试，然后互相交流一下：你的结果是什么，你是怎么得到这些结果的。

集体交流时，学生结合不同的题目表达了自己的不同思考路径。

生1：$(+7) + (+8)$，先不看正号，就是小学的 $7 + 8$，等于15。

生2：我是用温度计思考的 $(+1) + (-3)$，刚开始温度计是 $+1°$，下降了 $3°$，就变为 $(-2)°$了。

生3：$(-2) + (+1)$，假设电梯下降了2层，又上升了1层，就停在了 (-1) 层。

生4：$(+3) + (-3)$，比如先存入3万元钱，再取出3万元钱，就等于没存入。

---

① 案例来源：北京市门头沟区大峪中学裴艳萍老师。

生5：我用数轴的方法，0+（-4）中0就是代表现在的位置，向左移动4个长度单位，就得到-4。

那种认为"不学有理数加法法则学生就不能解决有理数加法问题"的观点，被实践证明是错误的，持有这种观点的教师显然低估了学生。这种低估会使得教师在教学时，对学生进行过度的、不必要的引导或帮助。例如，为学生精心创设一个诸如足球比赛进球与失球或者一只在直线上爬来爬去的小乌龟的位置的情境，以帮助学生理解有理数加法的意义，得到有理数加法的结果。

"有理数加法法则"这一知识点绝非数学中的孤例，类似这样的故事也经常发生在笔者与老师们的研讨活动中。比如，在高一"对数函数的图象与性质"一课中，一位老师尝试从比较对数大小的问题开始。

比较下列各题中各数的大小：

①$\log_2 5.3$，$\log_2 4$，$\log_2 8\log_{0.5} 2$；

②$\log_{0.2} 9$，$\log_{0.2} 7$，$\log_{0.2} 0.2$；

③$\log_a 3.1$ 与 $\log_a 5.2$（$a \geq 0$，$a \neq 1$）。

在通常的"对数函数的图象与性质"教学中，这些问题会在得到对数函数的性质后作为说明对数函数性质的应用问题出现。在课后的研讨中，一位教师说："刚开始我还以为是第二课时呢，一上来就让学生做单调性的问题，学生做得还挺好，后来才明白是第一课时。不过这个是实验班，学生不错，要是我的普通班肯定不行。"随后，笔者请高一的另一位老师在普通班做了一个调查，调查的结果是：班上33人中，第一个题目有21人正确，第二个题目有23人正确，第三个题目有14人正确。"如果在课堂上让同学互相交流一下，估计这些问题就都能解决了。"调查的老师如是说。

二、观念的背后：数学思想方法的朴素性与数学知识的广泛联系性

为什么面对新问题，学生也会在探究中表现出自己的智慧呢？从学生的角度看，是由于其是主观能动、有认识世界能力的人，在面对任何一个新问题时会主动将之与自己已有的知识、已经解决过的问题建立联系，而数学思想方法的朴素性和数学知识的广泛联系性又为学生的主观能动性提供了保障。

以有理数加法法则为例，尽管没有学过有理数加法法则这一具体的理论知识，但是学生具有解决有理数加法问题的生活经验基础、知识基础和思维基础。

有理数加法这一新问题会成为激活学生已经学习过的包括正数、负数概念的内涵与外延、自然数加法与减法的有关知识。这些知识整合到有理数加法问题中，学生就产生了对一个有理数加法算式的含义的解释。例如，（+7）+（+8）不看每个数前面的符号，就是小学学的 7 + 8，（+1）+（-3）表示温度计从 +1°开始下降了 3°。伴随着这种解释，计算结果就得到了。

没有知识，一些问题也能解决，这是由数学知识与问题的关系决定的：问题并非因为有了知识才出现，也并非只有有了知识才能得以解决，实际上，数学知识不过是人们在解决特定问题后反思整理的结果而已。数学中的每个知识点不是无源之水、无本之木，而是发端于一些 "种子"，这些 "种子" 或者来自日常的生活经验，或者来自人们已知的数学知识。因此，当学生面对它的时候，必然会建立该事物、该问题与自己的已有经验、已有知识或者已经解决过的问题等的联系。由于学校对数学知识安排的循序渐进性，所以，学生自发或者自觉建立的这种联系在大多数情况下就可能带来问题的解决方案，表现为超乎教师想象的智慧。如果教师能够带领学生分析具体问题的解决过程为一般问题带来的启示，将其中所蕴含的通性通法加以提炼、概括，就形成了新的数学知识。

曾经以为在中学数学中，函数是个例外，因为这一概念的名称学生日

常中不会接触；且从数学发展史上看，函数概念所蕴含的变量思想、对应思想拉开了近代数学的序幕，数学史上的函数概念从出现到完善历经了近二百年，其中许多超一流的数学家甚至用了很长时间还不能洞悉函数概念的本质，因此，让一个中学生去发现、创造函数概念似乎不太可能。

但是，当用"知识与问题的关系"的观点分析函数概念时，我们意识到了自己可能是错误的。函数概念同样也并非凭空产生的，而是在某类特定问题的解决下产生的结果。只要有了合适的问题，学生也应该能够创造出函数概念。换个角度看，如果倒退几百年，我们的学生能够有幸遇到需要创造出函数概念才能解决的问题，他们也会成为历史的贡献者。

函数研究的是变量之间的关系，要想理解函数似乎首先要理解什么是变量、常量，各个版本的教材都体现了这一顺序，在函数开篇一章（通常这一章的题目是"一次函数"）第一节课的内容都是"变量与常量"，第二节课则转向变量间的关系进而给出函数概念，第三节课专门讨论函数的三种常用表示方法。在"变量与常量"一节，以一段富有诗意或者哲理的语言（例如，世界上万事万物都在不停发展着、变化着，这些发展和变化的过程中存在着各式各样的量；万物皆变）引出运动与变换的题目，然后通过一些学生熟悉的情境引出变量与常量概念，交代这节课学生的主要任务是识别变量与常量。

是的，在学生身边存在着大量熟悉的运动与变化现象，对变量与常量概念也不难理解，但问题的关键是：这些学生原本熟悉的场景，为什么今天忽然用"运动与变化"的视角去看了呢？

新的视角的产生一定是源于新问题的出现，而能够带来函数概念产生和说明函数知识意义的问题，在教学中就成为关键。无论是中学数学还是高等数学的教材，除却一些纯粹为了演练知识的题目外，真正体现函数作用的问题，只有单调性问题（比大小问题）、求最值问题，而最值问题的本质就是单调性问题；而从接近学生现实的角度看，最值问题会显得更为自然。

为此，我们进行了调查研究，首先向学生出示如下问题①：

用一条 40 cm 长的绳子，围一个长方形，怎样围得到的长方形的面积最大？为什么？

我们预测：学生（注：这里的学生是指八年级函数单元开篇课学习的学生）会凭借直觉或者小学曾经有过的探究经验给出正确的答案——"围成的图形为正方形时面积最大"，大部分学生则会用归纳法，也就是列出部分长、宽（估计是整数）的长方形的面积情况的方法进行解释。

果然有许多学生用这样的方法，如图 3 – 1 – 1 所示：

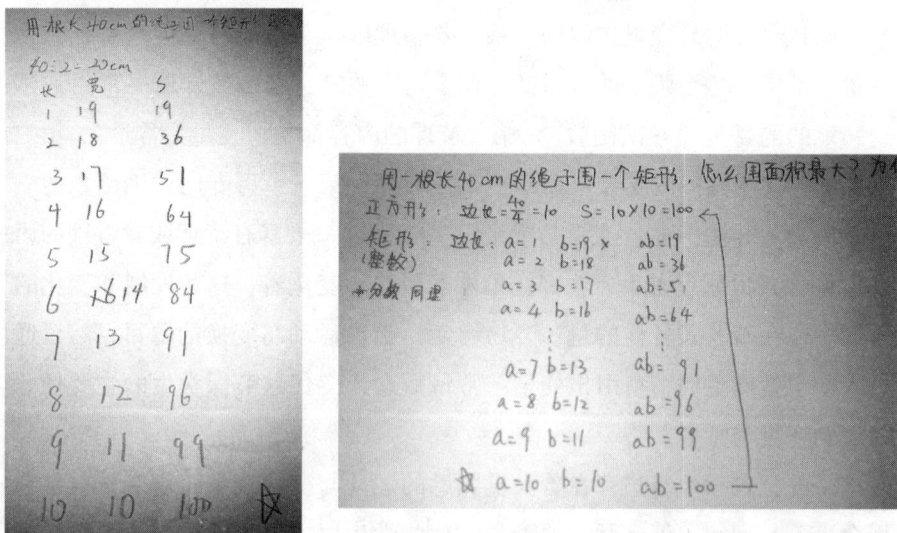

图 3 – 1 – 1

采用归纳法的学生采用了一种很巧妙但不严谨的方式处理问题：他们理解长方形最大的面积需要通过比较无穷多个数的大小才能确定，但是题目中并未给出这些数，因此需要将其展示出来——尽管展示的只是部分，但是也能大致说明问题。

其实，学生自己也感觉到了仅仅用长和宽为整数的情况归纳并不严谨。为了弥补不足，有的学生列出的值中出现了长和宽为小数的情况，如

---

① 案例来源：首都师范大学附属中学胡旭老师。

图 3 - 1 - 2 所示：

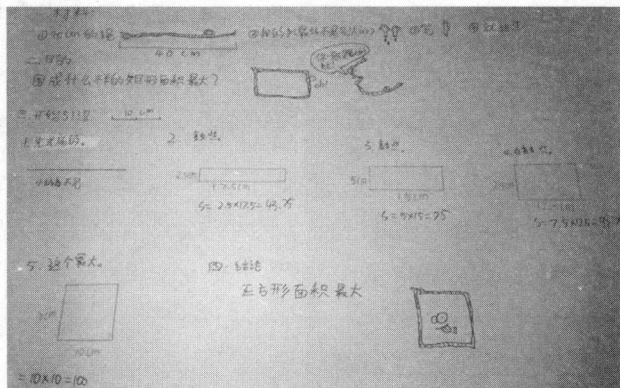

图 3 - 1 - 2

还有的学生借助图象"列"出了更多的情况。画出图象的学生这样解释："拿到这个问题时，我先想围成正方形后面积一定会最大，但证明时却有点儿疑惑了。小学学过这种问题，用列表解决，先确定一个 x 的值（长的值），再确定宽。但这种方法有些太局限了，只能取有限的个数，不能包括所有情况，万一有一个长不是 10cm 的情况时所围成的面积最大呢？我想表示无限的个数能包罗所有情况，而且想更直观地看出顶上的那种情况，就想借助图的帮助。我取了几个整数点，以长为横坐标，面积为纵坐标，描点连线，然后发现最高峰是当长为 10cm 时，于是就得到答案了。"（如图 3 - 1 - 3 所示）

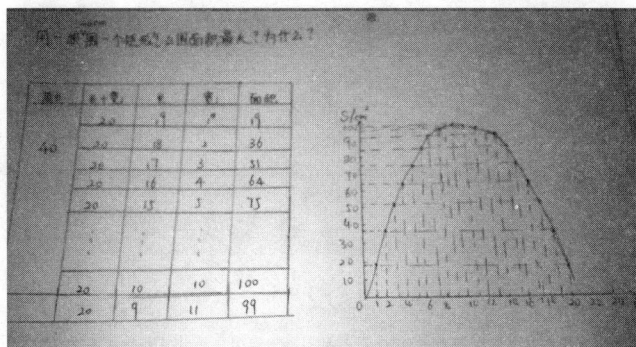

图 3 - 1 - 3

　　还有的学生不满足于列出部分面积值，在列举的过程中，他们开始关注面积 S 与长 a 和宽 b 的关系，希望借助它们之间的系统关系严谨地解决问题（如图 3-1-4 所示）。

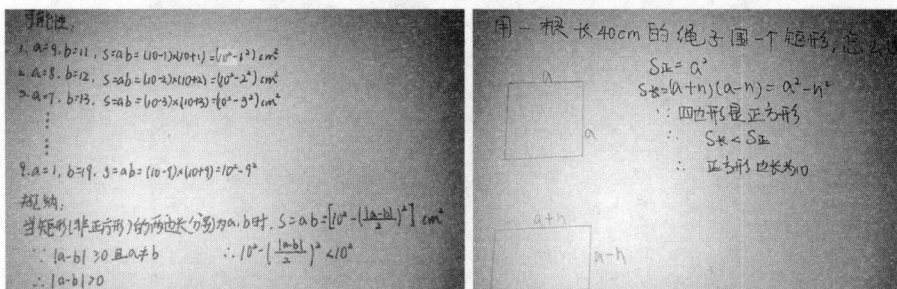

图 3-1-4

　　上面两种方法都利用了长方形面积与长方形的长和宽之差的关系；不同的是，右图的方法以一个字母 n 代替了左图中的 $\dfrac{|a-b|}{2}$，显得更加简约。实质上，这两种方法都已经是比较正式的函数知识的应用了。而更令人惊叹的是，一位学生用了非常严谨的完整的二次函数解决了此题：设长方形的长为 x，建立了面积与 x 的关系式并通过配方法解决。（如图 3-1-5 所示）

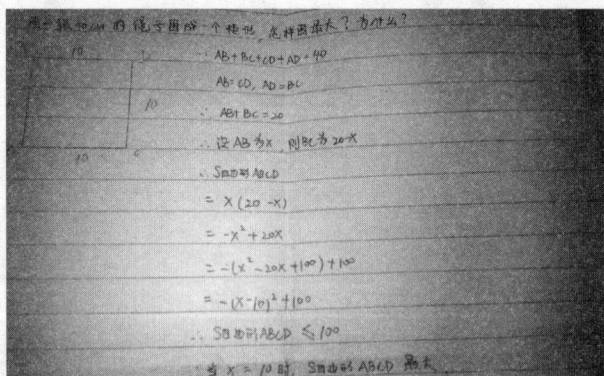

图 3-1-5

　　是他提前学习了二次函数知识吗？不是。他解释道："我觉得既然不知道结果，那它就是未知数，就要设 x。通过设长为 x，我就得到了四边形

$ABCD$ 的面积 $S = x(20 - x)$，也就得到了一个方程。"最初影响了学生行动的是方程思想。而当得到方程后，问题就转变为：当 x 为何值时 S 取得最大值？由于 x 的值的变化规律是易于把握的，因此目标就转向了如何借助 S 与 x 的确定性关系和 x 的变化规律得到 S 的最大值，那他又是怎样想到对面积的解析式做配方处理的呢？该生的回答是："由于知道长为 10cm 是面积最大，因此，得到 $-x^2 + 20x$ 时就想到了配方。"是直觉与猜想指引着学生对代数式进行改造的方向，配方法作为解决问题的工具被自然地想起而得以应用。

从学生的表现可以看出，尽管学生不具有有关函数概念的术语，但在其头脑中却潜伏着函数概念赖以产生的基本而朴素的思想。这一思想就是：在研究一个不容易观察的变量 y 时，如果发现 y 的值可以由另一个易于观察的量 x 确定，那么就可以首先确定 y 与 x 的关系，然后借助 x 的变化情况认识 y——当我们对学生解决问题的过程中所用的数学思想进行揭示，并对其中的关键之处进行准确刻画时，变量与常量、函数、函数的表示方法等知识也就产生了。

三、学生的数学智慧需要进一步升华

学生的智慧会使其能够主动建立新问题与已有知识、已有问题和生活经验的联系，有时候也能够超越教师的预设顺利地，甚至采用非常难得的方法解决问题。但是，具体问题的解决仅仅是数学探索的开始，数学从来都不停留于解决具体问题，服务于更多问题的普遍性和抽象性是数学的追求。在实现这一追求中，问题的一般化很关键。因此，需要对解决具体问题过程中那些所用的关键方法加以提炼、概括、优化，从而服务于更多问题的解决。这是数学研究的重要组成部分，而这一过程通常学生不能自觉完成，而是需要教师出场加以推动和引导。

知识蕴含于解决问题的过程中，但是要想从此过程中整理、提炼出显在的知识，有时候还需要教师的帮助。教师需要通过对学生做法的点评指出学生思维中的关键点，或者引导学生自己进一步明确自己的想法和做法

中的关键点。这些关键点就指向了知识的要件，经过组织它们就成为正式的知识。

再以"有理数加法"为例，有老师说："我承认，学生可能会算出具体的有理数加法的结果，但是有理数加法法则多复杂啊，我试过，学生真的概括不出来。"有理数加法法则的表述如此抽象、严谨，期望学生能够自己完整地表述，显然对学生的概括能力发展而言存在困难，但是他们同样会表现出自己特有的智慧。

案例3-1-1（续）

有理数加法法则

师：同学们依托不同的现实情境都得到了结果，虽然大家所用的情境不一样，但是我们得到的结果都是相同的。现在的问题是：如果没有情境和背景，我们直接面对有理数加法问题，又可以怎样做呢？比如，怎么计算 $(-5) + (+7)$、$(-1) + (-5)$？你会怎么做、怎么想呢？

生5：我这样想，比如说像 $(-5) + (+7)$ 吧，先不看它们的正负号，先看它们的绝对值，一个是5，一个是7，符号一定要保留（照抄），然后写成 $7 - 5$；如果负数的那个数字小，正数的数字大，它们得到的符号就是正号，数字就是 $7 - 5$，结果就是 $+2$。

师：（转向其他学生，追问）她说像这个样子的这样算，那是什么样子呢？黑板上有多少题目是这个样子的呢？

生6：可以用这种方法算前面负数符号、后面数字比正数符号后面数字小的情况。

生7：我觉得只要是符号不同的就可以这样算，黑板上除了第一个都可以这样算。

生8：一个正数和一个负数相加就可以这样算。

教师可以引导学生系统考虑其他情况，获得系统化的知识，尽管七年级学生不能一步到位、严谨完美地给出像教材那样的法则，但正如罗素所说："一切开端总是粗糙，但我们不应该因此就忽视了它的创造性。"生 5 的"比如说像（-5）+（+7）吧"意味着她在借助这"个"算式的运算法则表述这"类"算式的运算法则。教师发现了学生的智慧，其追问"到底什么样子的"和"还有哪些像这个样子"的意义就在于，引导学生关注本质特征，也就是特殊问题中蕴含的一般原理，进而得到一类有理数加法问题的法则。

从认知心理学的角度看，学生知识的习得过程与教师的传授之间也并非充要关系，而是在一定的情境即社会文化背景下，借助其他人（包括教师和学习伙伴）的帮助，利用必要的学习资料，通过意义建构的方式而获得。学习的质量是体现学习者建构能力意义上的函数，而不是学习者重现教师思维过程能力意义上的函数。即使是经历了同样的过程，不同的学生也可能会建构起对同一个事物的不同理解。比如，在上面的教学过程中，同样面对"-5 +（+7）"所代表的类型问题，学生们的看法就是不同的：生 6 认为这个算式代表的是正数绝对值大于负数绝对值的异号两数相加的情况。按照这种理解，有理数加法法则中异号两数相加的情况就可能变为两条。这当然是可以的，但是概括性不够，显得过于烦琐，可以再次合并优化；生 7 则理解为符号不同的情况，按照这样的方式，有理数加法法则可以分为符号相同、符号不同两种情况概括，这大体上也是可以的，但是由于"0 既不是正数也不是负数"，所以表述就显得不严谨了。生 8 的理解为异号两数相加的情况，与教材相比只需补上"互为相反数相加"这一特殊情况的漏洞。实际上，本课随后的交流中，也有学生提出了这一点，认为需要将"互为相反数的两个数为 0"的问题单独作为一类，因为它的结果不带符号。就这样，最后经过讨论，大家得到了与教材上表述相同的有理数加法法则，既产生了强烈的成就感，也领略到了教材中呈现的有理数加法法则的简洁之美、严谨之美。

第二节
学生作为发展中的人必然遇到规律性的困难

承认学生是富有数学智慧、主观能动的人，使得我们敢于让学生面对新问题、富有挑战的问题，但是，就像儿童身体的负重能力与儿童的年龄增长和必要的体能训练紧密相关一样，儿童的思维与儿童心智的成熟程度和经验的积累水平有关，所能驾驭的对象的复杂程度也有限。一些对成年人特别是数学教师来说很好理解的数学知识含义、很容易建立的逻辑关系，在学生的学习过程中会因为受到其尚未充分发展的思维能力的限制而遭遇困难，因此，在面对学生的时候，我们需要把学生当作思维处于发展过程中的人，对学生在研究问题的过程中表现出的曲折、错误、独特的方式持宽容、理解和欣赏的态度；我们还需要了解数学中的哪些知识需要更高的思维能力，从而在教学中放慢速度、控制难度。

一、学生在数学学习中的规律性的困难

不同数学问题的难度不同，题目的得分率就是一个用来刻画数学题目难度的指标。题目的难度与具体的学生和情境有关，学生的认知水平、学习经验等都会影响一个题目的相对难度。例如，中、高考中出现的某种新题型，就会成为次年应试复习阶段的"宠儿"，大量的练习会使得这类题目的得分率很快增加，这类题目的难度也就降下来了。

但是，显然练习不能解决所有问题，"练了十遍学生还不会"的情况仍会出现，这些问题中隐含着"规律性的困难"。对教师来说，我们需要关注和研究这些规律性困难，即到底是什么导致了这些困难，然后再分析如何给予学生帮助。

澳大利亚心理学家柯里斯（Collis）提出一个框架，认为决定问题难度

的有两个因素：第一，该问题所涉及的各元素（概念）对于学生而言的意义；第二，该问题结构的复杂程度（王长沛，1999）[236]。柯里斯所说的第一个因素实质就是概念的抽象程度，第二个因素则是指问题所涉及的知识的数量和知识间的关系抽象程度。

请看下面两个调查。

案例3-2-1

两个小调查

调查1：有理数加法与有理数减法

调查对象：北京市郊区城镇一所薄弱学校初一某班21人

调查背景：有理数减法前测，学生已经学习了有理数加法法则，还未学有理数减法法则。

调查问卷：

1. 计算：

(1) $-5+8=$ 　　　　　　　(2) $-3+(-5)=$

(3) $(+5)+(-10)=$ 　　　(4) $0+(-6)=$

2. 计算：

① $5-0=$ 　　② $0-5=$ 　　③ $2-5=$ 　　④ $3-(-3)=$

调查结果：关于4道加法题，学生的正确率为71%；而4道减法题的正确率为67%；其中有6个学生四组题全部正确。

调查2：合并同类项与分式运算

调查对象：北京市郊区某所半山区学校初二学生59人

调查背景：分式运算前测，学生已经学习了整式加减法和乘法运算，未学分式运算。

调查问卷：

1. 遇到含加减法的代数式，我们经常通过合并同类项的方法把其化简，代数式 $5x^2y-xy^2+x^2y+2xy^2$ 通过合并同类项化简得到的结果为：_____。

2. 化简是我们面对一个代数式时经常用到的方法，当然对代数式进行化简时必须遵循运算法则。请你根据自己的理解，对下面的代数式进行化简并写出结果。

(1) $\dfrac{3b}{2a^2} \cdot \dfrac{5a^2}{4b^2}$　　　　(2) $\dfrac{-3m}{2n^2} \cdot \dfrac{mn+n^2}{4m^2n}$

(3) $\dfrac{3m}{2n^2} \div \dfrac{m^2}{4n}$　　　　(4) $\dfrac{14mn}{3a} \div 12m^2n$

调查结果：第 1 题的正确率为 42.3%，第 2 题中各个题目的正确率分别为：37.2%、13.5%、38.9%、40.6%。

调查 1 中，学过运算法则的有理数加法问题与没学过的有理数减法问题的正确率差距不大。实际上，对于具体的有理数运算问题的意义学生很容易建立，每个算式可以代表的现实情境是其思维的工具。比如，$-5+8$ 可以表示"从坐标轴上 -5 的位置向右走 8 个单位"，借助这一现实意义，可以得到结果为"$+3$"；而"$3-(-3)$"可以代表"$+3$ 到 -3 间的距离"，所以结果是 $+6$。因此，即使没有学过有理数减法法则，学生也会有较高的正确率，甚至和有理数加法的正确率差不多。

而调查 2 中，除第 2 题中的（2）外，学生学习过的整式减法问题与没学过的分式乘除法问题的正确率差距也不大，这说明运算法则是否学过不是这些题目难度大的原因，学生感到这些题目困难的主要原因在于柯林斯所说的第一个原因，也就是学生尚未建立题目中作为运算对象的代数式的意义。

这并非以上调查群体的偶然问题。事实上，理解代数式的意义是初中生会遇到的困难，尽管这一困难在不同的群体中会表现出一定的程度差异。

案例3-2-2

我的学生也这样啊①

课上下来了，我（指授课教师）感触最深的就是"没想到"——没想到学生有这样的错误。这节课我提前在自己的班中按照以前的教法讲过，因此一开始，我不明白为什么外校的学生会出现这么"简单"的错误，如 $ab(a^2+b^2)=aa^2+ab^2+ba^2+bb^2$，我甚至内心里怀疑这个班的任课教师的教学水平。

然而，回到学校后我在自己的班上尝试了一下这种教学方式，发现出现了相同的情况。这就引发了我真正的触及自己灵魂的思考："我天天都在和学生打交道，我真的了解这些孩子吗?"

是的，只要给了学生暴露自己思维的机会，他们一定会出类似的错误，不以人的意志为转移。

柯里斯所说的题目的难度大的第二个因素在上述调查2中题目2（2）上有明显体现。这道题目的正确率远远低于这一调查中的其他各题也源于学习规律。显然，这一问题的结构要比其他各题复杂，问题结构的复杂程度可以用问题所涉及的概念与原理的数量、所需要的知识的隐蔽程度、解决问题的步骤数量等来刻画。以本题为例，它涉及处于不同层级的运算的种类更多，解决问题需要的知识也因此更多，这种结构的复杂性再加上学生对于运算对象的意义还不够清晰，难度自然要大大超过其他题目。

二、决定问题难度的认知原因

学生之所以理解某些概念和解决结构更复杂的问题有困难，在于建构这些概念的意义和解决这类问题所需要的认知水平与学生自身业已达到的认知水平之间存在差距，而用以解释认知发展水平和发展过程的理论中，具有最广泛影响的当属瑞士心理学家皮亚杰的认知发展阶段理论。

---

① 案例来源：天津市滨海新区海滨实验学校孙淑欣老师。

(一) 认知发展阶段理论

皮亚杰将儿童和青少年的认知发展划分为四个与年龄紧密相关的阶段：感知运动阶段、前运算阶段、具体运算阶段和形式运算阶段。处于不同认知发展水平的儿童思维能够驾驭的对象和能够从事的智力活动的水平是不同的。

感知运动阶段（从出生到 2 岁）的儿童通过他们的感觉和动作探索世界，与生俱来的本能的反射行为（如嘴唇接触到物体就会吸吮或舔舐）被用来产生一些有目的性的行为模式。最初婴儿"看不见就不想"，如将一个拨浪鼓从对其很感兴趣的 5 个月大的儿童眼前拿走后藏到一个屏障后面，儿童会当拨浪鼓根本不存在一样；可是相同的实验对于 11 个月大的儿童来说就发生了变化，他会去屏障后面找，甚至到自己没见过的地方去找。这说明，对于 11 个月大的儿童来说，他已经形成了表象思维，一些不在眼前的物体的心理表征得以建立且能作为其思维的对象了。

前运算阶段（2—7 岁）的儿童头脑中已经形成了更多物体的表征，语言的学习也使得这些表征得以用词语或者符号的形式存储，他们头脑中的东西变得越发丰富，表现出更强的思维能力。但是这一阶段的儿童还不具有概念思维能力，因为他们认识不到当事物的表面特征发生某些改变时，其本质特征并不发生变化。例如，将一个较低、较粗的玻璃杯中的液体倒入另一个又高又细的杯子中，儿童会认为液体变多了。

在 7—11 岁时，儿童的思维进入具体运算阶段，此时，他们会解释那个较高较细杯子的液面虽高，但是其在倾倒之前与另一个较低较粗杯子中的液体是一样多的。在他的头脑中，能够对实验者做过的一整套动作进行逆转，表明他的思维可以对以具体内容为对象形成的表象进行操作。这一阶段的儿童能够形成概念、解决问题，但是，所有这些都必须与他们熟悉的物体和场景有关，都必须与他们可察觉的现实世界有关。比如，尽管学习了"植树模型"，但是一位三年级的小女孩还不能以此作为思考的工具，她不厌其烦地用列举出所有的情况，数出间隔数后才解决问题（如图 3-2-1 所示）。

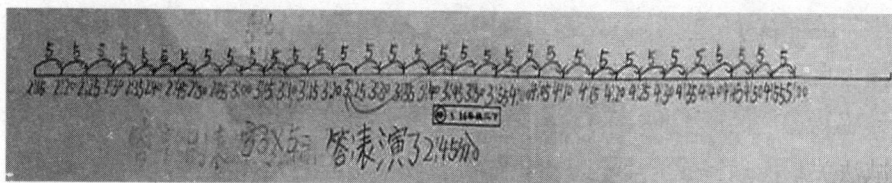

图 3 - 2 - 1

形式运算阶段的思维特征通常出现在11—15岁之间,是一种直至成人甚至终身都发展的能力。其典型表现就是能够不受现实世界的制约而形成概念、进行以假设为基础的演绎推理以及抽象思维,还能够提出各种可能的解决问题的方案,再系统地评价和判断,同时能够在解题的过程中随时监控和反思自己的思维。

形式运算阶段的思维特征对于解决中学数学的问题至关重要。与小学数学相比,中学数学中概念涉及的元素更多,一个问题又会与多个概念有关,因此,解决问题需要系统思维,也就是对各个元素的影响逐个考察后再综合解决。如下面的问题:

请你构造一个一元二次方程,它的各项系数都不为零,并且有两个不同的根。

两个成绩有显著差异的学生群体就用非常不同的方式完成这一任务:在成绩较好的班,学生普遍采用的方法是:先定下二次项和一次项系数后,再借助 $b^2 - 4ac > 0$ 确定 c 的值;而另一个班则绝大多数学生先写出一个一元二次方程,利用判别式判断其是否有两个根,发现不符合要求后便重新构造。前者能够系统地、有逻辑地利用知识构造方程,这是进入形式运算阶段的儿童具备的能力;后者的这一能力还比较薄弱。

（二）认知发展阶段理论在数学教育中的发展

尽管皮亚杰的理论存在着许多不尽完善的地方,例如,在一个领域中表现出较强抽象思维能力的人却未必能够理解另一个领域的抽象概念。后来皮亚杰自己也修正了自己的理论,提出形式运算能力更可能是一种领域特殊性的能力,而非一般性的认知成熟。

然而,没人能忽视皮亚杰理论的意义,应该说,当今世界范围内的数学课程设计总体上都是受了皮亚杰理论的影响。例如,世界各国儿童的入学年龄都在 6—7 岁，这是前运算阶段结束的年龄，儿童从自我中心的思维向去自我中心或者客观性思维的方向发展，能够理解他人具有与自己不同的感知，这保证了同学间的有效交流，同时，可逆思维的建立使得加法、减法关系的理解成为可能。再比如，我国的数学课程尽管在小学四年级或五年级已经有了负数、字母表示数等概念，但是将其作为运算对象来学习则是七年级的任务；图形的初步认识和度量、计算问题在小学开始，但是正式的几何推理问题的讨论则始于七至八年级，这都是由于符号运算能力和几何推理所需要的抽象思维能力比数字计算能力、整体认识图形能力需要更高的认知水平。

一些数学教育学者以皮亚杰理论为基础开展了进一步的研究，比如，荷兰的范·希尔夫妇按照皮亚杰的认知发展阶段理论对学生在几何学习过程中的不同表现做了水平划分①。

水平层级	表现
水平1 视觉水平	根据图形的外观和整体确认和操作几何对象，不能关注几何图形的性质和本质特征，以视觉原型作为判断几何对象的依据
水平2 描述分析水平	能够分析几何图形的组成要素及特征，并以此建立图形的特征，利用这些性质解决几何问题，但无法解释性质间的关系，也无法了解图形的定义；能够根据图形的组成要素比较两个图形，利用某一性质对图形分类，但无法解释图形某些性质之间的关系，也无法导出公式和使用正式的定义
水平3 抽象关联水平	能够形成抽象的定义，区分概念的充分条件和必要条件，根据性质对图形分类，并对性质进行演绎推论，但是不能理解几何结论的正确性是靠逻辑演绎保证的；能做非正式的说明但不能做系统性的证明
水平4 形式演绎水平	能够在公理体系中建立定理，理解定义、公理、定理和未定义对象间的差别，理解证明的重要性；能够从已知条件出发，采用逻辑推理的方式证明命题

① 由于翻译的偏差和研究的不断发展，范·希尔几何思维水平理论的介绍存在着差异，但并无本质不同。本书综合鲍建生等人的《数学学习的心理基础与过程》一书和黄兴丰等人的《7~9年级学生几何思维水平的发展》一文进行表述。

续表

水平层级	表现
水平5 元数学水平	能超越现实背景在不同的公理体系中严谨地建立公理，以分析比较不同的几何系统

当前，我国小学数学几何内容的要求主要为水平2，即描述分析水平。以三角形为例，小学阶段只要求学生能够认识三角形的构成要素及通过实验的方法得到性质，包括两条边之和大于第三边、三个内角的和为180°，并不要求学生证明这些性质。

初中数学的几何内容都处于水平3和水平4，即从定义和公理出发进行演绎推理。然而，我国学者黄兴丰等（2013）[15]对苏南某地区做的调查表明，至第一个学期即将结束时，七年级的学生中有57%的学生不能达到水平3，仅有25%的学生能够达到水平3，1%的学生达到水平4。这一数据印证了老师们发现的初学几何的学生经常会混淆判定定理和性质定理的情况。比如，本来是要证明两条直线平行，却直接将两条直线平行作为条件来用。但是，通过一年的学习与成长，出现这类问题的学生比例会大大降低，八年级学生中不能达到水平3的学生人数比例下降为16%。此时，有53%的学生达到水3，20%的学生达到水平4。然而，九年级学生的几何思维水平与八年级相比并无明显区别：低于水平3的学生比例为17%，有55%的学生处于水平3，18%的学生处于水平4。这说明七年级下学期和八年级上学期共一年的几何学习经验为学生的几何思维带来了飞速发展，但是随后在相当长的时间内，它都将要停留于一个稳定的水平，仍会有比较多的学生不能理解几何结论的正确性是靠逻辑演绎保证的，而表现为经常会出现"不严谨"的情况。

案例3-2-3

勾股定理的证明难点是什么

许多老师都认为勾股定理证明的难点在思路的形成上，认为学生很难想到通过面积图来证明。

然而，实践表明并非如此。实际上，勾股定理的猜想（事实上，许多学生此前也知道勾股定理的内容）一旦得出，其代数结构中的平方和与面积的联系就很容易建立起来。比如，有学生就想到了完全平方和，于是试图构造一个边长为 $a+b$ 的图形（如图 3-2-2 所示）。

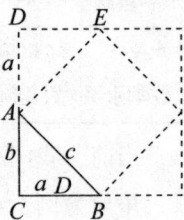

但是，接下来正式表达证明的过程中学生却遭遇了普遍的困难。

图 3-2-2

生 1 首先解释自己的方法：延长 CA 至 D 使得 AD = a，然后联结 DE，于是根据直角三角形的判定定理 HL 得到 △ACB ≌ △EDA——显然，生 1 出现了不严谨之处，因为尽管 △ADE 是直角三角形是正确的，但是对数学来说，导致该三角形为直角三角形的原因更为重要，因此，必须补上演绎推理的手续。

然而，这一道小小的演绎推理的手续的完善却费尽周折。生 2 给出的方法是：过 E 作 DE 与 AD 垂直——"作垂直"的含义是规定垂直。然而，既规定 AD = a，又规定 ED ⊥ AD，该生放大了解题者的"权力"，源于其并不能理解几何需要对两个有联系的几何关系的逻辑必然性给予揭示。

生 3 给出了正确的逻辑关系，但他并未厘清生 1 的逻辑关系，而是另起炉灶给出了自己的方法：作 CA 的延长线，再过点 E 作 CA 延长线的垂线与之交于点 D，这可以借助 AAS 定理证明出 △ACB ≌ △EDA（细节略）。

后来在教师的帮助下，重新梳理生 1 做法的逻辑关系，终于厘清了其中的已知条件和推理出来的结论，最终借助 SAS 定理证明出 △ACB ≌ △EDA。

几何学习的意义除了让我们获得关于空间中图形间的关系的知识外，更要理解不同的图形关系之间的逻辑上的必然关系，这意味着几何探讨的主要是二级关系，即"关系间的关系"，也就意味着能否理解"二级关系"

是能否利用分析性推理解决问题的关键——分析性推理要求具备的能力。由于初中生的认知发展尚不成熟，因此学生表现出上面案例中的那种情形是正常的；反过来，如果我们知道解决这类问题需要的能力对学生来说是欠缺的，就会在课堂上留给学生合适的时间，给予应该给予的帮助。

三、在认知发展规律的指导下自觉实践

认知发展理论的意义在于帮助我们预测学生在学习过程中的困难，让我们的实践变得更加自觉。

（一）淡化形式，注重实质，降低学习的难度

皮亚杰认知发展阶段理论告诉我们：当理解某个知识或者解决某类问题所需要的思维方式与学生的思维方式存在差距的时候，这个知识对学生来说就是难以理解的，这个问题对学生来说就是难以解决的。不理解某一阶段学生的思维方式而单纯从数学的严谨性、简洁性方面考虑问题，就可能会出现人为增加学习难度的情形。

案例3-2-4

为什么"简单"的公式学生却记不住

六年级时学习了圆柱形的表面积公式 $2\pi r^2 + 2\pi rh$，然而，一位教师发现式子中的两项有公共项，提取后会使得计算更为简单，于是将其变形、化简为 $2\pi r\,(r+h)$，然后要求学生用此公式。然而学生总是记不住，做题时不但没快，反而需要回忆半天公式，还经常出错。

圆柱体表面积公式 $2\pi r^2 + 2\pi rh$ 中，$2\pi r^2$ 表示圆柱体的上下底面积和，$2\pi rh$ 表示圆柱的侧面积，这些都是学生熟悉的内容，依托符号代表的意义来理解和记忆公式是六年级学生的思维方式。虽然经过代数恒等变形后的式子对于计算来说变得简单了，但是式子所代表的含义却被遮蔽，学习的难度反而增加了。

案例 3-2-5

为什么学生不用公式解题①

八年级（即初二）的课上有这样一个题目：

一次函数的图象经过点（3，-1），并且和 x 轴正半轴相交成45°，求一次函数的解析式。

这个题目原本是让学生练习一下刚刚讲过的一个知识点：一次函数 $y = kx + b$（$k \neq 0$，$b \neq 0$）的图象是经过点（0，b）和点 $\left(-\dfrac{b}{k}, 0\right)$的一条直线。

用这个知识点解决这个题目，方法是：

设一次函数的解析式为 $y = kx + b$（$k \neq 0$），则直线与 x 轴交点坐标 $A\left(-\dfrac{b}{k}, 0\right)$，与 y 轴交点坐标 B（0，b）。

①当直线与 x 轴正半轴相交成45°，如图3-2-3所示，可知 $OA = OB$，则 $b = -\dfrac{b}{k}$，解得 $k = -1$，再将点（3，-1）代入解析式得 $b = 2$，所以一次函数的解析式为 $y = -x + 2$；

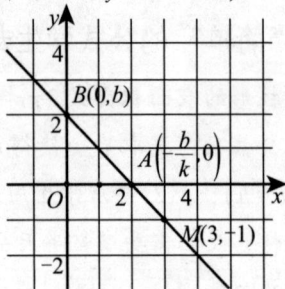

图 3-2-3

②当直线与 x 轴正半轴相交成45°，如图3-2-4所示，可知 $OA = OB$，则 $-b = -\dfrac{b}{k}$，解得 $k = 1$，再将点（3，-1）代入解析式得 $b = -4$，所以一次函数的解析式为 $y = x - 4$。

---

① 案例来源：北京市丰台区第二中学何岩老师。

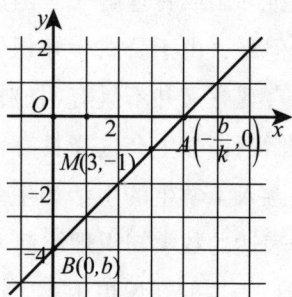

图 3 - 2 - 4

没想到大部分学生并没有用这个结论解题，而是结合图象的几何意义利用待定系数法解决了。具体方法是：

如图 3 - 2 - 5 所示，过点 M 向 x 轴作垂线，垂足是 B，可知 B 点坐标 $(3，0)$，因为直线和 x 轴正半轴相交成 $45°$，所以 $AB = MB = 1$，可得 $A(2，0)$；将 $A(2，0)$，$C(0，2)$ 两点代入解析式可得 $y = -x + 2$。

如图 3 - 2 - 6 所示，过点 M 向 x 轴作垂线，垂足是 B，可知 B 点坐标 $(3，0)$，因为直线和 x 轴正半轴相交成 $45°$，所以 $AB = MB = 1$，可得 $A(4，0)$；将 $A(4，0)$，$C(0，-4)$ 两点代入解析式，可得 $y = x - 4$。

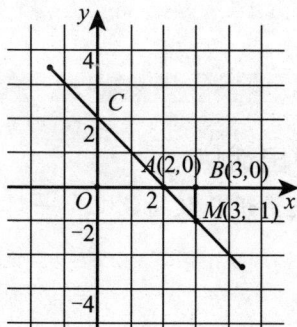

图 3 - 2 - 5

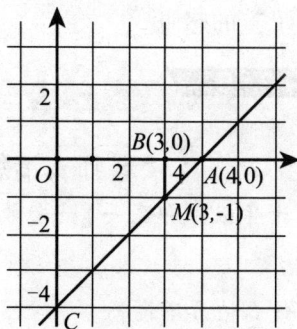

图 3 - 2 - 6

案例中,八年级学生推导出或者理解一次函数与坐标轴的交点坐标公式这一具体知识并不难,但是,由于公式中知识的直观意义,特别是一次函数与 x 轴交点的坐标的直观意义并不具有明显特征,以点状存在的知识在具体问题面前并不能被激活,学生会选择具有较强直观意义的知识解决问题,因为这些知识已经融入了学生的生活和生命中,是真正属于他们自己的知识。以抽象的符号表达的数学知识理解起来要比有着直观形式(如实例、图形、日常语言等)表达的知识更困难。试想,初一的有理数加法法则如果以符号的形式表达会怎样?一位在其所任教的实验班做过实验的老师发现:学生真的不明白说的是什么了。

许多数学知识的本质并不难。例如,函数可谓是中学数学中最难理解的一个概念了,但其本质不过是两个量——x 与 y 之间的一种特定的关系(x 定则 y 定),这种关系能使我们"借助 x 来认识 y"。这样的方法学生并不陌生,也并不觉得难,上一节的案例就证明了一旦学生遇到这类问题,他们是能够用这一思想解决问题的。但是,当函数成为数学学科中的概念后,需要抛却具体的意义,用严格的形式化语言表述定义,还要对其中用到的其他概念下定义(如变量、常量),这就使得学生本来熟悉的东西变得陌生,难度也就增加了。而到了高中,引入字母 f 来表示函数后,即使是一流高中实验班的学生,也经常会在学习了一个月后发出"终于明白 f 是怎么回事了"的感慨。

案例 3-2-6

"老师,请您说中国话!"

生(十年级,即高一):老师您帮我讲讲分数指数吧,一到这儿我就不懂。

师:什么地方不懂?

生:我就是不知道分数指数表示什么意思。

师:先记住正数的正分数指数幂的意义是:$a^{\frac{m}{n}} = \sqrt[n]{a^m}$……

生:老师,请您说中国话!

师:嗯……

> 生：我的意思是您用数给我举例吧，这些符号我看不懂。
> 师：哦，那看数学课本有困难吗？
> 生：我从来不看书，看也看不懂。

即使是十年级的学生，数字与字母的差异在一些人面前也如自己的母语与"天书"的区别一般，一个代数式就像一个毫无意义的符号串。不过，"上帝在关上一扇门的同时还打开了一扇窗"，尽管该生难以在头脑中建立这样一个复杂的代数式的表象，但是其自知可以借助具体的数字支撑对抽象字母的理解，因此能够借助具体来理解抽象。这种思考方法成为他的数学学习的有力支架，毕竟，任何抽象的概念和法则都有具体事物和规律作为背景。

（二）积极等待并主动为学生提供经验的积累

特级教师刘景坤总结毕业生教学经验时感慨道："重要的概念不是我教会的，而是学生自己悟出来的。"数学家阿蒂亚（Atiyah，2009）以自己的经验告诉我们："传授理解是不容易的，因为它只有通过与一个问题在一起生活一个很长的时期才能做到。"这与许多教师的感受相当一致：初学某一知识时一头雾水的学生，过一段时间会在解决了某个问题后说自己"突然完全懂了"，或者说"老师，您要早这么讲我早就明白了！"——其实老师原先也是这样讲的，不是老师变了，而是学生在与某个对象相处很长时间后理解了。

然而，正如王长沛（2006）[27]评论刘景坤老师的话时所说，"这的确是真知灼见……但是教师的指导却十分重要。'悟'是建立在积累之上的，而'积累'则是由教师帮助建立的"，是教师提供的机会和学生的自觉努力共同促进了学生的认知发展。

只有思维发展到了某一水平后，一些知识才能理解，一些技能才能形成。从这个意义上看，教学需要等待。然而，教学中的等待绝非消极等待，它是等待的"艺术"。数学知识的学习与思维发展具有互动关系，并非只有思维发展了才能学一些知识，一些需要适度高认知水平知识的学习会更好地促进学生的思维发展。

　　毫无疑问，成熟对认知发展水平具有重要作用，但成熟到底是怎样影响着认知发展的呢？实际上，单纯的年龄带来的生理变化能够带来的学生思维的发展，特别是高级思维的发展是极其有限的，典型的例子就是一些脱离人类社会的个体（如狼孩）年龄很大后思维的发展会停滞于某一个很低的水平，皮亚杰学派发现的一些证据也表明：一些非西方文化背景下（西方文化背景的本质是传承逻辑思维的文化背景）的人形式运算思维从未出现过。实际上，经验的积累对于思维发展的作用更为重要。比如，2—7岁处于前运算阶段的儿童，会认为从又高又窄的杯子倒入一个又浅又宽的杯子的牛奶变少了，因为他们只能注意事物的一个方面，不能注意事物还有其他方面；后来他之所以注意越来越多的方面的能力提高了，显然与其积累了越来越多的需要考虑多方面的活动经验有关，这其中也会遭遇若干次由于考虑问题不全面而带来的教训。与之对应的是著名的"朝三暮四"故事中的老猴子，它固执地认为"早晨三个栗子晚上四个栗子"比"早晨四个栗子晚上三个栗子"要少，这正是由于高级思维活动经验的缺乏导致猴子的思维发展停滞于前运算阶段，也就是学前儿童的水平。

　　个体认知的发展必定受其所生活的社会文化背景的影响。建构主义的另一位代表人物维果斯基认为：只有在儿童所处的历史文化背景下来理解儿童的发展才有意义，而儿童的发展依赖于他所生活的文化历史所创造出来的，用于帮助人们思维、交流以及解决问题的符号系统的获得。

　　我们可以在数学的发展史中找到这样的证据。例如，康托提出了基数概念，但当时超一流的数学家如康托的老师克罗内克也无法理解，因为从基数概念出发推导出的许多结论与人们的常识实在是相距甚远——一条很短的线段上的点的个数竟然与一条无限延伸的直线上的点的"个数"一样多。人们在以往的数学活动中也从未有过这样的经历，尽管人们的认知进入了一种不平衡状态，但当时的人们却并未自觉去对这种冲突的原因做逻辑分析，而是狂妄自大地否定了康托。

　　然而，当代任何一位哪怕是资质平平的数学专业的大学生几乎都能理解基数概念。这绝非人类的思维水平有了多么大的提升，关键在于文化的传承。当基数理论成为数学学科的基础知识后，尽管初学者最初也会产生一种惊诧感，但是由于已经形成概念为本的公理化思想，应用这一概念解决问题的经验不断增加，人们获得了和其"长期相处"的机会，最终也能够建立起对这一概念的理解——两百年前的一流数学家与当今大学生的差距并非个体智力的差距,而是所处历史文化背景的差距。

不同历史文化背景为个体带来的是不同类型的经验,对这一背景下的人的认知发展具有不同影响。实际上,所有数学知识的理解都需要个体以经验的积累为基础才能完成,只不过有些知识自身距离学生的生活比较近,通过生活和已有的数学学习经历已经自然而无意识地完成了积累。同时,有的知识由于抽象性较高,远离生活的具体,导致理解这些知识所需要的经验积累难以靠日常生活自然完成,而主要依赖于学校学习,由学生自觉进行积累和反思,从而需要的时间更长,表现为对成熟的依赖更多,而在这些知识学习过程中所带来的经验的积累也会促进学生思维的发展。

在积极的等待中,教师不仅是为学生提供学习经验,还要引导学生积极表达和主动反思。

皮亚杰认为,促进认知发展的基本活动就是对本能反应的反思。他说:"最初的一系列本能的反射行为逐渐发展成认知结构系统,而这种系统又能够使人们反过来去思考其本质是什么。"(斯莱文,2004)[31]儿童面对一个新问题时,会凭借业已形成的认知结构系统产生一种本能的反应和行动,而这种行动取得的成果可能与真实的情况不一致。如果儿童自己感受到了这种不一致,他就会试图通过某种方式去弥合,如分析引起不一致的原因,与他人讨论,为自己辩论,这使得儿童不得不去分析自己的思维。当然,有时候儿童自己未必能够意识到自己取得的成果与真实情况的不一致,环境中的他人(教师和同学)所起的作用就是唤醒其意识,进而促使其反思。

案例3-2-7

两个小故事

故事1:"0不就是没有了吗?"

学生写出算式:$-\dfrac{1}{2}ab + \dfrac{1}{2}ab = ab\left(-\dfrac{1}{2} + \dfrac{1}{2}\right) = ab$。

师:把符号看错了吧?是$-\dfrac{1}{2} + \dfrac{1}{2}$,结果是0,不是1啊!

生:我知道是0啊,0不就是没有了吗?

故事 2："我用的是乘法分配律啊!"

学生的算式为：$4x^2 \cdot (3x+1) = 4 \times 3x + x^2 \times 1 = 12x + x^2$。

师：说说你是用什么方法进行的运算?

生：我用的是乘法分配律啊!

师：哦，你能举一个例子说明什么是乘法分配律吗?

生：$24 \times \left(\dfrac{1}{2} + \dfrac{1}{3}\right) = 24 \times \dfrac{1}{2} + 24 \times \dfrac{1}{3} = 12 + 8 = 20$。

师：你能说说你是怎么做的吗?

生：就是把 24 分给里面的每一项，先做乘法，再计算加法。

师：那你现在参照自己举的例子，分析一下做 $4x^2 \cdot (3x+1)$ 这个题目的过程吧!

生：哦，错了，我没有把 $4x^2$ 当作一个整体，没有给第一项乘 x^2，没有给第二项乘 4。

师：那现在老师请你总结一下自己的错误和以后应该注意的问题。

生：乘法分配律要给每一项都分配，要知道单项式是什么。

特别要关注出现错误的学生还能对自己的做法做出"头头是道"的解释的情况。概念的形成需要儿童借助词语（有时候是符号）去掌握自己心理过程的进程，也以语言的运用作为掌握的标志，而最新的脑科学与数学学习通过脑成像技术的观察也发现，"概念的学习基础是语言认知活动，概念学习对于大脑的语言区域有最大程度的依赖"（周新林，2014）。因此，让儿童通过口头语言或书面语言展示自己的思维过程是重要的，这会使得他得以审视自己的思维到底哪里出现了问题，是促进其成长的手段。比如，故事 1 中的孩子需要还原出 0 与 ab 之间的乘法关系，故事 2 中的孩子借助具体数字形态的乘法分配律分析代数式运算问题之后，对单项式乘多项式问题的认知也就形成了。

有心的教师会发现，从最初的合并同类项，到整式乘法，再到分式运算，在代数式运算内容学习的各个节点，一些令教师惊奇的错误总会出现，而一旦将其困难表达出来与人交流，学生自己就忽然明白了。

"分母不是乘积形式，没有办法通分啊！"

在讲完分式通分后，P老师留了书上的练习为作业。题目都是常规问题，P老师认为很简单。

当晚9点多，P老师正忙着写计划——

生1：(打来电话) $\dfrac{a}{a+b}$ 和 $\dfrac{b}{a-b}$ 最简公分母是什么？

师：(很诧异) 这怎么不会呢？不就是 $(a+b)(a-b)$ 吗？！

生1当时迟疑了一下，然后"哦"了一声，放下了电话。

由于当时太忙，P老师并没有过多地思考学生为什么问出这个问题，便接着写计划。

第二天上课本应讲分式加减法混合运算——

师：(首先提问) 如何进行异分母加减法运算？

生：异分母的加减法运算首先要转化为同分母，那就需要通分。

师：对通分同学们有问题吗？

本来以为学生会爽快地说"没有问题"，谁知这时——

生2 (学习成绩总在班上前三名)：(站起来) 老师，昨天作业上有一道题我感觉没有办法通分。

师：哪一道？

生2：21页1题 (2)。

P老师打开书，发现是 $\dfrac{a}{a+b}$ 和 $\dfrac{b}{a-b}$。他马上想起昨晚的电话，意识到学生一定在哪里出了问题。

师：(马上追问) 你为什么说没有办法通分呢？

生2：分母不是乘积形式，没有办法通分啊！

师：(马上构思并讲解) 将 $a+b$ 和 $a-b$ 看作一个整体，或者看作 $1\times(a+b)$ 和 $1\times(a-b)$ 不就行了！(接下来想马上进入新课)

生3：（站了起来）老师，我认为您这样解释他还是不会明白，而且这不是他不会的"根儿"。其实，$a+b$ 和 $a-b$ 是互质的，就像2和3。

生：（很多呼应）对，所以是它俩的积！

P老师看到生2的表情豁然开朗，感到很高兴，认为这下可以进入新课了。

生4：（站起来）$\dfrac{1}{x^2+y^2}$ 和 $\dfrac{1}{(x+y)^2}$ 如何通分？

生：（异口同声）那不就是生3说的吗，互质！乘积！

……

从数学知识的角度看，分式通分的意义似乎简单而清楚，即对异分母分式 $\dfrac{c}{a}+\dfrac{d}{b}$（这是分式通分的原型问题）做加减运算时，需要按照代数式恒等变形的原则统一分母后再相加：

$$\frac{b}{a}+\frac{d}{c}=\frac{bc}{ac}+\frac{ad}{ac}=\frac{bc+ad}{ac}$$

这里的字母 a、b、c、d 可以表示任何一个数，也可以表示任何一个代数式，所以上述的过程适用于任何两个异分母分式的加减法，P老师布置的作业，是学习了分式通分后的常规题目，也是很基础的题目。

但是，对于老师看来并不难的题目，学生却出现了大面积的困难。即使是优秀的生2也受到了"分母不是乘积形式"的影响，认为"没有办法确定最简分母"；而已经独立将问题解决的生3则借助了具体的数以及数中的"互质"概念来帮助自己理解。

学生的这种表现反映了他们进入自身认知结构与解决问题的需要之间的不平衡状态，我们可以看到他们在努力尝试将新问题纳入自己的已有认知结构中，"老师，我认为您这样解释他还是不会明白，而且这不是他不会的'根儿'。其实，$a+b$ 和 $a-b$ 是互质的，就像2和3"，同样蹒跚前行的生3不但主动建构起自己对问题的理解，还在试图解释"自己是怎样从困苦中走出来的"！

（三）以体验冲突作为促进学生思维发展的有效途径

只有思维感受到了不平衡状态，儿童才有机会成长和发展，最终表现出具有质的意义的思维方式的变化。皮亚杰认为，亲身体验和对环境的操纵是产生自发行为变化的关键所在。因此，让学生置于一种与他们已有的观念相矛盾的情境中，是提升认知水平的有效方式。

这就为教学难点的突破方式问题提供了一种新思路。

教学中学生最需要教师帮助的地方就是其难点。通常，对于有经验的教师来说，确定教学难点不是难事，在课堂教学中，教师们遇到难点通常的选择就是采用化解的方式处理，比如铺设"台阶"、将复杂问题分解为若干个简单问题后再让学生解决。

但是，这种方式从短期看似乎帮助学生理解了知识，而长期看，却未必能够带来难点的真正突破。

比如，初中数学"反比例函数图象与性质"一课，老师们都会知道学生在取点、描点、连线等环节会出现困难，如与坐标轴有交点、连成折线等，而为了突破教学难点，有些教师会直接利用几何画板演示函数的图象；还有的教师会在每个环节都预先给出提示，比如带着学生取点、填表、描点、连线，这样做当然能够顺利得到完美的函数图象。

但是，这样做真能够突破学生学习的难点吗？不能。按照皮亚杰的观点，这样做"可以导致学生对规则的肤浅接受，而不能达到真正的认知理解"（斯莱文，2004）[33]，笔者在高中数学课堂观察到的情况证明了这一点。

在一所示范高中的"正弦函数的图象与性质"课堂上，笔者观察到，教师本来给了学生机会让他们独立作图，但是发现学生作图的能力很差，甚至许多学生毫无思路和章法，便很着急。由于担心教学任务完不成，教师采取了与上述初中教师类似的方式，转而利用几何画板软件直接演示得到了正弦函数的图象，然后告诉学生"五点作图法"，学生根据老师画出的图象和给出的方法描出了图象。然而，同一个班在"正切函数的图象"一课上，这一幕几乎重演：老师给学生机会，学生仍感到很困难，甚至有学生在列表取点时毫无思考地直接利用画正弦函数图象时用到的五个点，连正切函数在一些点$\left(如在 x = \frac{\pi}{2} 点\right)$没有意义也毫无觉察。面对这种情况，老师又再次采取了演示作图的方式进行处理。

　　教师通过铺垫、演示的方式并不能真正突破教学难点，因为通过教师的铺垫和演示，学生并没有遭遇难点，也没有机会思考为什么取这些点、为什么要将点用平滑曲线而非折线联结，因此，这种表面的顺利以牺牲学生学会怎样思考为代价，后果就是学生依靠记忆结论学会了画反比例函数这种具体函数的图象，却并没有真正学会怎么画一个新的函数的图象，也就是没有学会方法。这种做法与其说是突破了难点，不如说是绕开了难点——教师自己将一个学生可能有困难的任务分解为若干个简单的子任务，而每个子任务学生自己都能毫不费力地独立解答。

　　维果斯基（2005）[244-248]专门批评了这种现象，他说："（一些教师）以儿童在思维里会独立的做的事为目标，并不考虑从他会的东西像他所不会的东西转变的可能性，……，他们以阻力最小的路线为目标，以儿童的弱点为目标，而不是以它的长处为目标。这种教学体系落在儿童发展的后面，而不是引导发展教学和发展"，维果斯基提出教学要确定"最近发展区"："用独立地解答习题的办法确定的现实发展水平和儿童不是独立地，而是合作中解题时达到的水平之间的差异，就决定了学生的最近发展区"，这意味着能够促进学生发展的问题需要具有一定的挑战性，"只有走在发展前面的教学才是好的，它能激发和引起处于最近发展期中成熟阶段的一系列功能。教学在发展中的最主要作用就在于此"。因此，通过铺垫而让每个任务学生都能够不费力就完成任务的教学，可以让学生顺利获得知识，但无益于学生素养的发展。教师必须让学生在解决问题的过程中展现出自己已有的思维，当发现自己已有思维方式不能解决问题时，才能真正感受到自己已有思维的局限性和新思维方式形成的价值。教师的任务则是创设环境、提供问题让学生展现出自己的思维，帮助学生分析其已有的智慧与困难，再推动学生走出困境，找到出路，从而真正突破难点。

案例3－2－9

三角形中位线定理证明的教学再探

本书第二章第一节的案例2－1－8，描述了一位教师在课堂中明知道关于三角形中位线定理的证明学生会遇到挫折，但仍相信学生存在着智慧，因而通过帮助分析学生思路中合理性的一面和存在问题的一面，从而突破难点。

理解自己思路的价值和问题非常重要。在另一个班的实践研究中，当学生认识到自己向内构造平行四边形的做法不能建立题目的条件和结论的联系后，一部分学生选择了案例2－1－8所述的向外作平行四边形的常见证明方法，还有的学生采用了构造面积的方法证明了定理，如图3－2－7所示①。

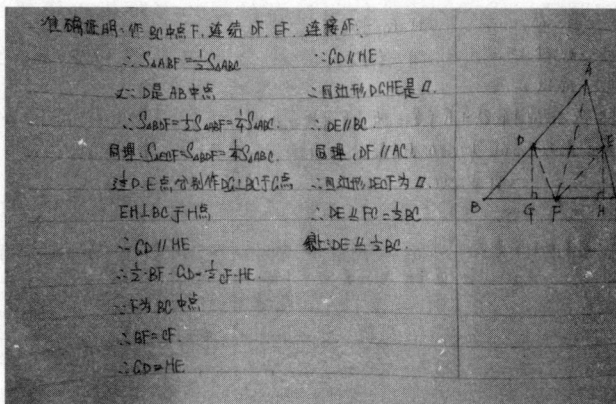

图3－2－7

教师问：你是怎么想到的？该生说："因为要建立三个中点的联系，所以我想到了利用面积。"

这些案例实证性地表明：可以通过引导学生对自己所走弯路所蕴含的智慧和困难的原因进行觉察的方式，让学生自己突破难点，从而使其成为

---

① 案例来源：北京理工大学附属中学相慧芬老师。

学生发展智慧的良机。

所以，即使明明知道绝大多数学生会走弯路甚至走了弯路还解决不了问题，却仍然要给学生走弯路的机会，似乎这种做法"浪费"了时间，然而，"人须在事上磨，方立得住"，以核心素养的培养为目标的数学教学中，一个概念、一个定理的教学目标不应该仅仅局限于获得这个概念或者定理的结论，甚至也不能满足于获得证明这个定理的具体方法，而是将之看作为学生提供的做事的机会、解决问题的过程，通过这一过程，让学生能够获得形成解决问题的具体方法的思路的启示，感受到新方法产生的合理性，还能深切体会价值观、意志品质、思维品质等在解决真实问题过程中的作用。比如，上述案例中，解决问题的过程就是分析条件与结论的关系、搭建它们之间桥梁的过程，当最初的方案不能解决问题时，没有轻易放弃，而是反思和分析已有探索的意义和存在的问题，进而调整方案、修正方案，让问题得以成功解决。值得注意的是，老师不仅要给学生暴露自己的困难的机会，还要捕捉到潜藏在学生困难表现中的智慧。当把这种智慧揭示出来时，学生们就意识到了自己的思维中有价值的成分，他们得到了激励，也为新方法的产生提供了思想基础。

实际上，对教学难点的突破方式的认识归根结底源于对知识的教育价值的认识。波利亚指出：解题的价值不在于答案本身，而在于弄清"是怎样想到这个解法的"，"是什么促使你这样想、这样做的"。事实上，如果我们认为数学中的知识与方法的产生都是有渊源的，学生也都是有着思维基础的，那么，我们就会敢于让学生直面有难度的问题，给学生展现自己智慧与困难的机会，然后帮助学生分析自己的思考中哪些是合理的，哪些又是存在问题的。当学生对自己的智慧有了清醒认识的时候，教学难点才是被突破的，而不是被绕开的。

第三节
跳出数学学科，把学生看作"完整的人"

　　承认学生是主观能动、富有数学智慧的人，让我们更积极地为学生提供机会；而将学生看成是认知发展过程中的人，则让我们更客观地做好学生即使努力也未必能够解决问题，因而要随时给予学生必要帮助的准备。但这还不是问题的全部，基于学生研究的数学教学还会面对一个巨大的挑战：就是学生"愿不愿""敢不敢"进行问题的探究和展示——如果学生根本不愿意或者没有勇气探究与展示，教师期待的以学生的研究为基础的教学根本无法展开，课堂或者陷入僵滞状态，或者退回到教师一言堂的局面，教师的教与学生的学就难以相遇。

　　那么，为什么学生会出现不愿或者不敢进行探究与展示的情况呢？可能的原因很多。比如，可能是问题没有引起学生的兴趣，也可能是由于不喜欢教师而引发的排斥一切学习活动的叛逆心理；可能是由于学生不自信而导致的逃避，还有可能是由于一些特殊或偶然事件引发的生理或者情绪问题。出现在数学课堂中的学生并非单纯的数学知识习得者，他们拥有自己的个性特点，有自己的兴趣、爱好和天赋，学习知识的过程还是与同学和教师交往的过程，他们希望自己的言行能够在他人心中留下美好的印象。因此，除了要研究学生的数学认知情况外，还要关注学生人性的丰富性，关注学生作为成长中的人的本质。

一、只有了解学生的需要，才能激励学生

　　在数学探究中，教师对学生的激励很重要，无论是注意力的集中，还是困境中的坚持，都可能需要教师的激励。

　　然而对学生进行激励并不容易，一些在教师看来是激励学生的行为未

必真的能够起到期望的作用。比如，如果教师对学生说："好好干，我知道如果你努力的话，是能够做好的。"对那些感到难以完成任务的学生来说，这番话能够起到激励的作用，学生会觉得自己的能力得到了教师的认可；而对那些轻而易举就能够完成学习任务的学生来说，教师的这番话可能会被理解为他必须通过努力才能完成任务——这在他看来是对其能力的消极评价，满满的热情可能会降了温。

教师好心却"得罪"了学生的事情比比皆是。其实，即使是体罚学生的教师，其内心也是"为了学生好"，但是，从事教育工作需要以文明的方式进行，尽管学习数学知识是数学课堂上"学生的本分"，是核心任务，但是如果处理问题时只关注知识而不顾及学生的心理感受，数学和数学课就可能成为学生提起来就痛苦的事情。

笔者在一所学校听课时，教师要求学生求解下面一个问题：

$$已知 \ x+y=1 \ 且满足 \begin{cases} x+2y=k \\ 2x+y=1 \end{cases}，求 \ k \ 的值。$$

学生给出了四种方法：

①由方程组解出 x 和 y，再代入 $x+y=1$；

②重新组成新的方程组 $\begin{cases} x+y=1 \\ 2x+y=1 \end{cases}$，解出 x 和 y，再求 $x+y=1$；

③方程组中的两式相加，得到 $x+y$，再整体代入 $x+y=1$；

④解出 $x=1-y$ 再消元（x），转化成关于 y 和 k 的方程组。

让人惊讶的是，面对学生这些智慧的成果，授课教师只淡淡地说了一句"有的方法太复杂了"，这道题就这样过去了。这是一所学生基础比较薄弱的学校，老师们经常会反映学生对数学学习缺乏兴趣，而此情此景也许能够揭示学生对数学学习没有兴趣的一种原因了。

寻求最简单的解二元一次方程组的方法也许是教师这节课的教学目标，但是，每种方法都是学生努力探索的结果，凝聚了他们的智慧与情感。这一过程本来很"好玩"，却无意中被授课教师泼了一瓢冷水——本质上，教师是在对学生的积极探索和新奇方法进行惩罚。如果授课教师这样的处理方式是一贯的话，学生对数学、对数学课没有兴趣就会成为必然。

如果教师关注学生的感受的话，就一定会对学生的每种方法都积极回应："方法①将 k 看成已知，解带字母的方程组，这个技能在后面的学习中会经常用到，这往往也是容易解错的地方，这位同学给了我们一次解字母方程组的机会；方法② '善于挖掘条件之间的联系'，这位同学的审题能力值得大家学习；方法③则体现了整体思想，它不但让我们准确，更让我们简单省时；方法④说明这位同学对于方程组解法的本质理解得特别好，为了求解 k，只需解关于 k 和 y 的方程组就可以了，有两个未知数，两个方程可解。"

选择对每位学生的方法都做积极回应的方式处理，而且具体指出了也许学生自身未曾意识到的所用方法的独特价值，这种方式会使得每位学生都感受到教师对自己的关注，感受到教师对自己数学能力的肯定，感受到自己的努力取得的成就——这都是对学生的奖励。

有效的激励源于其满足了学生内心的需要，因此，要想激励学生，就必须了解学生的需要，这种了解既包括实践意义上对具体学生的了解，也包括理论意义上一般的人的需要的了解。要想了解具体学生的需要，比较可靠的途径是对其做事过程中的各种行为反应进行观察；而要想了解一般人的需要，则需要理论。实际上，由于每个人所生活的社会环境不同也就是历史文化不同，每个人与其他人的社会互动的性质就不同，其内心的需要也会不同，但是，一个具体的人作为人类的一员，在本质上更多的是相同，因此，不同人的需要也大体相同，这也是教师能够真正理解学生的基本假设。

二、认识学生的需要

需要是激发人进行各种活动的动力，是人的积极性的重要来源。关于人的需要有许多理论，例如，美国学者戴维·麦克利兰（David McClelland）提出的"三种需要理论"（又称成就需要理论），我国学者季苹等（2014）[167]提出的"四个基本需要、两个核心需要"理论。不同的理论之间都有其独立的系统，但是也有很多本质相同的联系；在面对实践时，都有其很强的解释力，但也都不能解释所有现象。

本书重点介绍影响最为广泛的人本主义心理学家马斯洛（Maslow）的层次需要理论，这一理论将人从生物意义到社会意义的需要做了一个全面的建构。实际上，其他需要理论也可以融入马斯洛的需要层次之中。

马斯洛认为，人有七种基本需要：生理需要、安全需要、归属与爱的需要、尊重的需要、求知的需要、审美的需要和自我实现的需要，这些需要是呈层级分布的（如图 3 – 3 – 1 所示）。其中，一到四级的需要属于缺失性需要，五到七级的需要属于成长性需要。

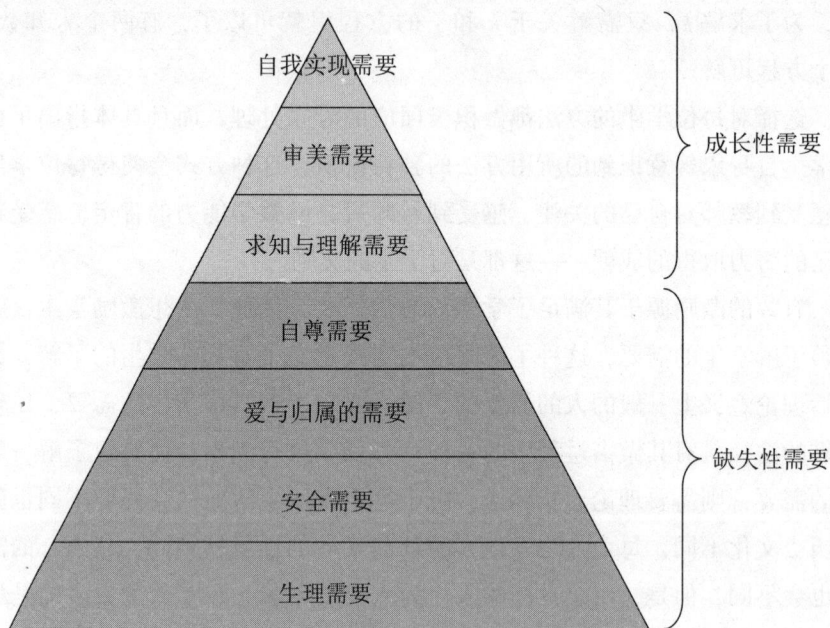

图 3 – 3 – 1

（一）越低层级的需求拥有的人越多，带给人的动力越大

用金字塔来呈现人的需求，意指越低层级的需求拥有的人越多，带给人的动力越大。

处于金字塔最底部的生理需要人人都有。谁都离不开"吃喝拉撒"，对于绝大多数人来说，满足这一需要的满足的动力也最大。比如，绝大多数饥肠辘辘或者缺乏睡眠的孩子会对食物和睡眠产生强烈追求而不顾其他；经过了一节极具思维挑战性的数学课，学生大多会感到疲倦，渴望得到休息，因此教师"拖堂"会遭遇学生普遍的厌烦；如果学生感受到了暴力的威胁，也会心神不宁而无暇顾及学习。

有些孩子会由于数学学习影响了其缺失性需要的满足而厌学。李士锜（2000）[23]教授发现了源于解题训练量大题难带来的"熟而生厌"现象，笔者的观察是：当今中学生作业做到午夜的情况比比皆是，经历了多年的中考、高考将试题的难度推到了一个非常高的水平，新颖、灵活、探索性题目的出现是好的趋势，但这样题目的解答显然需要更多的时间，因此就需要学生用更短的时间完成不需要探索、可通过机械训练掌握步骤解答的题目，常规性题目训练量加大成为必然的选择。量大而难的数学作业影响了学生的睡眠，威胁了学生的生理需要，更为可怕的后果是让学生感到了自己的无能，厌学的情绪自然会产生。

（二）低层级需要得到满足，才能使高层级需要成为人的动力

一般而言，学生在学校最重要的缺失性需要是爱和自尊的需要，如果学生没有感受到被关注，或者觉着自己无能，就不会具有强烈的动机去实现较高水平的成长目标。实际上，学生在学习中出现的许多问题都源于爱与自尊的需要。

渴望得到教师关注的学生会想方设法寻求教师的关注。他们的方法可能是积极的，例如通过努力学习取得好成绩；也可能是消极的，例如通过一些破坏性、奇异的事件引起教师和同学的注意。爱的需要引发的学习动力会使得一旦学生的努力失败了，比如经过努力成绩也没有起色，或者成绩变好了仍然没有得到关注，学生就会转向用消极的方式。

我们也常说：好奇心是人的天性，但许多老师却感到自己的学生"没有好奇心，毫无上进心"。真的是这样的吗？

案例 3 -3 -1

昏昏欲睡的学生也能够被"秘密"唤醒[①]

周一，我满怀热情地走进教室，准备讲因式分解第一节。可迎接我的是学生的懒散——有人在睡觉，有人趴在桌子上。看到学生没精

————————
① 案例来源：北京市门头沟区大峪中学分校朱建奇老师。

神，我顿时没了情绪，真想发火。我拼命地克制自己，提醒自己要冷静。我耐着性子问学生："你们昨晚是不是没睡好呀？"学生没什么反应。我又叫了个趴在桌子上的学生，问："你昨天晚上几点睡的？睡了几个小时？"他想了想说："9 个吧。"同样的问题我又问了几个学生，有说 7 个的，有说 8 个的，有说 9 个的，有说 10 个的，还有一个说家里正在盖房，12 点才睡，也就睡了 6 个小时。

我顺手就把学生说的这几个数写在了黑板上。看着这些数，我一下来了灵感，这不就是第 10 章的"数据的收集与表示"吗？我们就研究这些数吧。于是，我很神秘地问学生："你们觉得这些数普通吗？这些数里可藏着很多秘密呢？"学生一听到有秘密，一下子都坐直了，瞪着大眼睛看着我。

学生的兴趣有了，我的课就好上了，很顺利地讲完了"总体与样本""数据的收集与整理"的教学内容。对于练习学生也做得很好，特别是平时基础差的学生也做得很好，大家还进行了展示。看着学生有了成就感，我也感觉很欣慰。

教师满怀热情地迎接着新的一周的到来，期待着在新的一周内能够有新的故事发生，然而学生却表现出无聊和厌烦，对数学课毫无兴趣——这样的班级不是个例，但也是一种很糟糕的情况了。然而，"秘密"同样能够让他们瞬间变得精神焕发、兴致盎然。他们也一样有好奇心——许多学生并非没有好奇心，而是满足好奇心的动力不够强大。

成长性需要的层级都高于缺失性需要，因此要想使其成为学生的学习动力，必须以低层级需要得到了部分满足为前提。比如，许多学生尽管对某个问题或者事物产生了好奇，由于不能肯定自己是否被爱，不能确认自己的能力是否能够带来成功，因此，认知与理解的需要被满足的动力远远小于爱和自尊的需要，于是在行动上做出了更为安全的选择：逃避。一种常见的情况就是：课堂提问时，一连串被点到的学生会说"不会"或者"没想好呢"，还有的学生干脆不吭声。其实，根据本章第一节的分析，作为主观能动的、有着一定的数学知识和经验积累的学生，在面对一个学习中循序渐进产生的问题时，不可能没想法。学生可能已经将问题解决了，但是对于自己的方法没把握，也可能是遇到了困难还没有突破，但他们一定是有想法的，只是不敢将自己没有把握的方法或困难表达出来。所以，"基于学生研究的数学教学"需要为学生提供一个宽松的环境，也就是让学生感到被接纳和尊重，让他们相信，教师对他们是公正的、始终如一的。只有有了这样的环境，学生才能够乐于创造和冒险，才不会因为展示了错误而被讽刺和惩罚。

案例 3 - 3 - 2

学生敢于发言了①

当反比例函数解析式的形式出来后，教师先让学生举例。教师叫了一位他课前了解到的学习不是很好的学生回答。这个学生站起来后很是紧张，差不多一分钟都没有说话，但教师却一直在耐心等待，并轻言轻语给以提示。学生终于小声地答道：$y = \dfrac{1}{x}$。教师马上就大声肯定其正确，并且让学生再举一个例子。这个学生很是爽快地大声说道：$y = \dfrac{2012}{x}$。教师马上说："太棒了，还结合今年的年份了！"

显然，后来教师问："还有没有和这个不一样的、有创新的？"学生的举例就五花八门，开始敢说了。

案例中的老师是应邀执教观摩课，所教学生并非他自己的班，课前从该班的任课教师那里了解到，这个班的学生普遍腼腆，不爱回答问题。显然，案例中的老师对此做好了准备，首先请基础薄弱的学生发言、表现出极大的耐心、帮助学生成功、让学生继续独立举例等是精心设计之举。

有的老师提醒学生做题时"先不要顾虑对不对，关注问题，把问题想清楚了，大胆地写、大胆地说"，但是在教师和同学的注视下学生却很少

---

① 案例来源：北京师范大学附属实验中学王宏老师。

能做到,甚至有的学生在没有他人的环境下独立作业也不敢动笔,仿佛有个人站在身边一样,因为这种宠辱皆忘、全神贯注、"倾听内在冲动的召唤"的特征是以自我实现的需要作为动力的人的特征,而将自我实现的需要置于人类需要层次的顶层,表明这一需要的满足有赖于其他的需要的满足,这是很难实现的,马斯洛估计只有1%的人能够自我实现(斯莱文,2004)[42]。

(三)缺失性需要一旦被满足就不再会成为动力,而成长性需要永远不会被满足

一个没有填饱肚子的人不会奢望其他,但是食物需要的满足也并不能带来永久的快乐,随之而来就会产生安全的需要……依此类推,某种缺失性需要一旦得以满足或者部分满足,就不会再成为学生的动力。此时,原本满足学生这一需要的奖励就不再有效。

案例 3-3-3

请求老师暂缓表扬的学生

S 是一名单亲家庭的学生,和父亲一起生活,而父亲忙于生计无暇顾及他,S 的学习成绩也很差。

L 老师了解到他的情况后,就和班上的同学一起对 S 表示格外的关心和帮助,S 有了很大的进步。每当 S 取得进步时,L 都会在全班大力表扬。

然而,S 同学有一天在校园里拦住老师,悄悄地说:"老师,等什么时候我分数上 90 分了,您再表扬我行吗?"

该生的生活环境使得其对爱与归属有强烈的需要,老师和同学的关怀使他的这种需要得到满足。但是当他不再感到恐慌时,自尊也就是被认可能力的需要产生了。"等什么时候分数上 90 分了,您再表扬",意味着 S 希望自己能够获得与其他同学一样的待遇。这种待遇在他看来代表着对自身能力的认可。因此,此时教师对他点滴进步的表扬不但难以继续起到激

励的作用,反而会让他感到自尊心受到了伤害。

缺失性需要引发的动机是外部动机,马斯洛(2006)[20]认为,这种动机"在本质上是人身上的赤字所形成的需要,就好比为了健康的缘故必须填充起来的空洞,而且必定是由其他人从外部填充的"。外部动机并不是总能发挥作用,甚至过于强调外部动机还会影响内部动机。卡梅伦(Cameron)指出:"当任务本身具有较强的趣味性时,不管任务完成水平如何,都预先提供物质化奖励,对于学生内部动机的影响是致命的。"(陈琦等,2005)比如,我们看到一些学生的能力被认可、形成自信后,教师的夸奖就不再具有激励作用。

成长性需要永远也得不到完全的满足。例如,体会到数学中的神奇之处越多,学习更多知识的愿望就越强;从数学中领略到的美越多,就越会孜孜不倦地去追求,这就是我们常说的"越学越爱学"。卓越数学家开展研究的动力必定是成长性需要,面对其他人评价"耐得住寂寞、坐得住冷板凳",他们也许会感到奇怪,因为自身从来就没有感到寂寞。陈省身先生感受到的是"数学好玩",谷超豪院士则告诉访问者"别看(数学)表面上枯燥,其实只要深入进去,就会发现其中奥妙无穷,充满快乐"。

三、发现并引领学生的需要

满足自身的需要是学生做事的动力,比如,学生感到自己被教师关注时,他会感到自己被教师读懂了,自己被爱的需要得到了满足,因而就会有更多积极的行为产生。因此,只有能够真正发现学生的需要是什么的教师,才能与学生的心灵产生默契,进而为其提供恰当的帮助。

(一)敏锐发现学生的需要

从前面我们看到,由于缺失性需要能够成为学生做事的更大动力,而如果学生的缺失性需要没有得到满足,其行为就可能表现为一种病态,如敌视与排斥他人、逃避做事、异常敏感、曲解别人的好意等。我们平常说的"问题学生"通常是其缺失性需要没有得到满足。

学生很少能够直接向教师表达自己的需要,但是他们的言行会传递出关于自己需要的信号。这就需要教师对孩子的需要保持足够的敏感,不断积累关于各类型学生的需要表现和应对策略。

案例3-3-4

"您是不是觉得我考125分很不容易?"

有一次,一位高考模拟考试分数经常在100分左右徘徊的学生考了125分,我在他的试卷上写道:"很好。"不料他下课以后却问我:"老师,您是不是觉得我考125分很不容易?"我才惊觉,按他的高考志愿,他的数学在120分以上才比较有把握被第一志愿录取,而他对取得这个成绩明显信心不足。我的评价使他怀疑这次好成绩是不是碰巧"蒙的",也怀疑我对他的数学能力评价并不太高。(谷丹,2017)[165]

教师对学生需要的敏感首先来自自己的共情能力。共情能力是指一种能设身处地体验他人处境,从而感受和理解他人情感的能力,也就是我们平常说的换位思考、感同身受。

案例3-3-5

"一擦了之"以后

上课时,在探讨对整式 $4a^4 - 16b^2$ 进行因式分解的过程时,生1首先汇报了自己的做法:$(2a^2)^2 - (4b)^2 = (2a^2 - 4b)(2a^2 + 4b)$。

之后老师问道:"做完了吗?不用这个方法怎样?"边说边擦掉了生1的板书,叫起了生2。生2的方法是:$4(a^4 - 4b^2) = 4[a^2 - (2b)^2] = 4(a - 2b)(a + 2b)$。

在确认最终结果时,生2原本说" a^2 ",老师追问:"是 a^2 吗?"开始生2还说"是",老师又追问,生2就不知所措了。

生1的作品被"一擦了之",教师希望展现"更好"的方法的急切心情在其语气、表情上都有所反映,这势必会带来紧张的气氛。生2的汇报过程表明，其原本写的结果是对的，只是由于紧张而导致的口误使其将第一步的变形结果说错了。但是教师似乎没有发现学生第一步的失误，他的紧紧逼问不禁导致生 2 愈发紧张而难以自察。换位思考一下，谁在这样的场景下还能冷静、从容思考呢？恐怕教师自己之所以没看出生 2 的失误其实也源于这种紧张氛围吧。孔子说："己所不欲，勿施于人。"本质上，没有一个学生的问题是独特的，当我们认识自己的需要时，也就理解了学生的需要。北京八中特级教师王春辉老师说："以前，我特讨厌学生提这样的问题——'老师，这种题都怎么做呀？有统一的方法吗？'我总以为这样的孩子太懒，难不成要我找个万灵的药方把病都治了？所以总是敷衍一句：具体问题你要具体分析。但后来，我觉得我的回答很无耻，学生心里一定嘀咕：'老东西，考场上全是具体问题，我怎么分析啊？'那么，我们该给孩子什么样的数学呢？"有了这种换位思考，教师就会主动寻求"怎样分析"的方法，对自己换位思考能力的自觉反思是教师发展的动力。

教师对学生需要的发现还需要倾听。倾听就是全神贯注地聆听学生的表达，不仅要听他口语表达的内容，还要听出言语中隐含的需要和问题，并且观察他的非言语动作和表情，包括语调、姿态、表情等，在倾听中还要给予及时的回应。及时回应的目的在于让学生感受到老师在倾听，感受到老师对自己观点的善意理解，感受到老师对自己的尊重。

案例3-3-6

从思考到回味①

在等腰三角形的性质一课，边、角、三线合一的性质都已经被发现后，张老师让学生再观察观察是否还有发现。

生1：（举手道）由等腰三角形的两边相等可以得到与底相邻的两角相等。

众生：（不屑地）说过了，黑板上不是已经有了吗？

该生讪讪地坐下了。

---

① 案例来源：北京二十中张晓华老师。

师：咱们同学都认为他重复了，但是我觉得，他的重复不一般。他提醒我们不是说角就只说角、说边就只说边，而是要用联系的视角看边和角，见到边要想到角，见到角要想到边。几何反复探讨的就是边呀、角呀，他悟到了：对于三角形来说，边的相等关系和角的相等关系可以相互转化，第一遍有第一遍的思考，第二遍就是在回味！

很难说发言的学生真的在表达对于"发现了三角形之间等边关系与等角关系可以相互转化"的回味，是教师使得他的话成为教学的资源，提升了全体学生的认识。这就是教育的艺术，掌握了这门艺术的教师能够化腐朽为神奇，赋予教学中一些看似平淡的事情以神奇的力量，激励着学生前进。

(二) 积极引领学生的需要

成长性需要一旦产生，则动力无穷。要想引领学生的成长性需要，使得成长性需要成为学生学习的动力，教师首先要了解数学中蕴含着哪些能够满足学生成长性需要的资源。

郑毓信 (2007)[38]先生通过与语文教学比较，认为数学教学中的情感主要涉及的是人类固有的好奇心、上进心。用马斯洛的理论分析，好奇心属于认知与理解的需要，而上进心是"让自己变得更好"的倾向，大致可以归属为自我实现的需要。

处于认知与理解的需要和自我实现需要两者之间的审美的需要也是数学探索的动力。数学家、哲学家彭加勒甚至认为，审美的需要是数学家的最大动力。他说："我们可以让这种选择（指研究问题）取决于我们好奇心，受我们自己功利的指导，即受实际的需要，尤其是道德的需要……然而，这只是问题的一个方面。科学家研究自然，并非因为它有用处，他研究它，是因为他喜欢它，他之所以喜欢它，是因为它是美的。"（彭加勒，2008)[10-14]

数学自身充满了让我们产生惊奇之感的资源，数学中充满了美。"数学美在于各部分的和谐秩序，使得物体具有让我们感官满意的彩虹般的外表。数学的美感，数与形的和谐感，几何学的雅致感，这是一切真正的数学家都知道的审美感"，"缺乏这种审美感的人永远不会成为真正的创造者"。(彭加勒,2008)[40]试看:平面上任何一个三角形,无论多大多小、多高多矮,它的内角和都是180°,多么神奇!不求解方程,也能判断一个方程是否有根,多么有趣!利用极限思想,平均速度和瞬时速度被统一了,多么了不起的成就!数学中本来并不缺少美,只是缺少一双发现美的眼睛。有了这双眼睛,即使是非常平凡的数学活动,学生也能体会到发现的快乐、成长的乐趣。

案例3-3-7

神奇的方程组①

在解方程组 $\begin{cases} 2000a - 2002b = 1998 \\ 1999a - 2001b = 1997 \end{cases}$ 时,一名学生说:"我看到此题虽然可以用加减或代入消元法来解,但是看到了系数太大、计算量太大,所以我迟迟没有行动。老师出这道题真是让我们傻算的吗?有没有更为简单点的办法呢?这时我发现了 a 的系数、b 的系数以及常数项都是相差1,我想到如果把两式相减就会得到一个简单的方程,于是我决定将两式相减,根据等式的性质,啊哈,得到了一个好简单的方程:$a - b = 1$!这太神奇了!这样再解这个方程组就非常简单了。"

这名学生面对太大的系数和计算量,不甘于"傻算",这表面上是想"偷懒",但背后是对于数学美的追求和信仰,这种追求和信仰促使他进一步观察、分析、发现了这个二元一次方程组其中系数间的巧妙关系,于是一个平凡的方程瞬间变得美妙起来。这种经历也会为他寻找更多数学中的美带来动力。

发现美的眼睛从每个人自身经历中来。美学家朱光潜说:"每个人所能领略到的境界都是性格、情趣和经验的返照,而性格、情趣和经验是彼此不同的,所以无论是欣赏自然风景或是读诗,各人在对象中取得多少,就看他在自我中能够付与多少,无所付与便不能有所取得。"所以,要唤

---

① 案例来源:北京市回民学校唐梅老师。

起学生对数学的热情，教师自己就要对数学有热情。有的教师有作为数学研究者的经历，体验过数学研究过程中的美与理、苦与乐；也许有的教师自身的学习经历中并没有过这种体验，寻找这种体验的方法仍然是换位思考与倾听。

初中数学中，许多教师在讲勾股定理一课时用毕达哥拉斯的故事引入。故事说，一天，毕达哥拉斯到朋友家做客，从朋友家的地板砖中偶然发现了勾股定理。笔者问老师们："你们相信这个故事吗？"许多老师稍微思考了一下，就表示不相信。那么，用一个自己都不相信的故事作为吸引学生的题材，会打动学生吗？在笔者看来，毕达哥拉斯的故事也许有着记载，但却是被"掐头去尾留中段"的结果：并非毕达哥拉斯偶然间从地板砖中想到探索直角三角形三边关系，而是直角三角形三边之间到底存在何种等量关系问题被探索了很久，在困顿之际被地板砖激发了灵感——地板砖的本质是特殊的直角三角形，如果毕氏早就掌握了"从特殊到一般"的方法，岂不早就发现了勾股定理？因此，如果我们还原一下这一可能的艰辛过程，就会更有利于发挥这一资源的启发意义，更深地触动学生的心灵，成为学生成长的动力。

换位思考是站在学生或者最初面对问题者的角度思考其中的可能过程，但是由于所教内容对教师来说过于熟悉，教师知道得太多，还原探索过程太难，因此，倾听就需要出场了。

案例 3 -3 -8

学生想听"坏"消息[①]

上"三角形中位线定理"一课时，我预期学生会有困难，但是上课还是没做任何铺垫和引导，让他们放手做。果然，只有四五个学生采用了图 3 -3 -2 所示的方法添加辅助线，解决了问题；而大多数学生选择了图 3 -3 -3 所示的方法，取线段 BC 的中点 F，联结 EF，试图证明四边形 DBFE 为平行四边形，使证明陷入了僵局。

---

① 案例来源：北京市丰台区第二中学何岩老师。

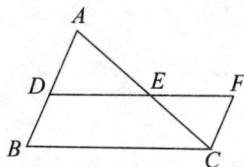

图 3 - 3 - 2

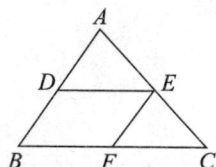

图 3 - 3 - 3

上课时，我对学生们说："现在有两个消息，一个是好消息（意指已经有学生将这个问题完美解决），一个是坏消息（意指虽然有了思路，但是没有解决）。你们想听好消息，还是坏消息？"

没想到学生们异口同声地选择："坏消息！"看来，学生们不仅需要正确答案，更想知道为什么自己的方法没有解决，他们需要理解怎样突破，这就是上进心的体现。

于是，我首先请没有做出此题的学生说他的想法，然后一起分析为什么他的想法没有成功，然后请已解决此问题的学生讲解他们的方法，再分析为什么这种方法可以解决，最后将两种添加辅助线的方法进行对比，学生很快意识到此种方法的问题所在——忽略了已知条件的使用。然后让学生再次尝试，学生很快就找到了解决问题的方法。这段教学过程暴露了学生的问题，教师帮助学生分析产生问题的原因，最终解决问题。

课后，我进一步调查了学生对本课的感受，一些学生说道："我认为最重要的是找出证不出的原因，这可以提高解题的技巧。这道题很经典。""讨论后我认识到添加辅助线不是随意的，应与已知条件结合。"

学生表达了想听"坏消息"的渴望，这种渴望源于学生对学习的乐趣来自对自我突破的理解，只有经过苦的乐，才是真正的快乐。教师通过对这种渴望的渲染，实现对学生成长性需要的引领。

第四章 基于学生研究的数学教学方法

　　在教学法问题上，数学家和教育家似乎存在着矛盾。如教学论专家孔德拉丘克说，"教学的成败在很大程度上依赖于教师能否妥善地选择教学方法"；而数学教育界却更加强调"教什么比怎么教更重要"。

　　《义教课标（2022版）》提出要"丰富教学方式""发挥每种教学方式的育人价值，促进学生核心素养发展"，实际上，在教什么和怎么教之间存在着实质性的联系。比如，当希望学生学会思考、创造性地解决问题时，也就是重视具体知识背后的方法性知识的学习，那从教学方法上就必然需要给学生独立思考、自主解决新颖而具有一定挑战性的问题的机会。数学教学方法是指在一定的数学教学原则和理论的指导下，为了达到特定的教学目标而采取的教与学相互作用的方式、策略与手段的总称。在数学教学中，关于教学方法需要有两个层面的考虑：第一个层面是一堂课甚至一个单元按照研究过程的总体结构与程序的安排，这种整体安排通常被纳入教学模式的范畴；第二个层面则是在每个教学环节采用何种具体的处理方式、技术手段与策略等，也就是微观的教学方法。本章将阐述基于学生研究的数学教学在这两个层面的选择。另外，需要特别强调的是，我们认为教学需要揭示知识的价值，以上两个层面都要尽量从意义开始。

第一节
按照"研究过程"设计教学流程

在一定的数学教学思想或教学理论指导下，会形成一种较为稳定的教学活动结构框架和活动程序，也就是教学模式。一种教学模式规定了教学活动的组织程序，也就是指出教学活动中应该先做什么、后做什么、学生做什么以及师生怎样互动起来，体现了特定的教育理论对教学活动整体及各要素之间内部的关系和功能的认识，是沟通教育理论与教学实践的桥梁。

当今数学教育的理论研究与实践探索积极活跃，这使得数学教学模式呈现出"百花齐放、百家争鸣"的繁荣局面，如"五段式"教学法、发现教学法、探究教学法、自学辅导教学法、问题解决教学法、学案导学教学法，还有一些来自实践中以时间分配命名的教学模式，如"10＋35"教学模式、"2－7－1"教学模式等。不同的教学模式背后是不同的数学教育理论对于数学教学目标和数学学习过程的解释的不同，而当代的数学课程确定了多维目标，学生既要习得必要的知识，形成熟练的技能，还要领会数学的精神、思想与方法。因此，没有一种教学模式能够承载所有目标，需要教师根据具体的教学内容和自己学生的情况做出合理的选择和组合。

本书第一章第三节对"基于学生研究的数学教学"的内涵做了阐释，提出了在"基于学生研究的数学教学"中贯穿着两条互相作用的研究脉络：第一条脉络是学生的研究，他们研究的是数学问题，得出的是数学结论，交流的是数学方法；第二条脉络是教师对学生的研究，教学过程是教师对学生进行研究的过程，通过对学生研究问题的程序、方法与成果的观察、倾听、分析，了解学生的真实智慧与困难，引领或推动学生发展。这就使得"基于学生研究的数学教学"指导下的数学课堂中，每项学习任务大致分为两个阶段。

第一阶段是解决具体问题阶段，学生或者独立或者合作解决问题。用弗赖登塔尔的话说，这个阶段学生是在从事"做数学"活动。

第二阶段，反思阶段，学生对自己解决问题过程中的智慧或者困难进行展示，师生共同以做数学活动中获得的经验和教训为素材进行分析，找到通性通法，概括为知识。

之后在自觉运用知识解决问题的过程中，学生进入下一个任务的学习，而一堂课就是由若干个层层递进的学习任务组成的。

一、"做数学"阶段：学生运用已有知识或者经验解决问题

在"做数学"阶段，学生将独立或者合作解决驱动知识产生的数学问题，而在传统的"传授—演练"教学模式中，这些问题通常是在知识得出、例题示范后学生才会面对的。

（一）"传授—演练"教学模式的特征与不足

"传授—演练"模式也被称为"讲解—练习"模式、"讲授"模式，这种模式下的数学课堂通常能够被清晰地划分为两个主要阶段：第一阶段是知识传授阶段，以教师的讲解、示范或者引导为主要活动形式，包括的活动主要有引出课题、新知传授与例题示范，通过这些活动，新知识的内涵得以揭示，其用于解决问题（主要是习题）的主要步骤也得以展示。第二阶段是学生演练阶段，以学生在知识指导下的解题活动为主，包括模仿性练习、变式性练习和作业，主要目的在于让学生理解与掌握知识。综合起来，"传授—演练"模式下的数学课堂的基本流程为：引出课题—新知传授—例题示范—模仿练习—变式练习—布置作业。

不同的教师在实践中会对"传授—演练"模式进行改造或者调整。例如，增加"复习"环节，以避免遗忘对新知识学习的影响；巧妙地将旧知识的复习与新课题的引入结合起来，将引出课题环节改造为"复习引入"；在布置作业前增加"小结"或者"回顾反思"活动，以促进学生对知识、方法等的及时整理与强化。

曹一鸣（2007）通过在第八次课标改革早期进行的调查发现，我国约有63.7%的数学教师在日常教学活动中主要使用这种教学模式，所以这种

模式也被称为"常规数学教学模式"。又由于这种模式发源于教育史上第一个教学模式——"四段式"教学模式，因此，它也被称为"传统教学模式"。它对我国乃至世界范围内的数学教育都有深远的影响。

不同的教师在"传授"活动中会采用不同的处理方式。比如，有的教师主要通过自己的讲解和示范完成知识的传授；有的教师则选用"问答"法，也就是通过教师提问、学生回答的方式进行；还有的教师会在新知得出后，通过多角度进行分析，尽可能帮助学生建立与其已有知识的联系，从而形成有意义理解。

"传授—演练"教学模式的本质特征是教师对学生的数学学习过程进行了高度控制。教师或者通过直接讲述自己的思考过程替代知识的形成过程，或者将一个复杂的、学生解答起来可能会比较曲折、表现出多种方法的问题分解为若干个简单的、方法比较单一的问题。这样，数学课堂的进程就能够比较顺利地朝着教师预想的方向、按照教师设计的节奏进行，这有利于比较高效地让学生获得知识点，进而通过演练形成基本技能。

但是"传授—演练"教学模式存在着明显的不足。其不足不在于强调了"演练"——事实上，数学学科能力中包含着许多技能性成分，而技能的形成必定离不开必要的训练。任何一种教学模式中都会有练习（训练）环节，只不过有的教学模式并未将练习或者作业活动表现出来。比如，以布鲁纳的"发现学习"为基础形成的教学模型的操作程序是：创设情境提出问题—自主探究解决问题—引导归纳形成知识—应用知识解决问题。其中，"应用知识解决问题"活动本质上也是演练，学习者只有通过必要的演练才能对某一知识的使用方式和内涵产生更深刻的理解，从而在遇到新问题时能站在一个新的起点去思考。

"传授—演练"教学模式的主要问题在于"传授"，以教师或者教材上的思考过程代替了学生的思考过程，将学习的本质看成是接受、内化和外化。无论教师多么用心，受其已有的知识基础和思维方式的现实影响，其对知识的形成过程更容易从"教"者的角度做的分析，其本质并非让学生经历知识的形成过程，而是怎样巧妙地诱导学生朝着教师规定的方向、按照教师设计的节奏前进。为了达到这样的目的，教师们经常需要挖空心思，甚至要为自己都觉得很不自然的方式穿上自然合理的外衣。比如，高中数学"椭圆的标准方程"的推导过程，人教 B 版教材采用的是分母有理化的化简方式，许多教师都感觉过于强调技巧、很难想到，特别是面对当前初中数学已经极大降低根式运算要求的情况下，学生很难发现这种方法。客观地讲，教师自己若非事先知道此法，也鲜有人会这样去想。因此，选择了这一版本教材的教师呈现的所谓知识形成过程必定是其"绞尽脑汁"之后"充分诱导"的结果，是"论证式"思维的表现。而真正的知识形成过程需要"发现式"思维，即带着发现的、开放的眼光面对问题，需要以对学生思考过程的价值的尊重为基础进行。

我们不妨先来看一个案例。

案例 4 -1 -1

创设情境概念引入活动

这是高二"条件概率"一课，M 老师首先设计了一个"创设情境概念引入"的活动。

问题 1：有一场精彩的足球赛将要举行，三个球迷好不容易才搞到一张入场券。大家都想去，只好用抽签的方法来解决。三张同样的卡片，只有一张上写有"入场券"，其余的什么也没写。将它们放在一起、洗匀，让三个人依次不放回地抽取。

①最后一名球迷抽到入场券的概率是多少？

②已知第一名球迷没有抽到入场券的条件下，最后一名球迷抽到入场券的概率是多少？

这里问题 1 中题目①的目的是复习刚刚学习过的古典概型知识，题目②则是一个新的问题，这一问题就属于新的知识——条件概率的处理范围。

但是题目②提出后，M 老师并无意让学生解决此问题，而是进入了条件概率的定义、性质、公式及其变式等理论的探讨，直至通过另外 5 个题目（见后文）示范、演练条件概率公式及性质的应用，最后又带领学生回到题目②，应用这节课所学的知识进行了解答。这是"传授—演练"教学模型的一种典型样式，我们用流程图来概括一下其过程，如图4-1-1所示：

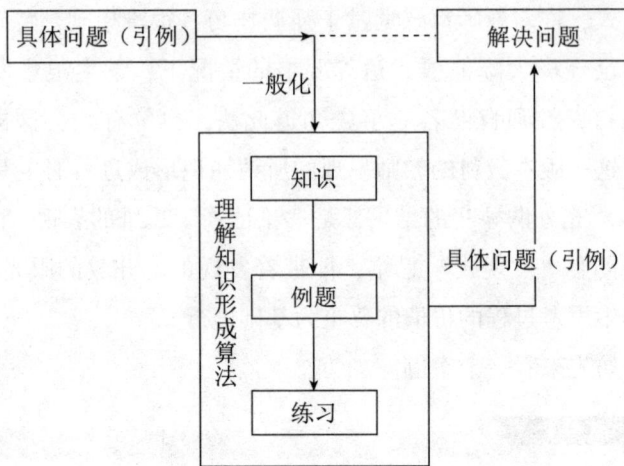

图 4 -1 -1

我们看到，这里问题1中的题目②的作用仅仅在于引发学生的探究欲望，但是"欲知其中奥秘，必须认真学习好下面的知识"，这一常见指令打断了学生的思路，浇灭了学生业已被点燃的探究之火。其隐藏的观念是"只有准备好了知识才能解决问题"，但是，正如林群院士所言，"现在很多数学文章、数学书都是先给个数学定义、定理，然后证明定义、定理是怎么来的。其实，发明的过程和思考的过程是相反的，也就是要倒过来想数学问题"。问题是知识形成过程的起点，问题的解决过程是推动知识形成的动力和思想基础，而问题的解决过程蕴含的通性通法就是知识自身。所以说，这一教学模式颠倒了问题与知识的关系，教师对学生的启发是一种不能走弯路的高度控制下的牵引式启发，对学生思维中创造性的成分的尊重不够。

（二）"做数学"：以对学生智慧的认可为前提对传统教学模式进行改造

从上面的分析可以看出，"传授—演练"数学教学模式的主要不足在于教师将自己或教科书对知识形成过程的单一解释通过高度控制课堂的方式传授给学生，使得学生自己的智慧和困难不能得以展现，学生的发展也会受到限制。我们的改造也从此开始：尊重学生的智慧，先给他们独立"做数学"的机会，再根据其表现决策。

"做数学"一词来自弗赖登塔尔（1999）[103]，他在评价夸美纽斯关于教学论的原理"教一个活动最好的方法是演示"时提出，应该从教转向学，从教师活动转向学生活动，进而将夸美纽斯的话改造为"学一个活动的最好方法是做"。需要说明的是，在"做数学"活动中，"做"的核心并非指向外在可视的动手等活动，而是指对已学知识和经验的运用，属于智慧技能的范畴（皮连生，2006），这就决定了在学生"做数学"的过程中，教师要关注学生外在行动背后的知识与经验基础及其运用情况。

还是从 M 老师的案例开始。

在与 M 老师交流时，笔者问道：问题 1 中的题目②学生能不能解决？甚至后面的几个问题，在没有条件概率计算公式的情况下，学生能不能解决？

后面这几个问题是——

问题 2：抛掷一枚质地均匀的硬币两次。设事件 A = ｛第一次出现正面向上｝，事件 B = ｛两次都是正面向上｝。

①求事件 A、B 发生的概率；

②若"事件 A 已发生"，求事件 B 发生的概率。

问题 3：抛掷一颗骰子，观察出现的点数。设事件 A = ｛出现的点数不超过 3｝；设事件 B = ｛出现的点数是奇数｝。

①求事件 A、B 发生的概率；

②在事件 A 已发生的条件下，求事件 B 发生的概率。

问题 4：某种动物出生之后活到 20 岁的概率为 0.8，活到 25 岁的概率为 0.4，求现年为 20 岁的这种动物活到 25 岁的概率。

M 老师所在的学校是一所基础非常薄弱的学校，在该校所在区的入学分数线排名通常是倒数个位数，所以 M 老师显得有些犹豫，她觉得自己的学生探讨这些问题可能会有困难。

但是，条件概率的公式是新知识，这一公式不过是学生已经学习的古典概型等概率理论在解决条件概率问题后总结经验、归纳提升的结果而已，因此，不妨将这节课首先看成是学生巩固已经学习过的概率知识。另外，"学生是发展中的人"，也就是说，学生遇到条件概率类的问题解决起来困难、遭遇曲折也是正常的，但困难的根本在于对已经学习过的概率知识是否理解。因此，可以尝试让学生通过独立思考、合作交流先解决这些问题，然后引导学生关注这些问题的特点和解决过程的特点，从中提炼概括出条件概率的知识。

M老师决定做一下尝试，下面是M老师在课后反思中描写的课堂情况与自己的感受。

案例 4-1-2

在课堂中倒过来学数学①

在上"条件概率"这节课中，有这么一个问题：

某种动物出生之后活到20岁的概率为0.8，活到25岁的概率为0.4，求现年为20岁的这种动物活到25岁的概率。明确事件A，B，A∩B，B│A是什么。

在最初的设计中，这道题是放在应用新知练习巩固的阶段的，也就是在得到条件概率的公式后直接套用公式求解的。专家建议说在公式没出来前抛出来让学生去思考、去讨论。我的脑海冒出一个大大的问号，这行吗？学生能讨论出结果吗？经解释，我有一种茅塞顿开的感觉。

事实证明，这一改变正是课上学生最出彩的地方。学生面对这个贴近生活实际的问题表现出浓厚的兴趣。因为没有现成的公式可套，学生们进行了发散性思考，答案五花八门，有0.5、0.32，还有人认为还是0.4，一时间真假难辨。

我请学生们一一排查。生A发言说："老师，概率不可能小于0.4。动物出生之后活到25岁的概率为0.4，现年为20岁的这种动物活到25岁肯定比0.4大。根据常识，已经活到20岁的这种动物活到25岁只需再养5年，肯定比从刚出生养25年容易，从出生到20岁指不定会发生什么意外而死亡。"这一番说理让答案是0.32的同学心服口服。看来用两个概率0.8和0.4相乘是站不住脚的。同理，也不是相减得0.4；更不可能相加，因为谁都知道概率是不能大于1的。看来用两个概率0.4和0.8相除得0.5最靠谱！

---

① 案例来源：北京教育学院附属中学马蓉老师。

> 我对学生们的分析给以赞许和肯定，随即追问道："谁能用数学方法给以解释说明？"
>
> 因为对问题 1 至问题 3，学生们用集合的韦恩图缩小基本事件空间法借助图形用旧知解决了新问题，而对问题 4 虽然列举不出基本事件，但学生们很快就突破了这个难点！
>
> 很多学生都想发言，最后机会给了生 B："假设有 100 只动物，某种动物出生之后活到 20 岁的概率为 0.8，则有 80 只；活到 25 岁的概率为 0.4，则有 40 只。"他将问题 4 转化成问题 1 至问题 3，从而将问题解决了！
>
> 通过对四个问题的特点以及解决问题的思路、结论的总结，条件概率的概念、公式就得到了——它们似乎是解决问题的副产品。

实践表明，即使是基础薄弱学校的学生也有"创造"数学的可能，探究并非少数专家或者优秀生能够做和应做的事情。学生的探究过程本质上是在用最基本的原理解决问题，又生成了新的原理、新的知识，这样的过程有利于学生理解新知识的含义与价值。也只有经历了这样的过程，学生才能实现对知识的自觉应用。

二、反思：将对"个"的认识充分展开并形成"类"的新知识

（一）充分展开对"个"的认识过程

解决问题并非数学学习的单一目标，通过解决问题发展思维才是关键。因此，需要让学生展示自己解决具体问题的思维过程。

从教的角度看，"展示"的意义在于让教师得以了解学生，为自己的研究学生活动提供丰富的信息，其后的决策则取决于教师对于学生表现的解读。而解读能力一方面与教师的学生观有关，另一方面也与教师的数学学科知识有关。积极的学生观和良好的数学学科知识基础能够让教师发现学生即使是错误的方法的价值，这种发现会转化为具体的教学行为，帮助学生认识到自己解决问题的策略与方法的价值，从而突破难点。

案例 4-1-3

解一元二次方程的探索①

在解一元二次方程的第一课时，教师请学生自主探索如下几个方程的解法：

(1) $x^2 - 4 = 0$　　　　　　(2) $4x^2 + 3x = 0$

(3) $x^2 - 4x - 12 = 0$　　　(4) $5x^2 + 3x - 2 = 0$

对前两个方程学生解得都很顺利，但是对解第三个方程有许多学生遇到了困难。于是，教师组织学生对这一个方程进行了充分的展示与交流。

第一个展示的学生将 $x^2 - 4x - 12 = 0$ 变形为 $x^2 - 4x = 12$ 后，就做不下去了。

师：你是怎么想的？

生1：因为我解了 $x^2 - 4 = 0$ 这个方程，是将 -4 移项到等号右边就把方程解出来了，所以我就把这个题中左边的 -12 移项到右边，但是发现没法做了。

师：那你分析一下，为什么 $x^2 - 4 = 0$ 移项后就能做了呢？

生1：因为这个方程可以开方得到 x 了。

师：为什么能够直接开方呢？

生1：因为方程左边是完全平方数。

师：看来如果一个方程的左边是一个完全平方的样子就能开方求解了，那这个方程的左边距离完全平方有什么差距呢？有什么启发呢？

生1：哦，加一个4就能够变为完全平方式了，我会了。

生2 在对该方程移项后又写成了 $x(x-4) = 12$。

师：你为什么这样做呢？

---

① 案例来源：北京市第十四中学刘杰老师。

生2：因为我解了第（2）题 $4x^2+3x=0$，将方程左边分解因式得到 $x(4x+3)=0$ 后，求出了方程的解，所以我想把这个方程中的 –12 移项后，将左边分解因式得 $x(x-4)$，但是接着不会做了。

师：为什么做不下去了？

生2：不知道将12分成哪两个数相乘。

师：第二个题为什么就可以做呢？问题出在哪里？

生2：第（2）题右边的0可以分成0乘任何一个数。

师：那你能思考一下用因式分解的方法可以解什么样的方程吗？

生2：右边为0的方程。

师：那对这个题目有何启示？

生2：不移项，直接因式分解。

仅仅靠观察学生的解题过程未必能够读懂学生思维，还需要让学生自己解释，这从研究方法的角度看就是访谈法。实际上，从学生认知发展的角度看，"展示"的本质是学生个体和集体的反思，也就是使得学生内隐的思维过程得以"被看到"——不光光是被他人看到，更是被自己看到。如果没有这一环节，学生自己也未必能够意识到自己的灵感是怎样产生的，解决问题成功的关键到底是由于把握了什么，解题错误或者失败的原因何在。正是通过教师推动的展示活动，才使得学生的思维过程得以充分展开，使得偶然获得的方法中的必然被认识。对于自己不能主动"看到"自己思维过程的学生，教师需要通过自己或者其他学生对于发言者的提问与追问帮助发言者展开，帮助发言者和全体学生"看到"。

（二）从"个"到"类"形成知识

数学的研究从具体的个别问题开始，又不会止步于解决具体的个别问题。正如笛卡尔所言，"我要解决的每个问题都将成为范例，以用于解决其他问题"，从范例中获得的知识既有具体的概念性知识，也有关于如何研究问题的方法性知识，因此，在完成学生对于具体问题的解决过程展示后，我们需要引导学生对具体问题的解决过程或者得到的结论进行审视，从而将对一个问题的认识上升为一类问题。这一过程如图 4-1-2 所示：

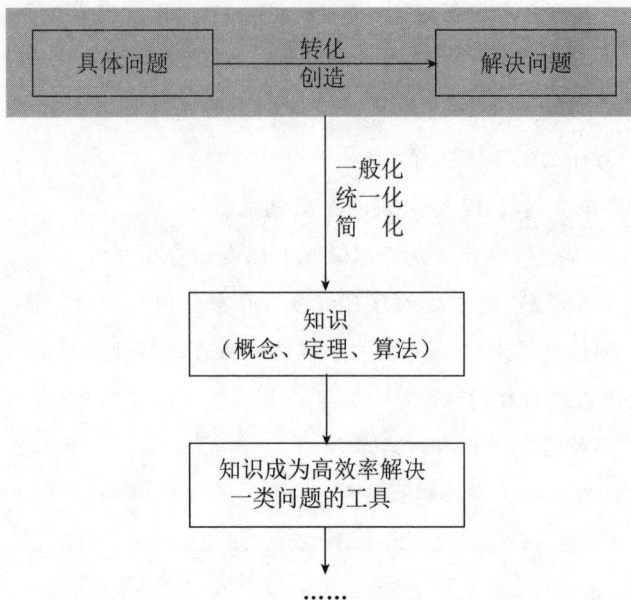

图 4-1-2

从"个"到"类"，就形成了知识。学生的认知特点决定了只有借助具体问题，他们的思考才更容易进行，同时，学生在看特殊与个别的过程中可能就发生了"一般地看"，也就是开始关注个别事物的一般性特征。例如，前面的"条件概率"中，四个具体的问题可看作一类特殊的概率问题，其特点的概括就形成了"条件概率"的定义：在事件 A 已发生的条件下，事件 B 发生的概率，记为 $P(B|A)$；四个具体问题解决过程的一致性也表明其思路对于任何条件概率问题都是适用的，分析其解决过程，就推导出了条件概率的计算公式：

$$P(B|A) = \frac{n(A \cap B)}{n(A)} = \frac{\dfrac{n(A \cap B)}{n(\Omega)}}{\dfrac{n(A)}{n(\Omega)}} = \frac{P(A \cap B)}{P(A)}$$

但是并非所有的人在看特殊和个别时都能"一般地看"，这就需要老师引导学生以"做数学"过程中积累的素材为基础进行一般化分析，比如可以问学生："这些问题的哪些特点使得你可以用这样的方法解决？""问题中哪个条件无关紧要?" "你能举一个也能用这个思路解决的例子吗?"……不同问题解决过程的相似性也使得问题、方法和结论的本质特征得以显现,在客观上知识形成的同时,也会由于其反复出现在学生的思维过程中而促进学生主体对于知识的本质与形成过程的理解。

三、在相互关联的情节序列中不断将学习推向深化

(一)"做 + 反思":变"情境"为"情节"

"做"与"反思"组合在一起形成了一个完整的有起因、发展和结尾的"学习情节"。"学习情节"一词由布鲁纳提出,它与我们常说的"情境""情景"不同。"情境"或者"情景"只是一个蕴含着问题的现象,在传统的"传授—演练"教学模式中,"情境"通常是作为"敲门砖",其作用在于激发学生兴趣、说明知识的作用,但是知识的探究过程与此没有多大关系,所以许多数学课堂上被新奇的情境调动起来的学生的兴趣并不能持续。而情节则是一个包含起因、发展和结尾的相对完整的过程。季苹(2009)[269]教授对此做了如下分析。

情境即利用生活中蕴含着我们所需要的问题和知识场景激发学生的学习愿望,其意义在于:①为学生学习抽象的知识提供直观、生动的形象;②将学习与自己熟悉的经验联系,有利于学生建构知识。

但是,情境教学的局限在于仅仅关注一个具体的场面、局势、问题的假设,仅仅关注将学生带入一种感兴趣或者思考的状态。也就是说,情境教学的情境只负责了教学的起始或者中间某一环节场景的创设,学生学习中的其他过程就与这一环节的情境可能没有太大关系。课上学生的学习应该是一个被激发后能够持续探究并获得知识的过程,需要的是一个能够不断激发学生而贯穿学习始终的一系列有内在关联的情景,也就是情节。

"情境"给出了学生感兴趣的新奇的场面,但是在布鲁纳看来,真正能激发学生内在兴趣的是发现的诱惑力。因此,要将知识放在恰当的情节中教,也就是在"情境"之后,当学生进入一种疑问或者好奇的状态时,不要打断学生的兴趣,而要推动学生在发现、探索中发生持续的兴趣。

案例 4-1-4

在顺着学生走中把握教学①

在"二元一次方程组"单元教学的第一课时中，教材提供了一个实际问题：

"在新年联欢会上，同学们组织了猜谜活动，并采取积分方法记分，每答对一题要得分，每答错一题要扣分。在猜谜活动中，王强答对了 7 道题，答错了 3 道题，共获得 50 分；李翔答对了 8 道题，答错了 1 道题，共获得 62 分。问答对 1 道题得多少分，答错 1 道题扣多少分。"

其目的是引出二元一次方程和它的解的定义，并不要求解二元一次方程。

然而在教学中，我给出了这一问题之后，学生经分析很快列出了两个方程：

设答对一题得 x 分，答错一题得 y 分，则得到方程：

$$7x - 3y = 50$$
$$8x - y = 62$$

接下来就有学生问："老师，这两个方程能像不等式组那样也列成方程组吗？"。

于是二元一次方程组的概念水到渠成。没想到，紧接着学生的问题又来了："二元一次方程组怎么解呀？"与此同时，几乎有一半的学生异口同声地问了同一个问题："老师，这个方程组怎么解呀？"

本来这并不是本节课计划讨论的内容，但是面对学生的这种状况，我决定进行调整："我们学习过一元一次方程的解法，大家试一试，观察一下方程的结构，能否找到解法？我期待着同学们的发现！"

于是下面就变成了对二元一次方程组解法的自主探究。

让我没有想到的是，对于这样一个问题，学生竟然总结出了七种解法。我感叹道："这么多解法真好，我也学到了一些新方法，我真

---

① 案例来源：北京市密云区河南寨中学张友红老师。

佩服同学们。这节课，同学们是我的老师。我有一个问题想请教大家，这么多解法，如果归类，哪些和哪些可以归为一类，并试着说说原因。"

经过讨论，学生按照问题解决的基本思路把这些解法分为两类：一类是将其中一个方程变形，用含 x 的代数式表示另一个未知数 y，然后利用等量代换的原理，把另一个方程中的 y 换掉，使其转化为含有一个未知数 x 的方程，最后解这个关于 x 的一元一次方程求解 x 的值；另一类是看两个方程的系数特点，做适当整理，使含 y 项的系数变为相同，竖着对两个方程左边减左边，右边减右边，结果使含 y 的项互相抵消了，最后也同样得到了一个含有一个未知数 x 的一元一次方程，从而解出 x 的值。我顺势给出了每类的名字：代入消元法和减法消元法。

关于二元一次方程组的知识被嵌入学生解二元一次方程组的有效行动中，"猜谜问题"从引例变为了范例，通过教师"能不能分类""如何选择"的追问，学生行动中潜伏的思想得以明察，原理和方法的含义与价值变得直观而明晰。

可能有的老师会质疑：没讨论二元一次方程（组）的解的概念，就解方程组了，这不是逻辑上混乱了吗？其实，从现成的数学来看，二元一次方程的解和方程组的解的概念是解二元一次方程的知识基础，但是从知识的形成过程和人的认识过程看，并非只有对作为名词的"解"的概念下了定义后才能开始作为动词的"解"的行动。例如，数学史上人们为函数概念做出准确的定义历时两百多年，但这丝毫不妨碍其间人们将函数作为运算对象从事各种解决问题和研究的活动。就像克莱因（2010）在其名著《高观点下的初等数学》中所说，数学从对应于人类正常思维水平的某一点开始发展，根据科学本身的要求及当时普遍的兴趣的要求，有时朝着新知识方向发展，有时又通过对基本原则的研究朝着另一方向发展。这里，作为动词的"解"的行动的动力就大于对作为名词的"解"的概念的理解。更何况,有了一元一次方程、一元一次不等式的解的学习基础,学生自然会将之迁移到二元一次方程组中,不一定还需要专门的强调和解释。正如北京大学被评价为"全(数学)系公认的讲课水平最高"的吴光磊先生所言:重点不是人为反复强调出来的,而是在方方面面的联系中自然呈现出来的。

"基于学生研究的数学教学"是以"每一位学生都是富有智慧的"作为假设,实际上,由于知识的循序渐进性,我们提出的问题也必然是学生"够得着"的。因此,学生一定具备解决问题的思维基础,就像本书中描述的大量案例一样,没有具体知识带来的模式化方法,学生可以用更基本的知识分析问题、解决问题,其间发展的是学生的思维能力和积极主动的学习态度。

(二) 在相互关联的情节序列中深化学习

知识产生后的解决问题活动并非简单的练习活动,学生的智慧会经常表现为寻求更优化的方法,发现其中的特殊项进而产生新的知识等。这就使得学生的学习成为一个相互关联的情节序列,在"提出问题—解决问题—形成理论—应用理论—再提出问题……"的循环上升过程中走向深化。

案例 4-1-4(续)

在顺着学生走中把握教学

可能是受"减法消元法"的启发,生 A 提出,他能用加法消元法解决这个题目,比减法消元法还要简单。他在黑板上写出了他的解题过程,同学们非常认可他的做法,发自内心地给他鼓起掌来。

我追问大家:"通过这位同学的解法,大家体会到如何选择加法消元还是减法消元了吗?"

学生争先恐后地说:"当未知数的系数相同时,用减法消元;当未知数的系数互为相反数时,用加法消元。"

我又问："选择方法的基本原则是什么？"学生说："计算简单。"

这样，这一节课涉及原本 8 课时要讨论的内容，我也随之对教学计划做了调整。

教材的建议（总 8 课时）		最初的计划（总 8 课时）		实施（总 3 课时）	
二元一次方程和它的解	1 课时	二元一次方程和它的解	1 课时	二元一次方程组和它的解法	3 课时
二元一次方程组和它的解	1 课时	二元一次方程组和它的解	1 课时		
用代入消元法解二元一次方程组	3 课时	用代入消元法解二元一次方程组	3 课时		
用加减消元法解二元一次方程组	3 课时	用加减消元法解二元一次方程组	3 课时		

提出"用加法消元更简单"的生 A 推动了全班学生对如何选择方法的思考，形成"根据未知数的系数特点选择方法"的策略。这似乎是意外的资源，使得这节课的学习内容进一步变得丰富，使得本单元的学习得以整合和提速。当然，这一节课出现的新知识也具有很强的技能性要求，不可能通过本课得以全部落实，而是需要在随后的课上以及课下作业中逐步完成。

这次探究的起点在于"加减消元法"这一名词的出现，实际上，新知识的出现通常会使学生对问题的认识从缄默状态变为明察状态，从而使得在解决新问题时更自觉，或者获得了重新审视已有问题解决方法的思想准备（这里生 A 就是这样）。所以，如果这堂课中没有生 A 出现的话，类似的情形也会在随后教师安排学生解一些新的二元一次方程组的题目时出现。

案例4－1－5

数学中处处有发现①

数学中处处可以有发现。如一次"二元一次方程组"习题课中有这样一题：

$$\begin{cases} \dfrac{2x-3y}{4} + \dfrac{2\ (x+2y)}{5} = 1 \\[3mm] \dfrac{3\ (2x-3y)}{4} - \dfrac{x+2y}{5} = -4 \end{cases}$$

付同学陈述自己的思维过程时说："我先看到两个式子中都有 $2x-3y$ 和 $x+2y$，于是我想到把它们看成整体，但是在计算过程中我发现我算不下去了；又思考了一会儿，发现把它们设成另外的未知数并进行化简后可以得出一个很简单的方程组。这样就可以解决了。"

学生的思维过程不正是一个清晰的观察、分析、尝试、调整、再尝试，直至解决问题的过程吗？我借助学生的这些资源，形成了一些指导语，以期帮助更多学生将一个平凡甚至枯燥的运算过程看成是一个数学探索的过程：

——我看见了什么？（引导学生发现结构）

——我想到了什么？（通过结构找到解题技巧）

——我决定怎么做？（说出具体的解题方法）

——我的依据是什么？（说出解题的依据）

——结果得到了什么？（得到结果）

即使是有着清晰的步骤和程序可循的解二元一次方程组的题目，也会引发探究、发现。事实上，只要我们承认学生是富有智慧、主观能动的人，就会有意识地引领学生发现，没有纯粹的"机械练习"，每个题目在具有一般性的同时也具有特殊性，将这种特殊性用另一种一般的眼光去看，就会产生新的规律，学习的过程就在这样层层递进的情节序列中不断走向高潮。

---

① 案例来源：北京市回民学校唐梅老师。

第二节
以 "研究" 为基础构建突破难点的方法

　　学生是发展中的人，因此并非所有的 "做数学" 活动都能顺利完成。那么，当学生出现困难时，可以采取哪些方式、手段或策略进行处理呢？

　　数学教学中，教师为了让学生理解知识，会采用多种方式，常见的有口头讲解、板书演示、教具演示、启发引导、组织学生讨论等，在信息技术得到广泛应用的今天，许多教师还会借助多媒体、图形计算器等作为辅助手段。这些具体的教学手段很少有一种能够单独应用和发挥作用。例如，教师在进行口头讲解的同时，为了让学生更为直观地感知和促进学生理解，通常会借助教具、板书或者多媒体进行演示；在组织学生讨论时，也可能会建议学生用学具、信息技术（比如手持的图形计算器）进行探索。

　　本节主要关注的是师生互动的方式。在学生进行数学学习的过程中，教师发挥促进学生学习的方式主要有讲授法、启发法、讨论法、自学辅导法等，那么，从 "研究" 的视角看，这些方式又具有哪些独特的意义？实施中又有哪些需要注意的问题呢？

一、重新认识讲授法：教师示范科学的思维过程

　　讲授法是指教师通过言说的方式向学生描绘情境、叙述事实、解释概念、论证原理、阐明规律等的教学方法，这是最古老的，也是应用最广泛的一种教学方法。然而，"在今天的中国，这一方法似乎正在失去合法性……大量的论文都表现出 '对探究法的颂扬和对讲授法的讨伐'"（丛立新，2008）[64]。这是由于人们的 "心口不一"，还是 "理论与实践的脱节"？

　　问题显然没有这么简单，因为同样用讲授法的教师，其教学效果却是完全不同的。

　　有的教师照本宣科，左一个规定、右一个提醒，学生需要做的只是"静听"。甚至有的教师面对学生的疑问与惊奇也会置之不理，单纯以自己是否讲解完毕作为判断教学目标是否实现的依据，如果发现学生在自己讲完后仍不理解就会抱怨甚至愤怒。这样的讲授为"静听"附加的前提是：教室里面的每个学生，无论是少有大志，还是天生对数学有兴趣，抑或是出于担心父母或教师的惩罚，都要懂得遵守课堂纪律，懂得教师讲课时"应该听，应该努力听"。当然，教师都知道学生未必能够时时做到此，所以会经常或直白或艺术地提醒一些学生听讲，惩罚一些不听讲的学生。但是单纯依靠强调课堂纪律的课堂，如一潭死水，一些学生表面上很安静地在听，但其内心是消极的、不活动的，甚至可能什么也听不懂，什么也进不到其意识之中；一些学生努力在听，但依靠死记硬背留在脑海中的是一些毫无意义的孤立的知识点，很快就会忘掉或者记错，或者即使记住了也难以在需要应用的时候被激活。

　　在奥苏伯尔看来，讲授法对应的接受式学习要求学生具有较高的认知成熟水平。现实中我们也能看到，一位教师的教学无论怎样糟糕，也都会有学生能够听明白，但是这样的学生必定是能够主动建立碎片状的知识点间的联系，他们的"静听"实质是"倾听"，他们努力将听到、看到的信息转换为自己可以理解的信息，对自己所获得的信息施以更为深入、带有个性特征的加工：为了理解一个概念，一个学生会类比，另一个学生则可能会对照，还有的学生可能想到生活中的实例，还可能有人原样记忆……这个过程是内隐的、无形的、无声的知识建构过程，不同的人建构起的理解可能不同。如果由坐在同一个教室中的不同学生来复述，往往会得到多种多样的具体表达，有些表达的含义甚至可能会大相径庭。注意到了这一点，应用讲授法教学的教师就会注意学生"静听"外表下的内心活动。他们会通过观察学生的反应、不断提问学生以获得反馈，来判断自己的讲授是否成功。

　　更高级的讲授中，教师会主动激起学生强烈的情感共鸣与思维默契。教师借助生动的语言、丰富的表情将自己面对问题的思考过程、解决问题的步骤的形成过程乃至情感的起伏过程都充分展示出来。学生会感到教师所说、所想就是或者就应该是自己的所想所说，教师只是学生思维的代言人而已。尽管师生之间没有通过语言和行动活动，但是他们的思维、情感是一致的。

案例 4 - 2 - 1

讲解示范法案例①

师：我们来研究到两个定点的距离之积等于定值的点的轨迹。你们估计它长什么样子？谁有啥想法？

师：（观察学生，发现他们有困难，于是作沉思状）研究椭圆都要干吗？翻翻书啊，好！也可以回想一下，先画出来——但这个够呛，画不出来。

师：我们该怎样做呢？如果直接用几何想不太清楚，就可以考虑借助代数。但怎么借助呢？解析几何就是把图形"扔"到坐标系中，所以，我们不妨设这两个定点为 $(-1, 0)$，$(1, 0)$。定值取多少？取 1？$\frac{1}{2}$？取 $\frac{1}{2}$ 吧，定值为 1 的你们自己做。设动点为 (x, y)，然后把方程写出来：

$$\sqrt{(x+1)^2+y^2}\sqrt{(x-1)^2+y^2}=\frac{1}{2}$$

师：这就是方程，只是没化简。看出图形是什么样没有？没有？对图形的性质有点儿什么感觉吗？想一想，我们都研究椭圆的什么性质了？（学生回应：对称）对称？对，用方程还研究椭圆的对称性了。

师：记得一次听课，边上一个孩子睡着了，我把他捅醒了，跟他说："你看老师讲的，这是关于 x 轴对称。"你们知道那孩子说什么吗？孩子说："老师，椭圆当然关于 x 轴对称了，这不是当然的吗？"

师：是，椭圆的对称性有图，其实我们一看就看出来了，根本不需要方程。但是老师很肯定是讲了：椭圆关于 x 轴对称看什么？（有学生回应）对，要看如果 (a, b) 在图形上，$(a, -b)$ 是否也在图

---

① 案例来源：北京市第八中学王春辉老师。

形上，看出来了吧？对了，y 带着平方呢。同样它也关于 y 轴对称，于是我们也非常有把握地说它关于原点对称。现在尽管我不知道它长什么样，但是我敢说，只要把第一象限的图画清楚了，其他象限就清楚了。所以我们只需要做一点事：把第一象限画清楚……

案例中的教师似在自问自答、虚虚实实，其实质是在借助一个故事表达自己对于"为什么椭圆要借助方程研究对称性"的不屑和不满。这种不屑与不满与其说是来自打瞌睡的学生的质疑，不如说是教师听到了自己内心对自己的召唤。这样的讲授必定以教师的倾听为基础——对自己的倾听，此时，教师的备课过程在某种意义上就是自我对话的过程。（张华，2010）这样的讲授法的实质是教师在展示一个处于理想形态的问题研究过程，让听者有痛快淋漓之感。研究也表明，展示思维过程是数学家的重要教学方式。例如，大数学家希尔伯特在回忆他的成功时指出：在德国格尼斯堡大学城里，他的导师的讲课过程使他受益匪浅。他说：他的导师与众不同，习惯于在讲课时把自己置于危险境地，对要讲的内容总是在黑板上边讲边推边擦，给人印象好像没备课，但这样一来就使得希尔伯特和他的同学有机会看一看数学家的思维过程是怎样进行的——既有成功，又有失败，并不是总是一帆风顺的。（傅佑珊，2014）[9]

二、厘清启发法：学生从已有经验和思考中获得启示

启发法是非常重要的教学方法，这种教学方法与"再创造""发现法"等教学思想是一致的；不同的是，再创造、发现法从学生学习过程的角度进行刻画，而启发法强调的则是教师在学生学习过程特别是遇到困难时发挥的作用。

孔子说："不愤不启，不悱不发。"宋代朱熹的解释是："愤者，心求通而未得之状也；悱者，口欲言而未能之貌也。启，谓开其意；发，谓达其辞。"数学教学中提出现代启发法的美国数学教育家波利亚与孔子的观点类似。波利亚（2005）[1]说，"学生应当获得尽可能多的独立工作经验"，

"教师应当帮助学生，但不能太多，也不能太少，这样才能使学生有个合理的工作量"。由此可以看出，孔子和波利亚都指出了启发法的运用前提：学生通过探究和独立思考陷入了困惑与迷茫的状态，那种在学生思考之前就做了明确而具体指导的做法并非启发法。

例如，在余弦定理的教学中，教师在复习完勾股定理后问："在直角三角形中，若已知 b，c 和 $\angle A$，怎样用它们去表示直角边 a?"在教师的引导下得到如下表达式：

$$a^2 = c^2 - b^2 = c^2 + b^2 - 2b^2 = c^2 + b^2 - 2bc\cos A$$

这样做的目的是为猜想余弦定理做铺垫，每一步的正确性学生当然也能够理解，但是，郑毓信（2001）[261] 先生这样评论："如果我是一个学生，就实在不能理解教师在此为什么会提出这样的问题，因为，在已知勾股定理的情况下，用 b、c 即可表示直角边 a，为什么又要进而研究如何用 b，c 和 $\angle A$ 表示直角边 a 呢？这难道不是无故地节外生枝且事实上就是化简为繁吗？或者说，这一问题事实上也可被看成波利亚所说的'从帽子里掏出来的一只兔子'！"

运用启发法的教师也必然需要先去努力了解学生心里正在想什么，然后"提出一个问题或者指出一个步骤，而这正是学生自己原本应该想到的，从而对学生进行不露痕迹的帮助，让学生产生独立工作的感觉"（波利亚，2005）[8]。启发法的运用前提是：学生陷入了困惑与迷茫的状态。启发的本质是促进学生的自我觉醒，其背后的假设是：知识和方法本已在学生头脑中，教师的作用就是唤醒。

有效的启发绝不是直接告知学生去想某个定理或某个有关问题，而是通过一些常识性、普遍性的问题引导学生对自己的思维过程进行分析。美国数学教育家波利亚在其名著《怎样解题》中对此进行了充分分析。他对解题中常用的思维活动进行了整理，将解题的基本步骤分成理解题目、拟订方案、实施方案和回顾四个阶段。他认为学生在每个阶段都可能遇到困难，需要教师启发，从而提出了著名的"解题表"。

波利亚"解题表"

理解题目阶段的启发性问题

未知量是什么？已知数据是什么？条件是什么？条件有可能满足吗？

条件是否足以确定未知量？或者它是否不充分？或者是多余的？或者是矛盾的？

画张图。引入适当的符号。

把条件的各个部分分开。你能否把它们写下来？

拟订方案阶段的启发性问题

你以前见过它吗？你是否见过相同的问题而形式稍有不同的？

你是否知道与此有关的问题？你是否知道一个可能用得上的定理？

看着未知量！试想出一个具有相同未知数或相似未知数的熟悉的问题。

这里有一个与你现在的问题有关，且早已解决的问题，你能应用它吗？

你能不能利用它？你能利用它的结果吗？为了能利用它，你是否应该引入某些辅助元素？

你能不能重新叙述这个问题？你能不能用不同的方法重新叙述它？

回到定义去。

如果你不能解决所提出的问题，可先解决一个与此有关的问题。你能不能想出一个更容易着手的有关问题？一个更普遍的问题？一个更特殊的问题？一个类比的问题？你能否解决这个问题的一部分？仅仅保持条件的一部分而舍去其余部分，这样对于未知能确定到什么程度？它会怎样变化？你能不能从已知数据导出某些有用的东西？你能不能想出适合于确定未知数的其他数据？如果需要的话，你能不能改变未知数和数据，或者二者都改变，以使新未知数和新数据彼此更接近？

你是否利用了所有的已知数据？你是否利用了整个条件？你是否考虑了包含在问题中的所有必要的概念？

实施方案阶段的启发性问题

你能否清楚地看出这一步是正确的？你能否证明这一步是正确的？

回顾阶段的启发性问题

你能检验这个结果吗？你能检验论证过程吗？

你能否用别的方法导出这个结果？你能否一下子看出它来？

你能在别的题目中利用这个结果或者方法吗？

波利亚"解题表"中的问题被数学教育界视作"启发法小词典"，为学生从审题到检验乃至继续提出新问题提出了方法上的指导。它在实践中具有非常实用的意义和广泛的应用，也能够很好地解释许多优秀教师的行为。

案例 4 - 2 - 2

启发法的应用①

数学课上，Z 老师先请学生们独立解决如下问题：

四边形 $ABCD$ 是平行四边形，$\angle ABC$ 的平分线与 AD 交于点 E，$\angle BCD$ 的平分线与 AD 交于点 F（如图 4 - 2 - 1 所示）。求证：$AF = DE$。

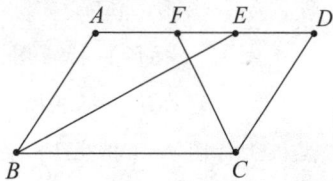

一段时间后，Z 老师请生 1 说说自己的想法。

生 1：我没有做出来。

师：没关系，没做出来这很正常。那你先说说你都看出什么来了？条件是什么？

生 1：条件是四边形 $ABCD$ 是平行四边形，$\angle CBE = \angle AEB$。

师：（在黑板上标出）哎，她看出这两个角相等。这两个角相等是不是条件上说的？

生：不是。

师：她在平行四边形的基础上发展了，特别好。还看出什么了？

生 1：$\angle BCF = \angle CFD$。

师：也是发展出来的，很好。还看出什么了？

生 1 犹豫、沉默。

师：条件呢？有几行条件？还有什么条件？只有一个平行四边形吗？

图 4 - 2 - 1

---

① 案例来源：北京市第二十中学张晓华老师。

生 2：$\angle ABC$ 的平分线与 AD 交于点 E，$\angle BCD$ 的平分线与 AD 交于点 F。

师：那你为什么刚才没说呢？是没看到吗？还是看到了不想说？还是觉得这个条件没用？

生 1：忘了说了。

师：哦，忘了说了。那你以前解别的题的时候是不是也出现过忘条件的情况呢？

生 1：嗯。

师：我们自己在做题时首先要注意条件，可是有时题目有很多条件，怎么才能记住呢？

生 3：（插话）标在图上。

师：好办法，标在图上，而且将相等的量用同一个符号标注（在黑板上标图）。（指生 1）你再看，又看出什么来了吗？

生 1：$\triangle ABE$ 是等腰三角形，$AB = AE$；还看出来 $\triangle FCD$ 是等腰三角形，$CD = FD$。于是就有 $AE = DF$，所以就有 $AF = DE$。

师：胜利了！你看，条件一标上，多顺利！做出来了吧？

生 1 点点头。

"启"即开启，也就是为学生打开一扇门；"发"即生发，当学生的心灵之门打开后，知识和方法就会从学生自己的头脑中生发出来。所以，教师对学生进行启发的实质是在帮助学生检视自己的思维过程，这种检视过程具有普适性。因此，其作用不仅是帮助学生解决他们在现实中遇到的问题，还能够让学生形成一种思维方式，提高其思维能力，以解决其他问题。以本案例为例，教师帮助生 1 对其思维路径进行检视之后，找到了其"没能做出来"的原因在于"忘了条件"，其后不但解决了此题，还理解了通过"及时在图中标注条件"这种防止自己忘记条件的习惯养成的意义。

教师仅仅需要在学生有困难时对学生启发吗？不是。尽管"问题是数学的心脏"，解决问题特别是解决具体问题绝非数学的全部。数学追求的是一类问题的解决、通性通法的探求和更为优化的解决问题的方案，因此，即使学生很顺利地得到了探究结果，教师的启发仍然是必要的。分析波利亚解题表中"你能在别的题目中利用这个结果或者方法吗？"，绝非仅仅是让学生利用这个方法解决另一个具体的题目，而是希望引导学生对方法的适用范围、所得结果的本质特征进行概括，而概括出的结论有时就会以数学知识（公理、概念、定理等）的形态出现。

三、讨论法：学生彼此互为学习资源

"你有一个思想，我有一个思想，交换后每人就有了两个思想。"课堂中为学生提供充分展示自己不同想法的机会，同学间的交流讨论就能使得学生互为学习资源，不同思想的展示就会对彼此起到启发或者提醒的作用。一些原本感到困难的问题在互相启发、推动中就可能得以解决，一些原本含糊的概念也会通过不断得到质疑而得以澄清，一些原本看来无奇的问题也会焕发出夺目的光彩。

案例 4 - 2 - 3

函数单调性定义[①]

高中函数单调性定义一课，老师首先请学生讨论下面的函数在自变量变化时函数值的增大与减小情况：

$$y = x + 2, \ y = -x + 2, \ y = x^2, \ y = \frac{1}{x}$$

学生们有的画出图象，有的直接用相关知识给出答案。

接下来，老师请学生们讨论函数 $f(x) = \dfrac{x}{x+1}$ $(x > 0)$ 的单调性。学生认为：这个函数不好画图象；函数是陌生的函数，不知道图象。

生1：取大于0的两个数都可以，随便取，比如取 $x = 1$ 和 $x = 2$，比较相应 y 的值，我就认为函数是增函数。

---

① 案例来源：北京市第十二中学周瑾老师。

生2：不行！函数的变化可能会比较多，x 得是任意的，不能说对 1 和 2 行就行。

生3：对，这个不是一次函数，不能用两个点就画草图。

生4：我觉得还得取比 1 小的，比如取 $\frac{1}{2}$，$\frac{1}{3}$，再求函数值……

生5：我觉得应该推广一下，设 x_1，x_2，再设 $x_1 < x_2$，代进去算，再分类讨论。因为带数太特殊了，你不知道它怎么变化，得推广。

生6：我觉得可以考虑对这个式子化简，变成 $f(x) = 1 - \frac{1}{x+1}$ 就能判断了……（它的单调性你了解吗？）肯定比前边那个好判断。

生7：（接着生6）这个函数随着 x 的增大分母增大，分数变小……

师：你们认可这种方法吗？

生：认可。

师：将新的函数转化为已知单调性的函数来讨论，好像说得过去。下面我们一起整理一下这两种方法吧。

　　在高中"函数单调性的定义"一课中，教师们一般都让学生用严谨的数学符号语言将图象所表达的 y 随 x 的增大而增大的含义表达出来，从而直接得到函数单调性的定义，而在定义的过程中也会有些曲折。然而，本案例中，函数 $f(x) = \frac{x}{x+1}$（$x > 0$）的单调性问题对于学生来说是一个新问题，在教师未做任何干涉的情况下，我们看到学生的潜能得以显现。他们"千方百计"要解决问题，但是，显然，每个个体独立解决这个问题都是有困难的，不过，交流的力量使得难点被突破了。

　　先看生 1 发起的交流。学生中一定并非只有生 1 用了这种方法；甚至马上质疑的生 2 最初可能也是这样想的，但他感觉到了这样做不对，然而又想不出更好的办法。但是，生 1 的思想展示至关重要，它使得大家有了一个可以分析、批判的靶子，为前进提供了一个起点。大家通过举反例反驳、寻求更好的方法解决，终于，从取整数点到取更多点，再到取任一点，思想的"接力棒"促进了问题的解决，新的方法（定义法）在教师随后推动的整理概括活动中诞生了。

再看生 6 的方法，这是"转化与化归"思想在这一问题上的反映，尽管其他同学没有想到，但是它一经提出，就引发了共鸣，使得这一思想火花成为燎原之火。从数学角度看，其实质就是利用函数单调性在运算下的保持性。这一方法超越了教师最初的设计，实际上，在以后关于函数单调性的讨论中，这种方法也是一种常用方法。

课堂中的交流活动既有全班的集体交流，也有小组间的交流，两种交流形式互为补充。无论何种形式的交流，都要以每位学生都进行了独立思考作为前提，还要注意保证不同的学生充分地表达自己的观点。为此，教师需要有意识地营造一个学生敢于把自己不成熟的想法表达出来的小组氛围和课堂氛围，比如，不急着表明自己的观点，不急着做是非判断等。

在应用交流讨论法时，要避免"蜻蜓点水"般地掠过，否则当堂的任务好像是完成了，但是仅仅在表面上走了一遭留下了痕迹，课后就会为"没落实"而懊悔不已。教师的理性设计很重要，在学生交流讨论时，教师要聚精会神地倾听，寻找一些冲突点或者关键点，发现或者制造问题、矛盾，当然最好让学生自己来发现或者制造、创造情境，使情感和思维走向深入。教师的参与还包括对一些学生的发言进行复述，以确保全班同学能够真正理解其意思，必要时可请学生借助板书、多媒体表达自己的想法，同时也要引导其他同学倾听、发起更深入的讨论并及时进行总结等。

四、自学辅导法：引入"研究性"阅读

近几年，许多学校实行"学案导学、自学指导"教学法，其中的"自学"包括几种方式：自己探究、阅读教材，其中，绝大多数的新知课上，自学主要是通过阅读教材学习；而在习题课（包括一节课的习题部分）、复习课等课堂上，则是以学生自己探究为基础的同学交流、教师启发引导。

阅读教材是一种非常重要的学习方式。随着知识爆炸时代的到来，在学校学到的知识技能很快不能适应工作、生产和生活的需要，人们需要不断补充新的知识。因此，学生通过自己阅读而学习新知识的方式变得至关重要，"自学—辅导"法就是基于这种认识而形成的。

　　学会阅读这种高效的学习方法是重要的，但是从实践来看，许多学校的新授课学案设计都采用了"接受式"阅读法，即学生只需通过阅读教材将学案中留白的概念的定义、定理等内容填上。应用这种方法的教学名义上是学生"自主"，但实际上学生仍然是在被动地按照教师指定的计划、途径，被动地接受知识。

　　因此，我们需要在学生通过阅读理解的方式学习知识中引入"研究"的成分。

　　从"研究"的视角看，阅读教材的活动应该相当于研究方法中常用的文献综述法，而文献综述是在阅读的基础上进行的，且综述又是一个至关重要的环节——综述实质是对他人已有观点的概括、评述、质疑，于是，我们可以引导学生在阅读时思考如下问题：这个概念或者定理是在什么背景下提出的？解决这些问题还有其他方法吗？这个概念或者定理的提出能够解决哪些问题？在应用它们解决问题时还可以怎样优化？它们解决哪些有关问题还不够？等等。

　　阅读的本质是一种对话，而对话必然要以学生独立思考为基础，好的以阅读为主的自学辅导法也必然要引导学生的独立思考。开创我国"自学—辅导"法先河的中国科学院心理研究所卢仲衡先生主编的自学辅导教材中，就有这种体现：教材不但体现了对学生独立思考的引导，还对学生如何进行数学思考给予了方法上的指导。比如，在"数轴"内容的学习中，有这样一段指导语：

　　也许你会提出如下问题：是不是所有的有理数都可以用数轴上的点表示呢？有人回答可以，但也有人回答不可以。你自己想一想再往下学习（当遇到新问题不能解决时，请从一个有代表性的具体例子想起）。(卢仲衡，2001)

　　一些优秀教师在自己的实践中也注意了这一点，比如北京大学附属中学的数学特级教师张思明老师提出的"遮盖式阅读"，就建议学生自己在阅读教材时遇到新的概念时先不要急着阅读概念的定义，而是先将"黑体字"即概念的定义遮盖起来，自己试着给概念下定义，其实质是自己在进行知识的再创造，然后再将自己所创造的定义与教材进行异同比较，修正完善自己的认识。

第五章 『基于学生研究的数学教学』的实践诠释

怎样进行基于学生研究的数学教学设计？怎样在可能会因学生独特的想法而充满"预料之外"的数学课堂上尽量做到收放自如？怎样能够在激动人心的探索过程和实用技能训练上找到平衡点？怎样提升自己开展基于学生研究的数学教学的能力？前面各章我们已经从理论上对这些问题进行了探讨，本章则将按照数学教师的实践程序，从教学设计、教学实施、教学反思几个方面的关键环节对"基于学生研究的数学教学"进行诠释。

第一节
设计空间适度的问题

　　"问题"在各种形式的数学教学中都占有重要地位。问题的提出是研究的起点，是知识价值所在的直观呈现形式；问题的解决过程是知识、方法得以应用的过程。人们还经常从解决问题的过程中梳理出一些具有普适意义的重要方法或结论，这些结论通常会成为正式的知识，即定义、定理、法则等概念类的知识等。而问题的设计在"基于学生研究的数学教学"中更是占有独特地位。

一、"问题"在基于学生研究的数学教学中的地位

　　在"基于学生研究的数学教学"中，我们需要从研究的视角看待教学内容，也就是要分析要学的知识是出于解决什么问题的需要而产生的，在该知识产生前解决相应问题时会用到哪些方法，可能有哪些路径，这些方法或者路径的价值何在，该知识的产生又为解决该问题带来了什么意义。

　　例如，函数的概念从研究的视角看，是研究变化规律的需要，而了解了一个事物的变化规律，就可以获得最优的决策，于是可以设计如"用40厘米长的铁丝围一个矩形，怎样围最大"这样的问题。解决这个问题时，无论是用归纳法即通过列举矩形的几种情况的方式得出结论，还是通过建立矩形的面积值 y 同矩形的一边长 x 的关系式推得 y 的最大值，其核心是在"借助 x 的变化规律认识 y 的变化规律"，而这种方法可以应用的前提，是 x 的值的确定能够带来 y 的值的唯一确定，这也就得到了函数概念的定义。而一旦提出了函数概念，并对各种函数的性质有了丰富的认识，解决这种变化规律问题、最值问题时就会更加主动自觉。对于余弦函数的图象和性质，则是学完了正弦函数的图象和性质后自然产生的问题。而对余弦函数的性质与图象的研究，需要在正弦函数的图象和性质已知的基础上进行。

其研究方法则既可能与正弦函数的图象和性质相似，通过描点作图得到图象以及函数的性质；也可能直接利用诱导公式推理出余弦函数的性质，进而根据性质画出函数的图象。

"基于学生研究的数学教学"特别强调给学生独立解决问题的机会——不仅要给学生解决标准问题或者说习题的机会，也要给学生解决要求独立思考、需要创造性地运用知识解决问题的机会。在解决各类问题的过程中，学生的思维才能得以发展，情感态度价值观也才能逐渐形成。对教师来说，通过对学生解决问题过程的观察得以了解学生，也能让自己的教变得有效。

什么是问题？不同的学者有不同的认识。例如，有学者认为需要分清习题与问题：习题是对已经熟悉的方法的训练，解答习题只需要重组思维；而问题的解决则需要某些新的东西。但是这种划分是很困难的，因为所谓"新的东西"是与解题者有关的，对于某个人来说是操练性的习题，对另一个人来说却可能给其注入新的成分。例如，采用新颖的方法进行一般化的拓展，从而得出新结论等。因此，为了方便起见，本书选择数学家韦伯斯特（Webster）的界定：数学中的问题就是指那些要求做出任何解答的任何事物。

显然，不同问题的解决需要人投入的热情、精力、智慧是不同的，也就是为学生提供的发展空间不同。而有效服务于学生核心素养发展目标的数学教学则需要教师做出合理的选择、整体的安排。

二、从学生发展的角度认识问题空间

什么是问题空间？当前数学教育界一个被普遍认可的观点来自认知心理学：问题空间是问题解决者对一个问题所达到的全部认识状态，它是由问题解决者利用问题所包含的信息和已存储的信息主动构成的。（张奠宙等，1999）[145]按照这样的解释，一个数学问题的空间是由该问题所能够激活的解题者头脑中的信息数决定的。信息指的是存储在学生头脑中的知识，既包括具体知识，也包括方法性知识。实际上，一个问题的解决过程相当于一个案例，是数学方法性知识在具体知识的发展中的直观呈现过程，因此，问题空间的大小就可以用该问题所附着的思想、方法、知识的多少来决定。从数学自身发展的角度看，数学具体知识离不开方法性知识的应用；但是从教学实践看，却也存在脱离数学方法性知识而只教具体知识的情形。具体知识相当于此前课标"三维目标"中的知识与技能，方法性知识相当于过程与方法，新修订的核心素养统领的课程目标中，它们共同构成关键能力的基础，但是由于两者的重要性和教学中存在的顾此失彼的现象，因此将之作为两个独立的维度来刻画问题的空间。

具体知识和方法性知识的获得是数学问题为学生提供的发展空间中最为外显的内容，但是仅考虑这些还不够。如果一个问题承载着很多知识，也有很多方法，但是学生却不感兴趣，问题解决的过程还让学生感到自己的无能、对数学的厌烦和恐惧，甚至产生了对他人甚至社会的憎恨与敌视，导向学生对事对人对己的错误观念和行为的形成，那么这样的问题可能会为学生作为完整的人的发展带来负能量。

比如，小学数学"圆的周长"一课，教师设计了问题："圆的周长与直径的比值是多少？"学生通过若干圆形事物的表面的周长、直径的测量和计算后得出了 2.9～3.3 不等的数据，这些数据都让教师感到不理想，于是不断寻找学生的其他答案，在终于看到一组学生得出 3.14 的理想答案后，兴奋地表扬该组学生"测量得认真"，然而，听课者在观察到小组作业单上的修改痕迹后对该小组学生做的访谈显示，学生承认，他们是知道 3.14 的结果，然后测量出直径，再用 3.14 乘直径"凑成"了周长，也就是说，他们的周长数据是"造"出来的，而非测量出来的。课后与授课教师交流时，教师说自己没有关注这一点，只是把重点放在了怎么能顺畅地引出圆周率上（张丹 等，2019）——在仅仅关注知识获得的问题解决过程中，教师无意之间鼓励了弄虚作假，诚如赫尔巴特所说，"我不承认有无教育的教学"，的确如此，没有考虑教育的教学的总体效果可能是负的。

"培养德智体美劳全面发展的社会主义建设者和接班人"是我国教育方针中规定的育人目标，数学课程也是实现这一目标的有机组成部分，除智育外，数学问题也可以在其他几个方面发挥作用。比如，下面两个问题都可以在"工程问题"的教学中使用。

问题 1：一项工程，甲队单独完成需要 10 天，甲队工作 2 天后，乙队加入，两队又一起工作了 2 天完成。问：如果乙队加入，比甲队单独完成这项工程少用多少天？

问题2：暴雨引发的泥石流阻断的道路急需尽快打通，多个道路抢修队听闻后驰援。指挥部安排率先到达的甲队负责抢修一个阻塞点，甲队到达后测算出本队需要10小时完成任务。在抢修2小时后，指挥部安排乙队增援，和甲队一起又用了2小时修通了这段道路。问如果单独安排乙队抢修需要多长时间？

从数学知识和方法的角度看，两者完全相同。但与问题1仅是一个为了让学生能够解决一种具有特定数学结构的题型不同的是，问题2将"工程"具体化为一个汛期常见、许多学生都会在新闻报道中耳闻、甚至一些学生还亲历过的暴雨引发的道路阻塞点抢修工程，极大地增加了问题的现实意义，引导学生关注家国大事，具有更大的育人空间。

数学具有的应用广泛性的特点，决定了它与国家和社会生活中许多领域的实际问题都具有紧密联系，这就为《义教课标（2022版）》对教学提出的"注重情境素材的育人功能"的实现提供了广阔的空间。如中国高铁、"探月工程"、垃圾分类等时政和社会热点话题就经常作为问题的背景出现而引导学生关注国家发展，中国金石文化、古代典籍《周易》作为背景引导学生热爱我国传统文化、学习传统文化，篮球、乒乓球运动和比赛作为背景的题目则意在引导学生热爱体育运动、激发学生参与体育运动的热情，断臂维纳斯之美作为背景的题目则是对美育的引导（顿继安 等，2020；任子朝 等，2019）。

但是，设计一个数学问题不能考虑方方面面的育人目标，否则就会出现顾此失彼的情况，还会出现好像什么都在培养但什么都没有落实的情况，甚至会出现负面影响。比如，有教师为了体现学科德育，在一节课上使用了诸如中国天眼、天宫二号、东风导弹等多个国家科技和军事发展方面的问题情境，这些领域的内容新颖、复杂，在引发学生兴趣的同时，也分散了学生的注意力、增加了认知负荷，影响了学生对该学的基本知识的理解（顿继安，2020）；有教师借助一道以浇花为情境的简单计算花的盆数的问题渗透劳动教育，认为问题的解决能够让学生发现劳动的意义和价值，让学生更加尊重劳动、热爱劳动，这当然有一定的意义，但这种"外挂式"劳动教育"忽视劳动教育的实践属性，满足于在课堂上讲劳动，等于把劳动教育等同于智育，也就从根本上取消了劳动教育"（柳夕浪，2019）。

数学教育对于"五育"的作用不同，育人目标的方方面面在数学教育中有主次且相互影响。以前面提到的"圆的周长"教学为例，表面上是教师由于急于让学生得到知识而忽视了德育，然而，我们如果对圆周率的产生过程与其中蕴含的方法有更深刻的了解的话，就会发现，是方法性知识的缺失导致了教师无意中鼓励了弄虚作假。实际上，在教师面前"圆的周长与直径比值是多少?"的问题的前提是，已知所有的圆的周长和直径的比是常数，但学生理解的问题是"我要测量的这个圆的周长和直径的比是多少"，因此，学生对具体圆的测量和比的计算的目的并不是获得高精度的圆周率值，而是形成对"圆的直径越大周长就越大"的直观感知的定量认识。学生得到的不同数据放在一起就会形成新的问题：不同圆的比值到底是多个结果还是一个结果？基于对这些比值尽管不完全相同但是这些数总体会在一个数的附近摆动（这是由误差的随机性决定的）的观察，以及借助"圆的直径越大周长也越大"这一直观事实的分析，结合自己和小组成员尽管在测量、读数时小心翼翼地避免误差但无论如何也难免误差的经历而认识到：如果没有误差，这个比值应该是一个定值。接下来才是想办法获得更为精确的圆周率值，这既需要尽量提高测量的精度和计算的准确性，又需要方法的突破。比如，优化测量的方法，以全班得到的所有比值的平均数替代——后者是减少误差的常用方法，而在数学史上，人们为了提高圆周率的精度而做了无数方法的迭代与改进，乃至当今世界上计算圆周率的精度成为测试一台计算器处理能力的基准。我们看到，这样的教学过程是在还原圆周率的产生和发展史，在这个发展史中，今天似乎已经成为常识的"圆周率是3.14"需要个体"认真测量"但绝非单靠个体"认真测量"就能得到的，而是个人努力和不同个体合起来不断提出问题、创造新方法的成果，是人类追求完美、孜孜不倦的探索的成果，这样充满智慧和热情的过程才能让学科德育真实落地。

数学学科的特点决定了好的数学问题除了知识与方法外，要考虑的主要应该是能够让学生感兴趣、形成积极的情绪情感，能够促进学生求真求实、坚韧乐观、自信自爱、勇于担当等品格的形成，这些在此前的课标中属于"情感态度价值观"的内容，而以核心素养统领三维目标的《高中课标（2017 版）》和《义教课标（2022 版）》中，尽管未出现"情感态度价值观"这一维度，但属于该维度的内涵并未变化，在核心素养的界定中保留了对正确价值观的要求，"必备品格"则是对外在的"情感态度"的超越。"品格是人格的重要组成部分，是指人对现实的态度和行为方式中的比较稳定的具有核心意义的个性心理特征"（蔡春，2015)，所以，必备品格实质就是健康人格。人格的培养是古今中外的教育都关注的内容，2019年中共中央、国务院颁布的《深化教育教学改革全面提高义务教育质量的意见》和国务院办公厅颁布的《新时代推进普通高中育人方式改革的指导意见》中，都非常明确地将"完善人格"作为五条工作目标之一，2021年 3 月发布的《中华人民共和国国民经济和社会发展第十四个五年规划和2035 年远景目标纲要》中的教育部分，"健康人格培养"亦被作为深化教育改革的内容。"健全人格"也是"中国学生发展核心素养"中"自主发展"领域的"健康生活"指标下的一个要点，提出的主要表现是：具有积极的心理品质，自信自爱，坚韧乐观；有自制力，能调节和管理自己的情绪，具有抗挫折能力等。特别需要注意的是，这里的"健全人格"主要表现也主要涉及人格成分中自我调控系统的内容，并未充分体现人格的应有的地位。实际上，心理学中人格是能力并行的构成人的心理特质的两项基本内容，而人格成分中的性格是一种社会相关最密切的人格特征，它代表了人们对现实和周围涉及的态度，并表现在行为举止中，性格还体现了一个人的品德，受人的价值观、人生观和世界观的影响，如有人自私自利，有人大公无私，这些具有道德评价含义的人格差异被称为性格差异，性格有好坏，能最直接地反映出人的道德风貌（彭聃龄，2018)，甚至有研究者（季苹 等，2022）认为"人格的灵魂是价值观"，"有效的价值观教育的关键在于转化为人格培养"。而心理学家马斯洛从人的需要出发给出的健康人格特征就包括更为广阔的内容：注重实际、富有创见、有知心好友、尊重事实、崇尚新颖、勤奋进取、勇于创新、热爱生活、心怀坦诚、维护公益、宽厚容忍、富于幽默、能自我取悦、令人信赖等（车丽萍 等，2008)。因此，人格具有统领情感、态度、价值观的意义，因而，本研究将健康人格的养成作为刻画数学问题空间的一个维度，由此构建出刻画问题空间的三维模型，如图 5 - 1 - 1 所示。

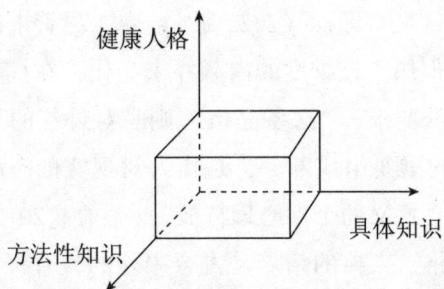

图 5 - 1 - 1

　　某一个问题空间的大小是由该问题在三个维度上的投影之积决定的，而对于以班级授课制为基本组织形式的数学教学来说，一个问题的空间应该是由所有学生在该问题的解决中所获得的发展空间之和构成的。

　　以问题空间的三维模型作为教学设计和实施的理论框架，可以分析数学教学实践中的问题并找到改进方向，拓展一个问题带给学生的发展空间，从而以较少的题目带来学生的更多收获，走出题海战术。比如"求证：三角内角和为180°"是一个与"人"的情感毫无关联的纯数学问题，但如果将之改造成"你随便画一个三角形，它的三个内角之和都是180°，你相信吗？为什么会这样呢？"，新的问题更容易引起学生的兴趣，还能够引发学生对自己信念的质疑，证明活动也具有了说服自己、说服他人的意义。

　　数学问题的空间不单纯取决于问题自身，而是与问题的解决过程有关、与课堂的互动过程有关，问题空间框架能够为教师处理问题解决过程中发生的一些事件提供更开阔的思路。

　　我们来看一个案例。

　　如图 5 - 1 - 2，在平面直角坐标系中，抛物线 $y = -x^2 + 2x + 3$ 与 x 轴交于 A、B 两点，与 y 轴交于 C 点。在直线 BC 上方的抛物线上找一点 D，使 $\triangle BCD$ 的面积等于 3，求点 D 坐标。

　　面对这一三角形面积问题，有的学生只想到了三角形面积公式，于是利用面积公式求出了高 DE 的值为 $\sqrt{2}$（如图 5 - 1 - 3 所示）（下称方法 1），但是问题并没有解决，接下来就不会做了。

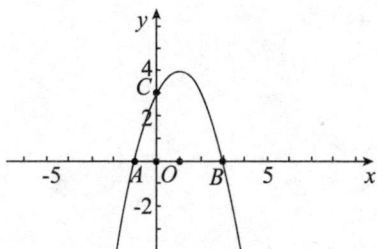

图 5 - 1 - 2

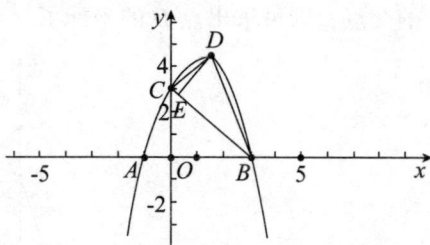

图 5 - 1 - 3

有的学生发现由于这个三角形并没有沿坐标轴方向摆放，因此直接利用三角形面积公式并不能直接得到关于 D 点坐标 (x, y) 的方程，于是力图将其转化为沿坐标轴方向摆放的图形解决。比如，如图 5 - 1 - 4 所示，通过作 DE 平行于 y 轴交 BC 与 E，将 $\triangle BCD$ 的面积分为 $\triangle DEC$ 与 $\triangle EDB$ 的面积之和；或者如图 5 - 1 - 5 所示，作 DE 垂直 y 轴交 y 轴于 E 点，于是利用 $\triangle ABM \triangle BCD$ 的面积 = 梯形 $DEOB$ 的面积 − $\triangle DEC$ 面积 − $\triangle BOC$ 面积，得到一个关于 x 的方程，进而求出 D 点的坐标。

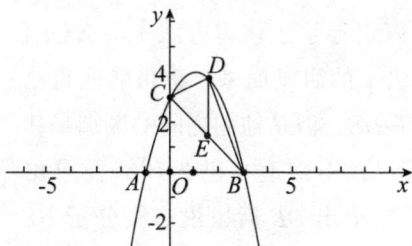

图 5 - 1 - 4

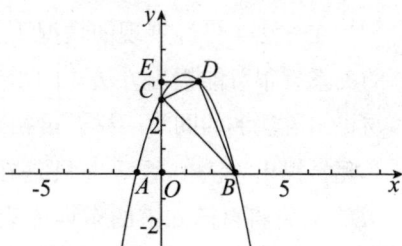

图 5 - 1 - 5

教师展示了学生失败的方法，也展示了成功的方法，落在位于坐标系中的三角形求面积时，需要沿着坐标轴的方向通过"分割移补"的方法解决。教师原本计划本题的教学到此结束，其教学计划是通过这个题目让学生学会在二次函数背景下，利用这种具体的求三角形面积的方法——学生获得的只是具体知识这一维度的发展。

然而，没想到又有一个学生报告了一种方法：如图 5 - 1 - 6 所示，算出 $\triangle BCD$ 的高 DE 后，作 $DF /\!/ BC$ 交 y 轴与 G 点，平移 DE 至 CF，则由于 $\angle GCF = 45°$，可得 $CG = 2$；于是得到点 G 坐标 $(0, 5)$，从而求出 DG 代表的一次函数为 $y = -x + 5$；再通过这个一次函数与二次函数 $y = -x + 2x + 3$

的交点，即可求出点 D 的坐标了（下称方法4）。

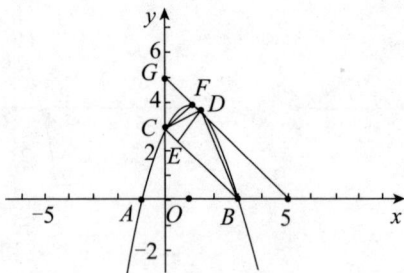

图 5-1-6

　　这个方法是其原本计划通过另一个问题呈现的方法，没想到这里就有学生提出来了，老师感到很兴奋，毫不吝啬地表扬了学生利用数形结合方法解决问题的能力，表达了对学生想在了老师前面的赞誉，此时这一问题的空间就比教师预设的空间大了。但是如果到此为止，学生得到的仍然只是解决这一或者这类问题的具体方法，仍然只是在具体知识这一维度上做文章。

　　问题的空间需要拓展到另两个维度。

　　在方法4已经展现的情况下，教师可以引导学生认识方法1与方法4的关系。很可能提出方法4的学生是受方法1的启发而来，也可能他自己与提出方法1的同学一样，最初直接算出了 DE，但是他们之间的区别是什么呢？提出方法1的学生只是在"盲目算"，不知道自己为什么要求出 DE，只是将自己知道的东西先表达出来，在求出 DE 后也没有去分析 DE 与题目的未知量的关系是什么。而提出方法4的学生思维更具有自觉性，也许这是他深思熟虑的结果，也可能他最初也在"盲目算"，但是在得到 DE 后就开始看题目的未知量与 DE 的关系到底是什么，进而探索出了方法4。其实，一旦关注了未知量与已经求出的 DE 的关系，这个问题的解决就还有其他方法：结合图形，画出图 5-1-7，得出此时点 E 的坐标就变成了 $(x-1, y-1)$，而由于点 E 所在的 $\triangle OBC$ 是等腰直角三角形，所以斜边 BC 上的点的横坐标与纵坐标的关系都是已知的，因此，再结合点 D 在抛物线上，就可以得到方程：$3-(x-1)=(-x^2+2x+3)-1$，解这个方程就得到了点 D 的横坐标，进而求出点 D 的坐标。

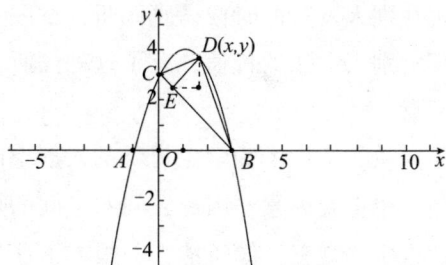

图 5 – 1 – 7

这种处理除了让学生收获一种新的具体方法外，会为这一问题赋予怎样的内涵呢？

首先是解决学生认知发展中的关键问题。班上用方法 1 的学生有六七位，在这个班的占比约为五分之一，这是一个班中肯学但是学得并不好的群体，他们的主要问题不在于缺乏具体的知识，而是缺乏方法性知识，不理解"问题解答的本质就是把未知量与已知数据联系起来"（波利亚，2005）[23]，因此，在并没有理解问题的情况下就关注细节、急于计算或者推理，在束手无策之时仍然不知道"抬头看路"。而这个问题的解决过程是一个非常好的契机，即让学生理解关注目标的意义，无论方法 4 是提出的学生一开始就深思熟虑的结果，还是遭遇挫折后进而再关注目标的结果，他的成功都在于其思考问题的方法；而教师给出方法 5 的意义则让学生认识到一旦关注了目标，则"条条大道通罗马"，从而放大了这种思考问题的方法的价值，让给出方法 1 的学生以此困难与挫折作为自身发展的良机。

其次是有利于发展学生的自信。提出方法 1 的学生展示了自己的方法，但她却是失败者，展示后老师对她的方法只是说了句"这样做不出来啊"，她很不好意思，面带尴尬的笑容回到了座位。如果教师能够揭示方法 1 与方法 4 的关系，告诉她最初的想法其实也挺好的，只是缺一点儿分析和坚持，是不是会帮助这个孩子建立自信？

最后，还可以让学生认识到彼此相互理解与尊重的价值。试想，如果教师这样做将会对学生产生怎样的影响？渲染一下她（提出方法 1 的学生）的展示为方法 4 这一很有创意的方法的产生带来的启发作用，告诉她老师没有读懂她，但是同学读懂了她；告诉学生数学研究中的合作就是这样，它并非表现为两个人在一起进行肢体的接触与言语的交流，而是要尊重别人的智慧，表现在别人发言的时候认真倾听，试图去理解别人，理解别人想法的来源，理解别人方法的价值；有了这种倾听，别人的错误也许会成为你的发现的起点。

同一个问题在不同教学情境下为学生提供的发展空间不同。其中，教师自身的驾驭能力是一个重要因素。因此，问题空间的拓展还需要教师有意识地提高自身在课堂中的观察、倾听能力，根本上还需要教师重视自身学科性知识和教育性知识的提升。

三、以问题连续体理论作为创设和扩大问题空间的工具

从外在表现形态看，空间大的问题会在问题自身、解决问题的方法、问题的结论等方面具有一些自身的特点，美国学者梅克（Maker）和斯克维（Schiever）等人提出的问题类型连续体理论则刻画了这一特点。该理论将问题从师、生两方面，就问题本身、解决问题的方法、问题的结论这三个维度的状况分为五个类型：

问题类型	问题		方法		结论	
	师	生	师	生	师	生
I	已知	已知	已知	已知	已知	未知
II	已知	已知	已知	未知	已知	未知
III	已知	已知	系列	未知	系列	未知
IV	已知	已知	开放	开放	开放	开放
V	未知	未知	开放	开放	开放	开放

这一理论中，问题类型从低到高时，问题也逐渐从结构完善、答案求同、指向书本变为结构不良、答案求异、指向现实，问题的空间变得越来越大。其中类型 V 的特点为问题也是未知的。这实质是将提出明确的、可解的问题也纳入问题解决的范畴，强调独立地发现问题、分析问题和解决问题。可以看出，这五种类型的问题表现出有序性和渐进性的特点。由于实际中的问题常介于某两种类型之间，表现出一种连续性，因而该理论被称为问题类型连续体（Maker-Schiever Continuum of Problem Types）（顿继安，2004）[37]。上表所示为问题类型连续体上的五个典型，利用这一理论，

可以用来改造现有问题或者设计新问题。

（一）通过改变问题在教学流程中的位置和处理方式扩大空间

解决方法未知问题的空间大于方法已知的问题。所谓"方法未知"，并非学生无从下手，而是教师没有指定学生用何种方法解决，学生可以利用自己的经验去探索解决问题的策略与方法。而当我们将一节课中在得到新知后作为示范解题步骤的例题或者训练之用的习题置于一节课的开始，让学生先行独立思考，给学生创造性解决的机会时，由于学生还没有标准步骤的限制，往往会表现出更多样的方法（包括错误的方法），从而增大了问题的空间。

例如，人教 B 版高中数学教材必修 1 中"函数奇偶性"一课有这样的例题：

问题 1：讨论函数 $y=\dfrac{1}{x^2}$ 的性质，画出函数的图象。

这个问题是在函数的奇偶性的定义及其几何意义都已经得出后的例题，问题已知，方法唯一，答案唯一。该例题的作用是说明函数奇偶性对于绘制函数图象的作用。如果将其放在这节课的伊始，并稍加改造——

问题 2：如图 5 - 1 - 8 所示，它为函数 $y=\dfrac{1}{x^2}$ 图象的一

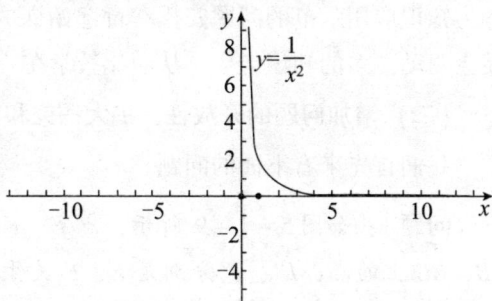

图 5 - 1 - 8

部分，你能画出这个函数图象的其他部分吗？

此时，教师并未指明用何种方法画出函数图象，学生的选择就多样了：有的学生描点作图；有的学生会觉得给出的图象与 $y=\dfrac{1}{x}$ 很像，就按照 $y=\dfrac{1}{x}$ 的图象补全了；而有的学生则分析这个函数解析式是关于 y 轴对称的，从而画出了图象。通过对这三种方法的讨论，理解每种方法的本源：①描点作图法为绘制函数图象的基本方法；②利用已知函数图象画新

的函数图象的方法很高效，事实上，这也是我们以后遇到新的函数画图象的常用方法，只是这里由于要画图象的函数 $y = \frac{1}{x^2}$ 与已知图象的函数 $y = \frac{1}{x}$ 全等的图象尽管在第一象限看起来很像，但一分析就知道，两者在其他象限的部分是不同的。例如当 x 取负值时，y 的符号就不同了，因此，并不能直接利用具体知识，而是要利用其思想方法；③根据函数 $y = \frac{1}{x^2}$ 解析式的特点分析出，这个函数图象应该是关于 y 轴对称的，通过理论上的讨论是正确的，实际做出来的图象也与描点作图相同，这种利用函数自身性质绘制图象的方法，由于利用了函数的性质，所以就显得效率高了。

接下来就可引导学生讨论：这个函数解析式的哪些特点使得它的图象关于 y 轴对称呢？是不是有这些特点的函数的图象都关于 y 轴对称呢？于是就得到了偶函数的定义。得到这一定义的同时也就揭示了偶函数图象的特点，揭示了偶函数这一概念提出的价值。

问题在教学流程中位置的改变有时可能会跨越课时，如将一章中本来作为知识应用示范的问题安排在章起始课的探究性问题，那么问题的解决就会驱动更多的知识产生，从而让教学在一个更大的单元内展开。

（二）增加问题的开放性，扩大探究和学习的空间

我们首先来看下面的问题。

问题 1：如图 5 - 1 - 9 所示，点 E、F 分别为平行四边形 $ABCD$ 的边 AB、BC 上的点，E'、F' 分别是 E、F 关于对角线交点 O 的对称点，求证：四边形 $EFE'F'$ 是平行四边形。

这是一道标准的证明题，没有什么探索性，可以将设问部分改为：

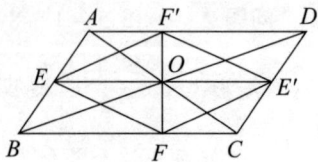

图 5 - 1 - 9

问题 2：四边形 $EFE'F'$ 是什么形状？为什么？

此时，解决问题所需要的知识与技能是一样的，但是探索性就增强了。如果在课堂现场，当学生给出"平行四边形"的猜想后，教师用"你肯定吗？你有把握吗？"等表达方式替代"为什么?"，同样是证明活动，就被赋予了审视自我的价值，课堂因而变得更具有互动性和吸引力。

我们还可以将这个问题继续改造一下,变为——

问题3:如果改变 E、F 的位置,能否使四边形 $EFE'F'$ 成为矩形?

这一问题就需要学生利用已有知识构造矩形,而构造的过程中,就会遇到理论的正确性与实践的可行性之间的冲突。

案例 5-1-1

怎样构造矩形

学生边在计算机上用几何画版操作,边分组讨论,10 分钟后,开始发言。

生 1:先取 E,得到 E',然后作 $FE \perp EE'$。

师:如何作垂直?

生 1:任意画 F',作垂直,可以试出来。

生 2:先确定 E、E',然后作 $FF' = EE'$。

师:你画的过程是怎样的呢?

生 2:哦,我是量着画的。

师:要是用尺规法作图,如何作?

生 3:老师,我是这样画的:利用对角线相等,$OF = OE$,然后以 O 为圆心,OE 为半径作圆,与平行四边形 $ABCD$ 的四条边交出的四个点分别就是 E、F、E'、F',四边形 $EFE'F'$ 就是矩形。

师:如何保证 EOE' 共线呢?

生:(稍后有人议论)为什么非作四个点?作两个点不就行了吗?

师:那谁说一说怎么画?

生 4:先确定 E、E',然后以 O 为圆心,OE 为半径作圆,与 BC 边交出点 F,然后作对称点 F',再连起来就行了。

师:能保证这样作出的是矩形吗?

生:能保证,因为对角线互相平分且相等。

......

　　课后，教师非常坦率地承认，自己并没有预料到会有那么多学生用"试"和"量"的方法构造矩形，这一原本教师心中答案唯一的问题变得答案多样了。那么，如何看待学生的这种出乎意料的表现呢？实际上，改造后的问题已经具有了一定的实践性特点，而实践性问题通常是"差不多就可以了"。事实上，当线段 EE' 确定后，通过寻找满足 $F'E' \perp EF'$ 的 F' 点在未学圆的知识前是无法精确找到的，当然，在信息技术的背景下，可以利用信息技术快速、连续移动找点的方法提高效率和准确性。然而，数学来源于实践，本质上却又是理论学科，追求的是准确、高效地解决问题的方法，这就需要寻找合适的知识保障，"对角线互相平分且相等的四边形"这一判定定理就为尺规作图提供了这样的保障。

　　问题类型连续体理论中，问题的类型与教学情境息息相关，也就是说，判断一个问题是何种类型必须要看教师是以什么样的流程来展开教学的。实际上，从 I 类问题到 V 类问题，并不是难易程度的简单递增，而是需要学生具有越来越多的主动性、创造性和实践能力。即使是设问开放的问题，如果选择"讲—例—练"这样的教学模式，也会降低其应有的教育价值。特别是为了应对中、高考中的开放题，有的教师要求学生将一本"中学数学问题集"中的所有题目的解答都背下来，这种做法使得开放题也变成了 I 类问题，更与中、高考开放题设计的初衷背道而驰。所以，在实践研究的过程中，我们始终强调问题类型与教学模式的匹配性，特别是，如果提供给学生一个高类型的问题，就一定要尽可能地提供给学生思考和自主解决的空间。上述案例中，原本教师只是做了将"证明"改为"求解"题，而学生之所以表现出了多种方法和多种答案，与其采用了让学生自主探索的教学方式有关。正是在学生的自主探索中，这个问题变为一个对学生来说"问题已知，方法开放，结论开放"的 IV 类问题。

　　（三）将问题嵌入真实的情境，拓展问题空间

　　当问到数学有什么用时，甚至许多高中的孩子也会说"算账"，许多老师会对此嗤之以鼻，觉得太过肤浅：算账的数学，小学就学完了。其实不然。"算账"并非仅仅用加减乘除计算买菜的花费与找零，现实中需要"算账"的地方何其多也。比如，一位农民要搭建一个 50 平方米的羊圈，必定要算一下怎样最省材料，而函数知识是得到准确结果的保障；一位报刊零售点的老板需要算一下每天各种报刊进多少才能更盈利，如果能统计一下就会帮助他科学决策；一所学校要想将一块矩形空地建设为一个带跑道的操场，就要计算一下操场的直道多长、弯道半径多大，这就需要几何知识；为了保证人们的健康和舒适，室内需要足够的日照，因此，在我国北方地区的城市建设规划法规中，为了保证冬至日住户最少两小时日照，都有关于楼间距值的建筑规划的强制标准，这一标准就是根据当地冬至日太阳的位置算出的……

马克思说：一种科学只有成功地运用数学时，才算达到真正完善的地步。实际上，任何领域的问题一旦对准确性有了要求，就可能需要"算账"了，就需要数学出场了。科学研究中如此，日常生活中亦如此。

案例 5-1-2

怎样烹制爆米花最好①

当老师问学生喜欢什么时，学生说："喜欢吃，喜欢玩！"于是王老师将微波炉搬到了课堂，让学生研究"怎样烹制爆米花最好"。

学生从超市买来了儿童装、成人装、家庭装等各种包装规格的爆米花，并按照上面的说明书烹制，但是发现烹制出来的爆米花质量并不一样。为了比较烹制效果，他们发现需要为"好"给出一个数学的标准。于是经过讨论，大家选择了可食用率作为"好"的标准，并进一步发现烹制出的爆米花的可食用率与烹制时间、火力、粒数等诸多因素有关。为了认识清楚，就需要利用控制变量法，分别研究。有的小组研究了可使用率与烹制时间的关系，有的小组将粒数换算成质量，研究质量与加工时间的关系。研究中，学生把得到的数据描在坐标系中，根据图象观察最高值。但是为了求出最高点的准确值，就需要用代数的方法描述这一对象，这就需要函数知识；还没学函数，就自己看书或者问老师、与同学讨论。大致花了一个多星期时间，大家吃够了爆米花，也学习了许多数学知识：函数的概念，二次函数的性质，由三个点确定二次函数，用图形计算器进行拟合，以及如何收集数据、处理数据。

---

① 案例来源：北京市第八中学王春辉老师。

　　最初，"烹制爆米花"似乎只是一件按照说明书操作即可的事务。然而，数学使人精细，这种精细使得学生们发现了（如果学生们自身没有发现，就需要教师引导学生发现）同样是按照说明书烹制爆米花但是质量却不同的现象，并且没有随意地解释这一现象，而是开始了数学化的过程。首先严格定义"烹制质量"（即上文中的"好"和可食用率），将生活问题变成数学问题，而不能够再凭借个人喜好进行判断；然后再确定在影响"烹制质量"的诸多因素中选择哪个研究；进而通过实验的方法获得数据；为了便于观察出数据的规律，将其描绘在坐标系中；为了得出更为准确的结论，就需要计算了，而计算就需要确定解析式。

　　特别要注意这一问题是在学生学习函数知识之前遭遇的，其意义就并非传统意义上的应用具体知识解决问题，而可视为数学思想方法在解决一个实际问题中是如何发挥作用的典范：一个非数学问题是怎样变为数学问题的；在解决问题的过程中又是怎样综合运用控制变量法、实验法、图象法、拟合法、待定系数法等各种方法的；在解决问题的过程中和问题得以解决之后，通过对问题本质的分析，形成并完善函数的知识体系。这似乎是函数概念的缩略史，而与历史不同的是，在得到函数解析式的技术层面，今天的学生可以通过阅读教材、参考资料或者请教教师的方式习得并利用函数的理论知识，进而利用演绎推理（计算）的方法得到函数解析式；而当年伽利略在研究沿斜面滚动的小球的下落距离与下落时间的关系时，并没有函数概念，却并未妨碍伽利略得到了两个变量间的函数关系式——他利用归纳法得出了下落物体的下落距离同所用时间的平方成反比。（吴国盛，2002）而类似这样的大量物理及其他学科中的问题使得函数概念逐渐走向前台，反过来系统的函数知识也为解决类似问题带来了极大的便利。

　　来自真实生活中的问题通常被称为"情景问题"，这些问题的解决往往需要综合应用多种方法，涉及更多的知识，也会为学生带来不同的感受，是"发现的源泉，课堂讨论的基础"（孙晓天，1995）。当发现生活中自己很熟悉、自以为很了解的现象用数学的视角去看、用数学的方法进行研究后会有新的发现时，生活就被赋予了新的意义："原来爆米花厂给出的说明书也并不一定是最好的"，"原来爆米花厂的说明书是这样制作出来的"、原来以为自己非常熟悉的事物竟然有着完全不一样的意义、有着这样的趣味。例如，一位原本生活、学习状态都不佳的初一学生在一元一次方程的一节课后写下这样的话："过去我盲目地认为打几折就是减去几元钱，可如今在数学课上我知道了自己的观点是错误的，原来打几折就是在原价的基础上减少百分之几。"这个孩子对打折概念的理解仍然是错的，从这个意义上看，这节数学课对他而言似乎是无效的，然而，这节课却触动了孩子的心灵，让他认识到了自己的"盲目"，如果教师能够利用这种触动给予其持续的关注、激励与指导，也许会让他的生活走出一直以来浑浑噩噩的状态，让数学给予他一双发现生活之美的眼睛。

四、以相互关联的问题串支持学生的完整学习过程

好的问题能够激发、吸引学生，为一节课开个好头——开头很重要，但是学生完整的学习过程处处都重要。学生在被激发之后还要能够持续、深入探究并解决问题，在解决问题后还要从中梳理知识，进而形成技能。其间，学生可能会遭遇困难想放弃，也可能会由于没有反思精神而止步于问题自身的解决。因此，教师还需要设计相互关联的问题串或问题链，不断激发学生、支持学生的完整学习过程。

问题串的设计取决于教师对自己在学生学习过程中作用的认识。教师在学生解决问题的过程中需要发挥的作用主要是三种：当学生遇到困难时帮助学生突破；引导学生从一个问题的解决过程中概括升华出普适性的法则或者提出新的问题，形成更深入的认识；督促学生将已经学到的知识整理为解决问题的程序，巩固深化形成技能。对应着教师需要发挥的这三种作用，我们将问题串分为启发—分析性问题串、概括—升华性问题串和条件—程序练习性问题串。在教学实践中，这三类问题串交互出现在教学的每个环节。

（一）以启发—分析性问题串帮助学生突破难点

在解决一个空间大的、复杂而综合的问题的过程中，往往需要解决多个简单的小问题。这些小问题具有独立性，但由于它们是从解决一个问题的过程中分离出来的，因此必然具有关联性，这些具有关联性的问题就构

成问题串。如果这些问题学生自己能够不断提出来，问题的解决就会很顺利；如果学生自己不能提出来，就需要教师提出来，当然，最好是通过寻找一些冲突点、制造矛盾引导学生提出来。这样的问题，从解决问题的角度看，起到的是分析问题的作用；从对学生的作用的角度看，是在启发学生如何分析问题、分析自己已经产生的想法与目标的关系，因此我们称之为启发—分析性问题串。

启发—分析性问题串的作用在于帮助学生突破难点，好的启发—分析性问题串应该能够促进学生对自己的思想进行分析，将一个问题转换为另一个问题，通过概念的追问、思维方向的明确与调整、研究方法的调整等，逐步走向解决问题的通途。例如，你想到什么了？你的困难是什么？你见过有关的问题吗？等等。关于启发分析性问题，本书第四章第二节有着详细的说明，这里不再重复。

（二）以概括—升华性问题串深化学生的理解

在数学上，获得一个具体问题的解决方案与答案永远不会是探究的终点，而是会随着对一些问题的理解而看到一些深层次的关系，提出一些更深入的问题，概括升华出更一般性的结论，我们称引导学生进行概括升华的系列问题为概括—升华性问题串。

例如，在"同类项与合并同类项"一课，教师首先提出如下问题。

问题 1：长方形面积问题

如图 5 - 1 - 10 所示，两个长方形被粘在了一起得到一个大长方形，你能求出得到的大长方形的面积吗？

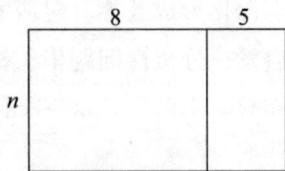

图 5 - 1 - 10

教师预测学生大致会有如下几种解答方案。

方案 1：根据两个小矩形面积之和得出大矩形面积，结果为 $8n + 5n$；

方案 2：根据两个小矩形面积之和得出大矩形面积，列出 $8n + 5n$ 后得

到 $13n$；

方案 3：将大矩形看作一个整体通过求出其长得到面积：$(8+5)\ n = 13n$。

教师组织学生对上述三种方案进行讨论，达成共识：$8n+5n$ 和 $13n$ 的结果都是正确的，但相比而言，$13n$ 的形式更为简洁。

接下来，提出概括—升华性问题串——

问题 1：长方形面积问题中，两个单项式做加法得到的结果变成了一个多项式，那么，是任意两个单项式做加法运算结果都还是单项式吗？

问题 2：到底什么样的两个单项式做加减运算时结果可以合并为一项呢？

问题 3：为什么这样的两个单项式做加减运算可以合并为一项呢？

问题 4：怎样将两个同类项合并呢？

这样，最初的"长方形面积问题"就成了一个蕴含着一系列问题的现象，通过概括—升华性问题串，学生会透过现象看本质，将解决这一特殊问题的思路与方法进行一般化思考。随着这些概括—升华性问题的解决，学生会对加减运算中能够合并为一项的单项式特征有深入认识，得到同类项的概念和合并同类项法则。

需要指出的是，在解决每个概括—升华性问题的过程中，可能还需要教师提出一些启发性问题。例如对于问题 2，教师可以请学生举例说明，或者教师举一些正例、反例请学生作为探讨的素材，帮助学生进行理解。

（三）以条件—程序练习性问题串促进学生形成技能

启发—分析性问题串和概括—升华性问题串以问题解决和知识形成为指向，而条件—程序练习性问题串的功能则是让学生能够娴熟地运用新知识解决问题，形成技能。

"工欲善其事，必先利其器"，有些已经学习过的数学知识将成为后续解决问题经常使用的工具，需要达到自如应用甚至自动化程度。这样，学生仅仅理解知识的内涵与价值是不够的，还必须有一定的练习量。以"十字相乘法"为例，高中教师常常抱怨初中老师不讲十字相乘法，然而事实并非如此。尽管十字相乘法是初中的选学内容，但是初中老师一般都会讲，学生知道什么是十字相乘法；如果直接要求学生用十字相乘法分解因式，也是能够做的。高中老师之所以认为学生不会十字相乘法，是由于学生不能做到自如应用。何为自如应用？就是在遇到一个能够运用十字相乘法分解、求解的一元二次方程，不需教师提示，学生就能够自主运用十字相乘法快速分解并求得其解。请注意此时我们又为十字相乘法的使用增加了一个前提，那就是首先判断题目中的条件是否符合十字相乘法的要求。比如，方程 $x^2 - 3x - 4 = 0$ 中，常数 $-4 = 1 \times (-4)$，而 $1 + (-4) = -3$，符合十字相乘法的要求，然后再用十字相乘法进行因式分解。判断的前提，特别是能够做到迅速判断的前提是，学生对系数的分解与组合具有足够的敏感性，而只有足够数量的练习才能确保学生具有这种敏感性。由于十字相乘法在初中是选学内容，不会明确考查，因此，教师给学生练习的数量距离达到自动化水平的要求有显著差距。

由于条件—程序练习性问题串的作用在于帮助学生形成技能，因此这类问题串的设计需要遵循技能形成的基本规律：除了足够数量和时间的持续性以保证学生对于知识的适用条件形成一定的敏感性外，实践中要特别注意题目难度和数量的循序渐进性。

"怎么做"是由概念性知识决定的，所以，练习首先需要关照学生是否在自觉运用概念性知识，因此，学生是否理解了概念性知识非常重要。而初期对题目数量和难度的控制则是给学生从容梳理概念性知识中蕴含的思维过程的机会，这样有利于加深学生对概念和规则的理解。

题目难度增加的一种方式就是综合更多数量的知识点设计变式问题。它具体表现为变式，而每次变式都是综合了其他的知识。此时，教师需要诊断是否其他知识的掌握影响了学生的解题，必要时可进行专项练习。比如，在"整式乘法"单元的学习中，发现许多学生的错误并不是出在整式乘法法则上，而是出在随后的合并同类项这一步，因此教师就需要针对这些学生进行同类项与合并同类项知识的个别指导和专项训练。

第二节
以科学的方法调研学生

　　面对一个有空间的问题，学生会有何表现？教师在备课时需要做出准备。准备的方式可以是基于经验和理论的推理；如果经验和理论不够丰富，就需要进行调查研究，通过实证的方法了解学生会出现的各种想法，提前做好分析并准备好对策，防止教与学擦肩而过。

　　有效的学生调研需要以科学的方法为基础。常用的调查学生的方法包括：问卷法、测试法、观察法、访谈法等。每种方法各有优劣，只有综合、灵活使用于备课、上课、课后辅导的各个环节，才能得到全面、深入、可靠的信息。

一、问卷法

　　问卷法是通过由一系列问题构成的调查表收集资料以测量人的行为和态度的基本研究方法，其优势在于能在短时间内调查很多研究对象，取得大量资料，经济省时。但好的问卷设计并不容易，特别是对学生知识与技能的掌握情况就不太适宜通过简单的问卷法调研。例如，有初中教师想了解学生关于方程的认知情况，设计如下问题。

　　你还记得什么是方程吗？

　　A. 不记得（　　）　　　　　　B. 知道，说不清（　　）

　　C. 我会解方程（　　）　　　　D. 知道方程定义（　　）

　　这样的问题可能就难以真正反映学生的真实情况，不如请学生写出几个方程、解几个方程获得的信息更可靠和有意义。

　　问卷法比较适合调查学生的学习态度、学习方法、学习习惯等。例如，如果想了解学生对数学学科的情感，可以设计如下问题。

1. 你现在喜欢数学这门学科吗？

A. 喜欢（　　）　　　B. 不喜欢（　　）　　　C. 无所谓（　　）

2. 若喜欢，请回答为什么（可多选）。

A. 数学知识本身有兴趣（　　）

B. 数学课有挑战性，我经常能体验成功（　　）

C. 课堂氛围较宽松（　　）

D. 我喜欢数学教师（　　）

E. 其他（请具体说明）＿＿＿＿＿＿＿＿＿＿＿＿＿＿＿＿＿＿＿

除了选择性题目外，问卷中还可以设计一些自由叙述式性问题，不给被调查者提供任何答案以让其将自己的想法用文字自由地回答。设计这类题目的时候要注意具体、准确和通俗，切忌让学生产生歧义或者难以表达自己真实想法。如"你喜欢什么样的教学方式"这样的问题就不太容易回答，学生会因为对教学方式的理解不清而导致我们得不到有效的答案。如果改成"在你的学习经历中，有没有一节印象很深的数学课？若有，请对这节课给你留下深刻印象的原因进行描述"，教师就可以根据自身对教学方式的理解来分析学生的问卷，从而获得有意义的信息了。

问卷法也存在明显的不足，被调查者由于各种原因（如自我防卫、理解和记忆错误等）可能对问题做出虚假或错误的回答；在许多场合对于这种回答要想加以确证又几乎是不可能的。因此，要做好问卷设计并对取得的结果做出合理的解释，必须具备丰富的心理学知识和敏锐的洞察力。

二、测试法

对学生运用已有数学知识、思想方法思考和解决问题能力的状况进行调查，一般用测试法。本质上，老师布置的作业、组织的考试，从学生的角度看是巩固与强化知识；从教师的角度看，就相当于通过测试法对学生学的情况进行调查。

关于测试题目的编制，需要注意如下三个问题。

第一，题目的设计要与调查目的匹配。例如，要想了解学生是否掌握了有理数加法法则，可以用有理数加法的题目调查。如果要调查学生是否领悟了借助已学过的运算或实际问题探索出有理数加法法则的过程，就不适宜用有理数加法问题，因为学生可能会直接用有理数加法法则进行运算；此时，可以设计一些有理数减法的问题，并请学生说明结果是怎样得到的。

测试题目的诊断功能需要以对解决该问题所需要能力的分析为基础。由于解决一个问题通常需要以多个知识的理解或者多种能力的具备为基础，要想准确判断困扰学生的问题，可以设计一些对比性测试题进行调研。

下面来看一个应用题的调研方案的设计与实施过程。

问题：长青化工厂接到 B 地的一笔订单，他们需要从 A 地进料生产。如图 5-2-1 所示，这家工厂与 A、B 两地有公路、铁路相连。这家工厂从 A 地购买一批每吨 1000 元的原料运回工厂，制成每吨 8000 元的产品运到 B 地。公路运价为 1.5 元/（t·km），铁路运价为 1.2 元/（t·km），这两次运输共支出公路运费 15000 元，铁路运费 97200 元。你能帮厂长测算一下这笔生意获得的毛利润是多少吗？

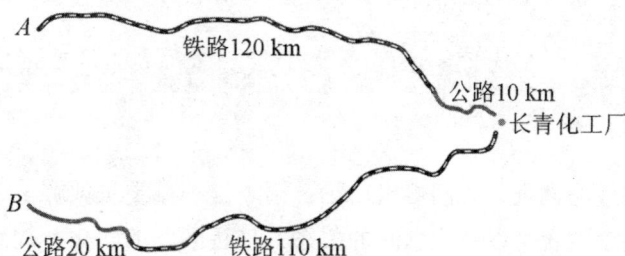

图 5-2-1

首先要分析出解决这个题目的几个关键点：一是将求毛利润的问题转化为求原料数和产品数的问题；二是通过对题目条件的分析，确定借助运费求原料数和产品数的思路；三是根据公路运费和铁路运费列出方程组，而这又依赖于学生是否理解例题，核心则是运价的含义以及货物运输过程。那么，到底哪个关键点是学生的困难之处呢？为了了解这个问题，可以做一个比较研究，随机抽取两组学生分别解决原问题和下面的问题 1。

问题 1：长青化工厂接到 B 地的一笔订单，他们需要从 A 地进料生产。如图 5-2-1 所示，这家工厂与 A、B 两地有公路、铁路相连。公路运价为 1.5 元/（t·km），铁路运价为 1.2 元/（t·km），这两次运输共支出公路运费 15000 元，铁路运费 97200 元。长青化工厂从 A 地购进的原料多少吨？生产的产品多少吨？

我们从一个班抽取了 7 名（原本计划请 6 名，另有 1 名学生是误听消息参加的）成绩中等的学生，两个题目随机发放，其中 3 名学生解答的是原问题，4 名学生解答的是问题 1。在学生解答过程中，教师进行观察、指导。在观察到解答原问题的学生中有 2 名始终未能成功，教师就给他们换成了问题 1，但是对于问题 1，他们也始终未形成明确的思路。

对 4 名解答问题 1 学生的观察过程和访谈表明，他们主要是通过突破两道关解决的：一是"明白了运价的意思就会做了"，二是"将条件标在图中后就会做了"。对解答原问题成功的那名学生做了访谈，具体如下。

问：题目明明问的是毛利润，你怎么设产品数和原料数呢？

答：因为毛利润等于销售价减去运输费、原料费，运输费已知，而要求销售价和原料费就是求产品数和原料数。

问：好，在明确了要求原料数和产品数后，你是怎么想到了利用运费求原料和产品数的？

答：因为您看，运价单位中有吨、千米，就跟货物数有关，所以就用运费求原料和产品了。

通过这样的调查，我们得出结论：第一，一旦学生理解了题意也即题目中关键概念的含义以及概念间的关系，进行问题的转化、找到解题思路并列出方程组并不困难，因此，教学的重点应该主要放在引导学生思考关键术语的含义和用合适的方式整理题目信息上。

第二，用于前测的题目回避使用学生未曾学过的术语，要用学生能够理解的意思表达术语，以防止学生不能展示自己的理解水平。

例如，要在进行一次函数单元教学前做前测，了解学生关于这一单元的主要问题的认识情况，首先需要分析这一单元的主要问题包括哪些。通过分析，发现主要包括两类。

第一类是建立现实问题与数学（函数）模型的关系问题，由于函数模型常用的表达方式有解析式、图象、列表法三种，因此，这里的问题经常表现为根据现实情境利用已知的科学原理求函数解析式的问题；这里的现实情境可能用文字语言描述，也可能用图像描述，还可能用数表描述。

第二类是纯粹的函数概念语境下的数学语言转换问题，如：

①画出函数 $y = -\dfrac{3}{2}x$ 的图象。

②函数 $y = -\dfrac{3}{2}x$ 的图象是一条过原点（0，0）及点（2，_____）的直线。

③已知 y 与 $x+2$ 成正比例，且 $x=1$ 时 $y=-6$。$a.$ 求 y 与 x 之间的函数关系式；$b.$ 若点（a，2）在函数图象上，求 a 的值。

④已知一次函数 $y=kx+2b+4$ 的图象经过点（-1，-3），k 满足等式 $|k-3|-4=0$，且 y 随 x 的增大而减小，求这个一次函数解析式。

显然，前测题直接用这些问题不合适，学生会由于不知道何为"函数"而无从下手，因此，需要改变问题的叙述方式，回避术语而又要反映问题的本质。案例 5-2-1 就是基于这样的考虑而设计的一套前测题目。

案例 5-2-1

"一次函数"单元前测卷

1. 某城市的市内电话的月收费额 y（单位：元）由月租费和计时通话费两部分组成。月租费 22 元（无论是否打电话，都要交纳），计时通话费按照通话的时间长度收取，单价为每分钟 0.1 元（不足一分钟按一分钟算）。

①如果一个家庭某个月的通话时间长度为 400 分钟，那么他家需要交纳的电话费是多少？如果一个家庭某月交纳了电话费 75 元，那么这个月他家的通话时间是多长？试写出 y 与打电话的时间总长度 x（单位：分钟）的关系式。

②如果该城市的计时通话费单价调整为每分钟 a 元，月租费仍为 22 元，那么 y 与打电话的时间总长度 x（单位：分钟）的关系式是什么？小明家这个月的通话时间为 300 分钟，交纳电话费 46 元，能否得到计时通话费单价？

③如果该城市的月租费调整为 b 元，计时通话费单价为每分钟 k 元，那么 y 与打电话的时间总长度 x（单位：分钟）的关系式是什么？小明家交纳电话费 39 元，通话时长为 300 分钟；小红家交纳的电话费为 51 元，通话时长为 450 分钟，月租费和计时通话费单价分别是多少？

2. 下图反映了一所学校春游时从学校出发到参观景点再返回学校的过程中，汽车与学校的距离和时间的关系。其中，从 O 点到 A 点反映了旅游车从学校出发，经过一段时间到达旅游景点的过程，从 A 到 B 反映了学生在旅游景点参观时汽车在停车场等待的过程，从 B 到 C 反映了汽车从景点出发返回学校的过程。

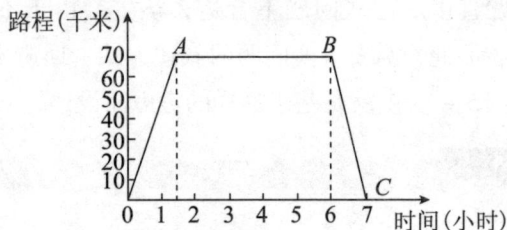

图 5-2-2

请根据图象回答问题：

①出发一小时后，汽车离学校多远？

②汽车从学校到旅游景点用了多长时间？旅游景点距离学校有多远？

③学生在旅游景点玩了多长时间？

④汽车往返的速度哪个大？为什么？

⑤请写出汽车从学校在开往旅游景点的过程中，走过的路程 s 与所用时间 t 的关系式。

3. 某烤鸡店在确定烤鸡时间时主要依据下面表格中的数据：

鸡的质量/千克	0.5	1	1.5	2	2.5	3	3.5	4
烤制时间/分	40	60	80	100	120	140	160	180

①请将这组数据画在横轴为鸡的质量、纵轴为烤制时间的平面直角坐标系中。

②请将这种烤制时间与鸡的质量的关系式写出来。

对这三个题目,从数学结构上看,第一题需要根据实际问题中的数量关系列函数解析式、求函数值、利用待定系数法求函数解析式;第二题是根据图象确定数对,确定函数的解析式;第三题是将列表法给出的函数用图象、解析式来表示。但是三个题目中却没有出现诸如函数、图象、解析式等术语,学生可以根据自己对这些贴近现实的问题的实际意义的理解展开探究,从而真实展示他们对于函数中的主要问题的理解基础。

第三,对于测试的分析,不仅要关注正确率等数据,更要对一些典型的表现进行分析,发现学生的问题的本质,以便更好地为教学服务。比如,图 5 - 2 - 3 是一名学生的解答,从他涂改的痕迹可以看出,他最大的问题在于不自信,教师需要对此予以关注。

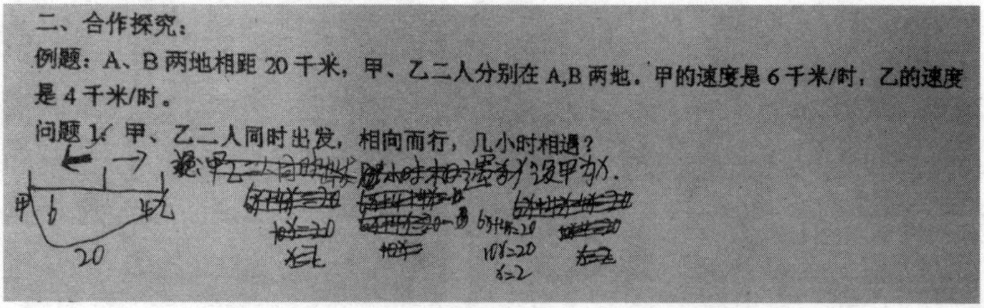

图 5 - 2 - 3

作品分析法在一些关于教育科学研究方法的著述中被作为一种独立的研究方法,但是笔者认为,无论是通过调查法、测试法,还是通过访谈、观察获得的信息,都需要分析,因此,作品分析法作为方法不具有独立存在的意义,而分析作品应该是研究过程中的必要组成部分,对同一作品的不同分析与解释会带来不同的策略。

例如,为了解学生首次面对一个二元一次方程组时求解过程中的表现,可以设计这样一个问题:

$$\begin{cases} 5x + 12y = 50 \\ 2x + 6y = 23 \end{cases}$$

请你求出同时满足上面两个方程的 x、y 的值。

问卷通常能够提供比较充分的反映学生表现的信息，但对问卷中的信息的解读也很重要。比如，参与上面问题调查的 12 名学生中，有 6 人能够得出正确答案，6 人不能给出答案，似乎数据并不乐观，看来学生不能利用解一元一次方程中反复强调的转化思想来解二元一次方程组。但是，如果对学生在问卷中表现出的解题过程进行分析就会发现，没能给出答案的6 名学生中，有 5 人对于两个方程进行了加减处理，其中 4 人对两个方程做了加法处理，还有 1 人通过先用加法后可能是发现不对，又用减法处理（如图 5 - 2 - 4 所示）。

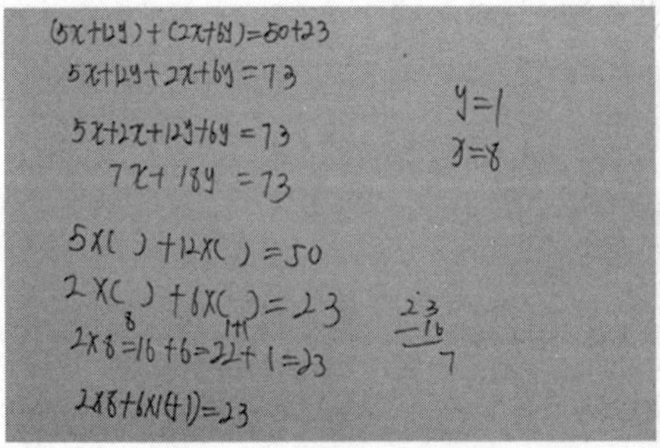

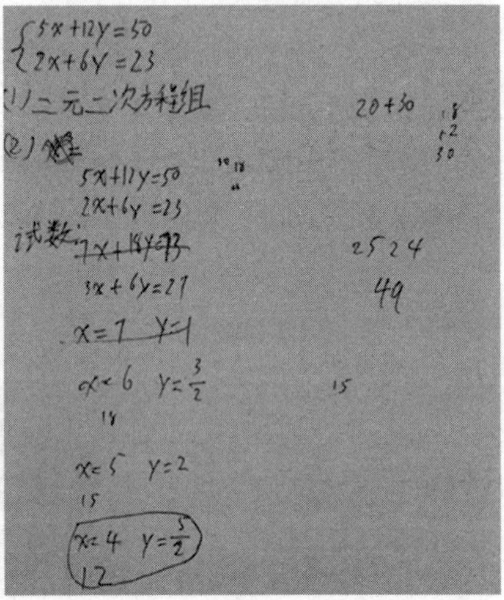

图 5 - 2 - 4

尽管学生没能够得出结果，但是分析他们的作品就会看出，他们是在试图通过对两个方程进行加减运算得到 x 和 y 的值，只不过他们对自己行为的意义并未觉察，也就导致当行为未产生预期的结果时，不能自觉进行分析进而修正、调整方案，而是尝试使用试数的方法找方程组的解，由于试数的方法效率过于低下，所以难以成功。

分析已经成功得出答案的学生，有些在探索伊始就有着明确的目标，然后根据对方程的特点进行改造，比如将第二个方程两边乘 6，然后再用第一个方程相减；也有的是"边做边想"，最初也是将两个方程做减法，发现得到的方程左边与第二个方程的左边只相差 x，于是得到 x 的解（如图 5 - 2 - 5 所示）。

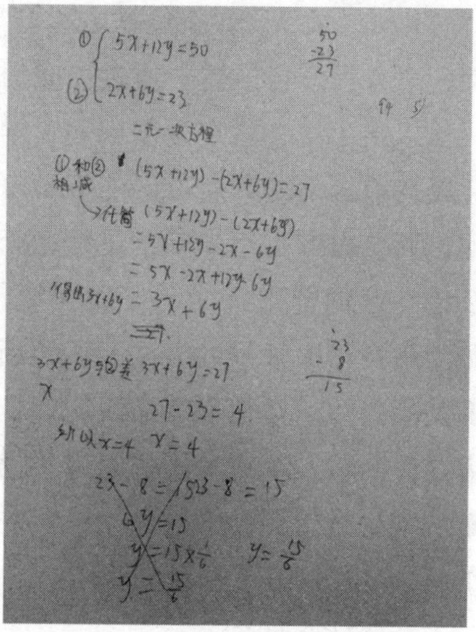

图 5 - 2 - 5

这样我们就看到学生在探索二元一次方程组的解中的智慧与困难：智慧在于能够对两个方程进行运算，理解解二元一次方程组就是通过两个方程间的运算消掉一个未知数，从而变为一元一次方程。同时，教师需要帮助学生突破的难点在于，唤醒学生对自己所进行的两个方程间的运算目的和根据的认识，然后根据目的和两个方程的特点选择合适的运算解出 x 和 y 的值。下面这段教学过程就是基于这种分析进行的。

本书附录 1 "大概念统摄下的'二元一次方程组'单元整体教学"给出了基于这样对学生作品的分析而开展的教学设计和具体教学过程，供读者参考。

测试法的优点是，能在更大范围内对众多调查对象同时进行调查，且便于对调查结果进行定量研究，为教师的整体决策提供支持。但是，要想真正揭示学生某种表现背后的想法，教师还要经常借助访谈法、观察法等。

三、访谈法

访谈法就是教师通过与学生面对面进行提问交流以了解学生的方法。其价值在于教师可以根据得到的信息对学生不断追问，从而对学生有更为深入的了解。

比如，关于"二元一次方程组"的解法，有教师看到一些学生自如地对一个方程进行改造，通过加减消元法求出了解，就产生了问题：学生是提前自学或者通过课外班学习了二元一次方程组知识，还是完全凭借自己的智慧探索出了方法呢？如果是自己探索出的方法，那么到底是哪些知识对他们有启发呢？带着这些问题，教师对一位给出正确解的学生进行了访谈。其中，学生的解答过程如图 5 – 2 – 6 所示。

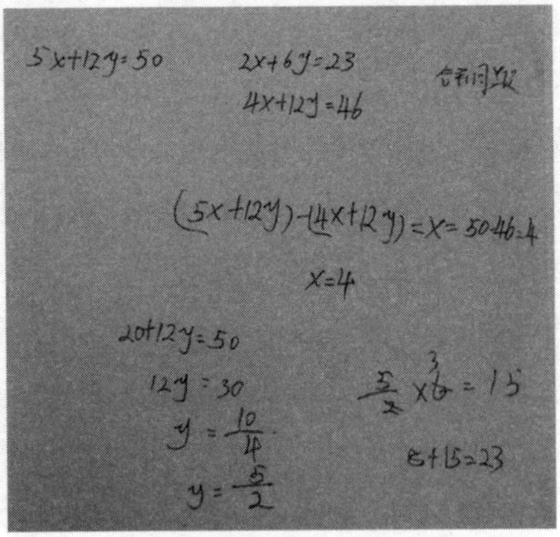

图 5 – 2 – 6

访谈过程如下：

师：你怎么想到把方程 $2x + 6y = 23$ 两边都乘 2 的啊？

生：过去做过这样的题。

师：什么时候做过这样的题？

生：就是合并同类项的时候，做过类似的题目。

通过访谈，我们得知是学习代数式时解决的已知一个代数式的值而求另一个代数式值的问题为学生带来了启发，她千方百计将第二个方程式分离出一个第一个方程中左边的代数式，然后就简化了方程，求得了二元一次方程组的解。

访谈主要有两种方式：个别访谈和群体访谈。个别访谈的优点是比较能保护人的隐私，信息比较容易做到客观，但对访谈者而言时间投入更多；群体访谈的优势是容易使参与者思路彼此受到启发，对访谈者而言比较节省时间，但有时被访谈者彼此会有顾虑导致信息失真。课堂上，教师提出一个问题后，请学生各抒己见的过程就可以看作群体访谈的过程。

访谈法最重要的是获得自己希望的信息，成功的关键是：

第一，要有访谈提纲。访谈提纲未必以书面的形式表达，但是访谈者需要有访谈的内心结构。所谓"内心结构"，就是访谈者围绕自己的目的而设计的问题结构。

比如，围绕某一难点，教师对学生进行访谈的内心结构总体上是：关于这个问题，你有哪些经验？直觉是什么？最初的直觉产生后你做了什么？当遇到困难后又想到了什么？在问题解决后，你反过来想一想自己哪里突破了？等等。

再如，围绕某一单元的教学设计，教师对学生进行访谈，访谈的内心结构总体上是：关于这一单元，学生已有的经验基础是什么？已有的知识基础是什么？日常概念与科学概念的主要差距是什么？他们的兴趣点在什么地方？他们是否具备这一知识的学习所需要的思维方式和学习方式？可能还会有什么样的学习方式？

第二，访谈时要将以访谈提纲表现的"内心结构"与"使用结构"相互转化。所谓"使用结构"，是调查者在调查时的表现结构，是根据访谈情景对内心结构的调整和外化。将"内心结构"转化为"使用结构"的目的是创造轻松、真诚的访谈氛围，能够获得调查所需要的真实信息。

这里需要特别注意内心结构与使用结构的关系：内心结构是一种相对稳定的主观的结构，而使用结构要根据调查对象特点和调查内容特点灵活创设。调查者只有深刻把握了内心结构的本质，才能在访谈时随机创生灵活适当的使用结构。但是需要注意的是，由于内心结构的主观性，访谈者需要在访谈过程中根据客观情况对内心结构做出适当的修正，而不能一味坚持固有的内心结构。

第三，访谈时要让访谈对象感受到真诚和帮助，切忌咄咄逼人、以高高在上的姿态面对学生，否则会让学生陷入紧张和自我保护状态，难以将自己的真实想法说出来。

为了获得更多学生的感受，有时候也可以把一些常用于访谈的问题设计以便于学生表达的方式设计成书面形式，这样就更有利于获得学生更多的心理感受和心理历程信息。下面关于一元一次不等式的问卷设计就具有这样的特点。

案例 5 - 2 - 2

一元一次不等式的解法课前测①

一、基本情况

班级：_____， 姓名：_____，之前 □是/□否 学习
过一元一次不等式的解法

二、解下列不等式并在符合实际情况的□中打"√"

1. $x - 3 > 5$

我面对这道题的感受	我对解答的正确性
□我能做对	□有十足把握
□可以试试	□无法确定
□放弃作答	□完全没有信心

2. $2x - 5 > -7$

我面对这道题的感受	我对解答的正确性
□我能做对	□有十足把握
□可以试试	□无法确定
□放弃作答	□完全没有信心

问卷共包括 8 道题，后面 6 道的设计格式与前两题相同，题目分别为：

3. $5 > 3 + x$

4. $-2x > -5x$

5. $-x + 12 > 5x$

6. $5(x + 3) + x > 5$

7. $3(2x + 3) > 2(4x + 3)$

8. $\dfrac{x - 1}{6} - 1 \geqslant \dfrac{2(x + 1)}{3}$

通过这一问卷，教师了解到被调查的 10 名学生均未提前学习不等式的解法，而首次面对问卷中的解不等式的任务，有 9 名学生选择愿意尝试做，

---

① 本问卷和调研数据均来自北京市第十三中学分校赵品莉老师。

1 名学生选择放弃而未作答；尝试解答的 9 名学生中，4 名学生选择"有十足把握"，5 名学生选择"无法确定"。而选择"有十足把握"的 4 名学生中有 3 名学生的答案正确，选择"不能保证做对"的 5 名学生中有 2 名完全正确，也就是说，共有 5 名即一半的学生正确解答了全部 8 道题；另外 3 名解答的学生的困难和错误之处均发生在 x 的系数为负而系数化一之时，如第 4 题和第 5 题左边变为负系数后，有同学生产生疑虑不敢动笔，有学生则直接给出了 $x > 2$ 的结果。这就为教学的着力点提供了宝贵的信息：借助解不等式的行为和作品背后的心理感受和思维过程开展教学，而重点则在于对形如第 4 题的问题的原理的探析，从中发现、找到不等式的性质，以及面对新问题要敢于尝试、主动与能够解决的问题、学过的知识建立联系的品质。

四、观察法

访谈可以将学生能够唤醒的、意识到的内容收集到，但还有一些很重要的信息学生自身可能并没有意识到，这就需要教师对学生行为表现进行细致的观察，通过学生的一些独特行为表现来判断学生：学生眼睛一亮、眉头紧锁、什么时候快、什么时候慢、解决问题先后顺序的选择等都代表着到底是哪些数学对象或者问题引发了学生不同寻常的思维活动，学生数学学习过程中表现出的情绪情感乃至态度问题背后通常是思维问题，教师对学生思维活动的关注也有利于化解情绪情感问题，从而更有益于促进学生健康人格的发展。比如，图 5 - 2 - 7 是一张广泛传播的小学数学课堂场景照片，很容易判断学生列出的除法竖式是错的，而镜头外正在等待着教师反馈的学生表情中其实充满疑惑、不安甚至惊恐，显然，他知道自己的答案是错的，这个解答与他的已有知识和经验存在冲突但他却无力破解，他非常担心这样一个可

图 5 - 2 - 7

笑的解答会引发同学、老师的讥讽与嘲笑。面对此情此景，许多教师会安抚道："错了没关系，谁都会出错，回座位吧。"但这并不能真正化解学生的尴尬情绪，这个场景可能长久停留在学生的脑海中，让他感到自卑。如果教师能够理解学生的情绪情感根本上来自认知冲突，教学就可以这样开

始："你好像不太有把握？自己不太满意？哪里让你不满意了？"这样就将学生自己和全体同学的注意力引导到认知过程中，更容易帮学生从尴尬中走出来。而在随后的讨论中，教师如果能充分将错误答案中蕴含的合理成分和错误之处分析出来，就能够让学生自己改正，从而真正化解困境。实际上，如果对学生所列竖式做现实意义的还原的话并没有错误：$35 \div 5$ 可以用 5 个小朋友分 35 块糖解释，而最初商 6 的含义是先分给每个小朋友 6 块，这样就分为完了 30 块糖，接下来分剩下的 5 块糖再给每人分 1 块即可，但在这一过程用除法竖式表示时，本来地位平等的先分的 6 块糖和后面分的 1 块糖的地位却不平等了，这就导致了错误，而改正的方法也要到原理中寻找：这里的"1"是商给余数 5 的，为了表达这层意思，应该将之写在与 5 竖直对齐的位置、从而与先前写下的商数 6 也竖直对齐的位置上，1 与 6 所在的数位相同，两者是相加的关系，而优化的方法则是直接写出商为 7，更开明的老师也许可以让学生用自己创造的规则代替试商——要知道从世界范围内的教科书看，除法竖式也是以多种形态存在的，并不存在统一的"标准"除法竖式，而这样的教学过程将让学生感受到自己探索的价值，感受到对错误充分分析后可以找到正确的道路，能够建立自信，其他同学也必定会从中受益，包括体会到交流和倾听的意义。观察时，要注意将来自不同学生的信息联系起来，来自学生群体的信息通常代表着一定的规律，对于教学调整和改进产生更大的影响。例如，关于二次根式运算的教学中，教师设计了如下几组题目：

1. （1）$(\sqrt{32} + \sqrt{8}) \times 3$　　　　（2）$(4\sqrt{6} - 3\sqrt{2}) \div 2\sqrt{2}$

2. （1）$(\sqrt{5} + 6)(3 - \sqrt{5})$　　　　（2）$(5 + 2\sqrt{6})(5\sqrt{2} - \sqrt{12})$

3. （1）$(\sqrt{10} + \sqrt{7})(\sqrt{10} - \sqrt{7})$　　　　（2）$(2\sqrt{5} + \sqrt{2})^2$

　　题目的设计顺序代表着教师预设的教学顺序，这一顺序与整式乘法的学习顺序一致：单项式乘多项式，多项式乘多项式，再到乘法公式。但是观察学生的解答过程，却发现许多学生被第 2 题困住了，却能够顺利解答第 3 题；还有些学生在解完第 3 题后再回头解答第 2 题。这说明，学生对于乘法公式这种多项式乘多项式的特殊情况记忆更清楚、掌握更熟练，这就为教学带来了启发：二次根式的乘法教学未必遵循从特殊到一般的规律，而是可以反过来，从特殊情形开始讨论，进而再探讨一般的情形。

观察与访谈总是紧密结合的，也就是当发现学生有奇异表现时，教师可以通过访谈的方式进一步了解学生表现奇异的原因，以唤醒学生处于沉睡中的意识。下面就是一个观察、访谈综合使用的案例。

案例5-2-3

词不达意的背后

平行线等分线段定理一课的难点是学生结合定理对图形进行识别，进而对定理进行表述。于是，T老师在课堂上把图形画在了黑板上并给了时间，让学生结合着图形记忆和掌握。有的学生对T老师提供的方法不易接受，最后像背语文课文似的死记硬背，说成了"一组平行线截一条直线，所得线段相等，截另一组平行线也相等"，明显不通。而几何中的概念和定理就是把人们的所见用语言表述出的结果，为什么会出现这种情况呢？显然，这名学生的话表明他没有用意义支撑起自己的语言，没有将这个定理与自己的现实（话该怎么说）建立任何联系，这样的记忆即使是正确的又有何用呢？

下课后，T老师对学生做了访谈，问他什么是平行线等分线段定理，他说："一组平行线被一组直线所截，截得线段相等……"（说不下去了）

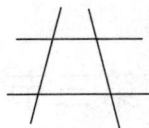

图5-2-8

T老师让他画出图形，他画出形似图5-2-8的图，既没有被截得的相等线段，又没有结论中的相等线段。可见对定理的事实并不掌握，只是在"死记硬背"。

于是，T老师帮他画出如图5-2-9的图，引导他思考哪部分属于已知，哪部分属于结论，让他再画一个图形，并自己测量一下。由图形的事实，他似乎明白了，截出相等是已知，得到相等是结论。

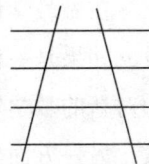

图5-2-9

于是T老师让他用自己的话概括定理，他的回答是："一条直线截一组平行线，截得的线段相等，那么截另一条直线也相等。"他已经可以说出题设和结论，只是在语言表达上存在较大问题。

T老师又问:"你这句话讲得通吗?"

该生看了一遍没觉得有问题,T老师便请他按这句话将图形画出。他画的仍是正确的图形,这时T老师判断他存在心口不一的情况,于是向他解释:"一条直线已经截了平行线,它又是如何截另一条直线的呢?"他眼睛一亮,似乎马上明白了老师的意思。T老师再次让他用自己的话表述这个定理。原以为他会跟定理的叙述相同——"一条直线截一组平行线,被截得的线段相等,那么另一条直线截这组平行线得到的线也相等",但他却调整了语序"一组平行线截一条直线截得的线段都相等,那么截另一条直线得到的线段也相等",这也合乎语法,并且与定理的含义完全吻合。(顿继安,2004)[78]

这是一个教师指导学生的案例,也是通过观察法、访谈法对学生进行研究的案例。实际上,只要教师能够用研究的态度和方法面对自己的工作,研究学生的活动随时随地都会发生。

第三节
根据学生情况积极做出调整

在做教学设计时,教师通常会基于自己的经验形成一些关于学生的假设,如果是一种探究性教学,通过课前做学生调研将有助于教师了解学生面对新的教学思路的表现,这样做一方面是了解学生的具体表现后教学对策,另一方面也通过学生的总体表现判断教学方案是否可行,如果可行就按照新的思路实施,本书附录1就是这样一个案例。但也有时候,通过对学生的研究,我们可能会发现学生对某些问题的理解与教师预想的不一样,此时,调整教学就成为必要的了。教学的调整有大有小,可能会调整教学目标与教学重点,也可能会调整教学方式,还可能会调整一节课、几节课，甚至一个单元、一本书的教学内容顺序。

一、调整教学的重点

教学目标与重点是由知识自身的地位和学生的情况共同确定的，在课堂上，教学的重点直接表现为花费的时间会多。通过对学生研究问题过程的研究，教师可能会发现自己原来预设要重点讨论的内容与学生需要教师对其指导的内容不同，于是就要调整教学重点。

比如，解一元一次方程的第二课时，一位教师看到教材是这样安排的：首先请学生对比方程 $6x+2=4x-5$ 与最简方程 $mx=n$（$m\neq0$）（x 是未知数）的形式有什么不同，然后让学生探索如何利用等式的基本性质，把方程 $6x+2=4x-5$ 化归为最简方程 $mx=n$（$m\neq0$）的形式，最后让学生归纳从方程 $6x+2=4x-5$ 化归为最简方程 $2x=-7$ 的变形过程是否可以概括出一般规律，从而得出移项、合并同类项等规范解题格式。根据这种安排和自己的经验，教师确定这节课的教学重点为教会学生怎样移项。

在上课前，该教师恰巧遇到邻居初一的孩子到自己家问问题，就以他为对象做了一次课前调研。下面是调研过程。

案例 5-3-1

关于"移项"的学生调研[①]

师：你能不能帮我解几个方程？

生：可以呀！

于是教师请学生解方程 $6x+2=-10$，这个学生非常顺利而且规范地解决了问题：

$$6x+2=-10$$
$$解：6x=-10-2$$
$$6x=-12$$
$$x=-2$$

---

① 案例来源：北京市房山区良乡第三中学赵红艳老师。

师：第一步你是怎么想的？

生：加数加加数等于和，加数等于和减另一个加数。

师：得出未知数的值，你的依据是什么？

生：因数等于积除以因数。

师：你能用你刚学过的知识解释吗？

生：想不起来了。

师：方程是等式吗？

生：是呀！

师：那第一步可以看成是在等式左右两边同时减去2么？

生：我想想。（很快就高兴地）可以，我知道了。刚才的问题依据的是等式性质。

师：那你再解这个方程 $6x + 2 = 4x - 5$，好吗？

生：我试一试。

$6x + 2 = 4x - 5$

解：$6x = 4x - 5 - 2$

$6x - 4x = -7$

$2x = -7$

$x = -3.5$

师：你可以说一说每一步的依据吗？

生：可以，第一步和第二步都是等式的性质1（等式两边同时加或减一个等式，等式仍成立），第三步是合并同类项，第四步是等式两边同除以2。

师：你真棒！都做对了！如果以后你勤于思考，还会更棒的！

生：（高兴得笑了）小学老师好像说叫移项。

师：移项是步骤，不是依据。你原来知道依据么？

生：不知道，但我现在知道了。

师：所以我相信你，你只要用心，一定是最棒的！

他又开心地笑了！

　　根据调研，教师发现，学生是知道怎样移项的，只是还没有形成以等式性质看待移项的视角。所以，其教学重点就从"教学生怎样通过移项将新的方程转化为简易方程"调整为"以往通过移项解方程的依据是什么"，相应的教学活动也与学生调研过程类似：先请学生解一些一元一次方程，然后探讨为什么可以对方程做这样的变换，探讨移项的依据。

二、调整教学方式

　　宏观的教学方式指的是教学模式，即教学的流程安排。实际上，上面案例中的教师已经对教学模式进行了调整。最初的流程是先探索如何利用等式的基本性质，把方程 $6x+2=4x-5$ 化归为最简方程 $mx=n$（$m \neq 0$）的形式；调整后的流程是先请学生解方程 $6x+2=4x-5$，再反思解方程的依据是什么，如何用等式性质解释解方程的依据。

　　微观上的教学方式是指教学的具体手段。比如，到底怎样教才能帮助学生突破难点，实现真正理解？一位教师注意到一次考试的结果异常，于是对学生做了调查，发现自己由于偶然因素在两个班对试卷中的一道关键题目采用了不同的教学方式，相当于教师无意中做了同一内容、不同教学方法的比较研究。研究结果表明，以教师讲解示范作为突破难点的方式的有效性低于以学生的独立探索、遭遇挫折为基础的突破方式。这一发现对教师关于怎样的教学方式更有效在认识和行为上都产生了深刻影响（张勃，2011）。

三、调整教学中的知识顺序和教学的基本单位

　　面对一个问题，尽管教师课前做了认真备课，做了一些关于学生可能会怎样想的假设，但是由于教师与学生的知识基础不同，面对问题的立场不同，学生仍然可能会提出一些教师未曾想到的想法，或者会产生与教师预设不同的探索方向。比如，小学一般是先学习平行四边形面积、后学三角形面积，但是在关于平行四边形的课上，一个小组汇报时，介绍他们是将平行四边形分为两个三角形求面积，遗憾的是，教师并没有让学生充分讲解，而是说了句"三角形面积还没学呢"就否定了学生的想法。通常教

学确实是先学习平行四边形的面积后学习三角形的面积，而三角形的面积借助平行四边形得到。但也许这不是唯一的线索。这个小组的同学就是借助三角形而得到平行四边形的面积的：在将平行四边形分为两个三角形后，他们在三角形中作高而得到了直角三角形，而每个直角三角形都是矩形的一半，于是得到直角三角形的面积计算方法，进而求出了一般三角形的面积和平行四边形的面积。也就是说，他们在研究平行四边形面积的问题中，既得到了三角形面积的计算方法，也得到了平行四边形的面积计算方法。这组学生实质上是按照"矩形—直角三角形—一般三角形—平行四边形"的程序探讨的面积问题，与常规的"矩形—平行四边形—三角形"并不相同，考虑到矩形与直角三角形的紧密关系，以及直角三角形在面积问题中与其他图形更容易建立联系的特点，学生的探索贡献了一种非常有意义的新型单元教学结构，这种结构未必是最完美的，但却为教师教学做出灵活调整提供了准备。

从研究问题、解决问题开始的教学，其中的问题说明了知识的作用，这在真实的数学研究过程中，也可能是推动知识产生的动力。但是，对于解决问题来说，可能还会有其他不同的方法导致不同的知识产生；反映到教学中，学生研究问题、解决问题时也可能会用到教师在原来的设计中并不计划教的知识。

比如，初中"平行四边形的定义"的教学，有的老师会让学生为平行四边形下定义，而定义的作用在于规定了符合哪些条件的图形是平行四边形。这种规定是人为的，只是对于一个群体都熟悉的对象，对其定义时必定要与人们的日常经验一致。因此，无论学生说"两组对边分别平行的四边形是平行四边形"，还是说"一组对边平行且相等的四边形是平行四边形"，抑或是说成"中心对称的四边形是平行四边形"都是对的。这些不同说法之间具有等价性，它们都能够起到规定平行四边形的本质特征的作用，而之所以选择"两组对边分别平行的四边形叫作平行四边形"作为平行四边形的定义，只是由于这个定义更能直观反映平行四边形这一名词的特点而已。因此，面对"你能给平行四边形下个定义吗?"这样的问题，当学生给出多种定义方式时，意味着教学需要按照通常的"平行四边形的定义与性质—平行四边形的判定定理"这种安排，调整为"平行四边形的定义与判定方法—平行四边形的性质",否则学生为平行四边形所下的其他定义就会无处安放。

以揭示知识作用的问题提出为取向的教学设计需要我们调整一些教学的基本单位。

传统上,数学教学是以知识点为单位进行的,先围绕怎样能够顺利得到知识来设计问题,然后再讨论知识有何用处。例如,"三角函数诱导公式"一节课中,一共有三组共九个公式,相当于九个知识点。如关于 $\pi + \alpha$ 与 α 的三角函数关系的一组公式是:

$$\sin(\pi+\alpha) = -\sin\alpha, \cos(\pi+\alpha) = \cos\alpha, \tan(\pi+\alpha) = \tan\alpha$$

为了得到这组公式,许多老师会设计这样的问题(教材就是这样设计的):角 $(\pi+\alpha)$ 的终边与角 α 的终边有何关系?它们的三角函数之间有何关系?这两个问题都直指这组公式的得出。

分析三角函数的诱导公式,其作用主要在于建立不同角的三角函数关系,从而使得我们能够借助一个角的某个三角函数公式推导出其他一些角的三角函数值。如果从揭示诱导公式的这种意义出发,就可以设计这样的问题:

已知 $\sin 50° = a$,你能用 a 表示哪些角的三角函数?

这个问题的答案是开放的,方法也是多样的。学生可以用已学过的公式得出 $2k\pi + 50°$、$2k\pi + 40°$ 的三角函数公式,还可以根据三角函数的几何意义得出终边与 $50°$ 的终边关于 y 轴对称、x 轴对称、中心对称的角的三角函数,一般简化后就是三组诱导公式。如果敢于继续追问下去的话,还可能会有学生得到 $100°$、$25°$ 等的三角函数公式。这就跨越了教材的章的界限。实际上,教学的单元可以因学生而定,但根本上还是取决于教师为学生提供了怎样的空间。

根据学生的实际情况调整的道理很简单,表面上似乎也很容易,但是事实上却并非如此。一方面这是由于每位教师都有自己的行为和思维习惯;另一方面,教师既要考虑为学生激动人心的探索过程服务,还要考虑如何落实基本知识与基本技能,而一节课的调整也经常会涉及若干节课的计划,包括习题的配置等。所以,真正体现以学生的研究为基础的教学需要单元教学设计。本书附录的两个单元整体教学案例都以学生充分研究有空间的问题作为数学的基本线索，相应地，也都调整了知识的学习顺序，请读者在阅读时体会。

第四节
有效的反思与学生研究

课程改革以来，受教师专业发展理论的影响，反思已成为教育界使用率颇高的词汇之一。其中有着广泛影响的结论有两个：一是美国学者波斯纳经过研究得出的一个结论，即教师成长＝经验＋反思；二是华东师范大学叶澜教授的名言，"一个教师写一辈子教案不一定能成为一位名师，但是写三年反思有可能成为名师"。这些理论已经对实践产生了重要影响，比如有的学校在教案后面增加了"教后记"栏目，还有的学校要求教师定期上交反思日记。

然而，在实践中，却广泛存在着反思无效的现象。那么，到底是学界总结出的教师专业发展规律存在问题，还是教师在实践中对反思内涵的认识出现了偏差？本节将对此进行分析。

一、理解"有效的反思"

在互联网上搜索关键词"教师反思"和"教学反思"，都可以得到一百多万条信息。北京市 2006 年对全市范围内的教师进行的大范围抽样调查显示，无论是被动（按照学校要求）还是主动（自己主动形成习惯），有75.5%的中学教师能够反思自己的教学工作，其中有近三分之一的教师已经形成了反思的习惯。这说明做反思型教师已经成为教师的共识和许多学校对教师的基本要求。

然而，在现实中，许多教师按照反思的理论指导自己的实践却发现收效甚微，于是产生了怀疑和困惑。

案例 5 - 4 - 1

一位老师对反思的困惑

"反思"这个词，我并不是第一次听说。几年前去某学校听研究课，当时由一位张教授进行点评，在她的点评中，我对"反思"有了初步的了解。当时给我印象最深的是张教授说的："你们回去记三个月的反思，不要中断，三个月后就会发现获益匪浅。"

回到家后，我也下定决心坚持做下去，于是我每天都抽出时间，对自己的教学进行反思。三个月很快过去了，我回过头来，再一次看这些反思时，我就想：按照张教授的说法，我应该感触颇多呀，可现在并不是那样。我反而觉得这种反思是在浪费我的时间，并没有多少有价值的东西，我还真不如用这个时间来多备备课呢！我真是不能理解，为什么会这样？难道是张教授说错了？还是我做错了？于是，我开始从网上搜集关于反思的文章，试图解决这个问题，但遗憾的是网上的文章说得都比较笼统，没有什么收获。我也跟同事交流过，发现大部分老师也有这样的疑惑，到底反思什么、怎样反思，大家都觉得这是在做无用功。

那么，反思到底对于我国教师的专业发展是否有效？笔者对 3 名特级教师、4 名市级骨干教师、4 名区级骨干教师共 11 名中学数学教师进行的访谈表明，这些自然成长的教师都"有反思的习惯"，"经常根据讲课的情况进行调整"。这从一定程度上印证了优秀教师成长过程中反思的作用。

但是，反思≠写反思日记。在笔者的调查中，3 名有反思习惯的特级教师中无 1 人有写反思日记的习惯，而其他 8 位教师中有 2 人经常写，1 人"方便时就写，反思周记差不多"，剩下的人则很少写。这表明，真正起到促进教师专业发展作用的是反思这种思维品质，而非反思日记这种形式。我们通过两个例子分析一下流于反思日记这种形式的反思为什么没有意义。

案例 5-4-2

两位初中教师的反思

初中思想品德课教师的反思

这节课准备得挺多，但从预期效果来说，我感到自己上得很僵硬，学生的兴趣也不高，只有一部分学生跟着，没有调动起学生的积极性。

在用自己的方式展示班集体时，学生大多写的是班训和班规，只有两名学生设计了简单的班徽。

初中数学教师的反思

①观察引入时，关于几个代数式有什么特点，一班学生回答不出来，不如四班。

②总结定义时，一班的语言比四班到位。

③四班能对不理解的地方提出问题，而一班做不到。

④小结时四班学生不知道说些什么，这方面还需要训练。

⑤课件中说明的这部分内容应该留给学生更多的机会。

⑥学生不理解的是：都有分数线的式子，为什么有的是单项式有的不是。

⑦根据定义列方程时，有一句话说得很精彩：这说明方程无处不在，是我们解决问题的重要手段和工具，这就是我们学习方程的意义。它不但道出了利用方程的数学思想，而且前面的学习中学生十分不理解的为什么要学习方程的问题也解决了。

⑧关于单项式的系数如果是带分数要化成假分数，这节课忘强调了。

两位老师都很认真，能够按照学校的要求，坚持每天写反思日记，其毅力令人敬佩和感动，然而，尽管学科背景不同，反思文本的格式各异，但是问题却是相似的：反思日记中主要模糊地罗列了课堂出现的现象，对于为什么会出现这些现象、这些现象与自己的教学设计的关系如何、怎样能做得更好等问题却没有进一步的思考。这样的反思日记恐怕一段时间后教师自己都难以回忆起当时说的是什么内容了，怎么可能对自己和他人今后的教学产生借鉴呢？

学校管理者也发现了这样的问题。一位校长在学校教学管理中引入教学反思一段时间后说道：

> 在教学管理中，通过检查教师的备课笔记，我们发现，教师们在课后反思这一项里一般只是简略地写上几笔。从内容看，它对今后的教学也没有什么用处，更谈不上有助于摸索教育规律、总结先进经验、进行教学上的亡羊补牢了。也就是说，我们的课后反思空洞，走了形式。（季苹，2003）

那么，为什么课后反思"走了形式、内容空洞"呢？根本原因还是对反思的理解不到位。为此，我们要先认识什么是反思。

反思是一种认识和思维活动，其特点在于认识与思维对象的特殊性。与一般的认识和思维对象指向具体事物或概念不同的是，反思活动的认识与思维对象是认识与思想自身，也就是说，反思是"对认识的认识、对思想的思想"（孙正聿，2005）[29]。通过反思，人们得以"把握思想的运动逻辑，获得真理性的认识"（孙正聿，2005）[29]。显然，反思的本意与我们经常看到的教师们对教学中出现的现象进行罗列或主观评价相去甚远。

二、如何做有效的反思

以反思的概念为基础，就可以建构有效反思的框架。作为"对思想的思想"，真正的教师反思应该是对自身行为背后的思想进行觉察的过程。有效的反思既包括这种自我觉察，又包括随之后产生的更为自觉的行动策略。

下面我们来看一个案例。

案例 5-4-3

"你就瞎说吧!"

一位经常听我课的年轻教师听课后颇有感慨地说："我在课堂上提问学生，学生要是说'我还没想好呐'，我就只好让他坐下；而您听见学生这样说,您就会说'你就瞎说吧!',学生就只得把自己的想法说出来啦。"

听他这么一说,我才意识到我还有这样的口头语。反省了一下,我想,我用"你就瞎说吧",制止了学生试图回避发言的企图,是希望学生能比较充分地表达出他面对一个问题时的最初反应,暴露出他真实的思考过程;用"瞎说"来消解学生在发言时因怕出现错误、暴露不足而可能产生的紧张、畏难情绪;同时,我会在学生发言的时候认真倾听,在随后的讲评中,充分肯定他发言中合理的、有价值的内容,以恰当的方式引导、督促学生参与课堂的教学过程。事实证明,时间长了,很多学生也就能比较自如地发表他们不成熟的见解了,所以我这个策略是比较成功的。

但"瞎说"太随意了些,所以以后遇到类似情况,我就会说:"说不好没关系,你的第一反应是什么?""你看到这个问题,觉得可能会用什么方法解决?为什么?""你的直觉是什么?"……我要务求让学生把注意力放在轻松、坦率地展现自己的思维过程中。(谷丹,2017)[179-180]

"你就瞎说吧!",对于执教教师个人来说是口头语,是习惯行为,而对于听课的他人来说则是一种不同寻常的行为。正是这种不同寻常感使得这句口头语得以被发现,也使得教师自己从两个层面觉察到这一行为背后的观念,进而产生了更为丰富的教学策略。

(一) 第一层觉察:自己行动的目的和导致行动有效的行动系统

第一层觉察就是理解自己行动的目的。之所以在面对学生"我还没想好呐"的搪塞时选择"你就瞎说吧"来应对,是因为教师试图制止学生逃避将自己未成熟的想法表达出来的企图。实际上,课堂上处于群体中的学生,在回答问题的时候,除了关注数学内容外,更关注自己是否拥有一个安全的环境,选择"我还没想好呐"是出于自我保护的需要,而既然教师要求"瞎说",就不必在意对与错、好与坏,可以自由地表达自己的观点。

但是，仅仅"瞎说"是不够的，如果学生的瞎说引发了其他同学的哄笑或者教师的嘲讽与无视，恐怕这一策略难以持续发挥作用。教师"在随后的讲评中，充分肯定他发言中合理的、有价值的内容"，这是与"你就瞎说吧！"共同发挥作用的有效行动系统。通过让学生获得高于自己预期的评价，学生认识到了自身的价值，提高了自尊水平，时间长了，即使是不成熟的见解，很多学生也能比较自如地表达。

（二）第二层觉察：行动背后的基本观念

为什么要"制止学生试图回避发言的企图"？因为教师"希望学生比较充分地表达出他面对一个问题时的最初反应，暴露出他真实的思考过程"。这看似简单的一句话，透视出了教师对自己的数学观和学习观的觉察。

1. 关于数学的观念：数学具有直觉的一面

是"没想法"还是"没想好"？学生一定有想法吗？无奈之下，学生会不会真的不着边际地瞎说？能保证学生的发言中一定存在值得肯定的、有价值的内容吗？

教师的自信一方面来自对学生的了解，另一方面也是更重要的则来自对数学的本质的认识——"瞎说"的本质在于让学生将自己面对问题的"第一反应""直觉"直接地表达出来。

数学表现出的显著特征是规则与逻辑，就像拼写和语法规则一样，是一种对约定规则的正确应用。然而，任何一条数学规则都是思维自由创造的结果，引起数学创造的首要因素是直觉。直觉就是人对事物本质的直观把握能力，由于问题的数学本质通常都有直观性、客观性，甚至具有常识性的一面，所以直觉是自由的，而依赖直觉产生的结果必然能够与数学中的既有结论一致。

因此，只要我们提出的问题来自学生的现实，包括生活的现实和数学的现实，能够与学生的已有经验建立联系，那么学生一定会有"第一反应"。而对于有了多年数学学习经验的学生来说，自觉不自觉地沉淀下来的数学知识、思想、方法也一定会在其形成"第一反应"的过程中发挥作用，因此"瞎说"中一定有其合理的成分。

2. 关于学习的观念：已有经验的展示很重要

"瞎说"即是自由自在地表达自己独特而有个性的想法。事实上，学习并非学生对新知识、新观念的被动接受，而是以其已有知识或经验为基础的主动建构。有效的教学方法必须以对学生在数学学习过程中真实的、独特的思维活动的深入了解为必要基础，因此，需要设计能够挖掘学生已有经验和暴露学生已有观念、概念与方法的活动。

（三） 对行动的目的与观念的觉察会带来更为丰富的策略

"瞎说"之所以有效，在于它既能反映教师对学科本质的理解，也体现了教师对于学生学习规律的尊重。实际上，真正有效的教学行为都取自于能够解释学科本质的行为和尊重学生学习规律的行为的交集。这一交集中还有其他可供选择的对象："说不好没关系，你的第一反应是什么？""你看到这个问题，觉得可能会用什么方法解决？为什么？""随便说说吧！"……

案例 5 - 4 - 3 大致可以代表一个有效反思的基本过程：缘起于实践中发生的令自己感到意外的事件，反思的过程则是对导致事件发生的原因进行不同层面的追问与分析的过程，通过这种追问与分析，教师得以觉察自己的一些不经意行为背后的观念，观念得以修正或澄清后势必会反作用于行为。

三、"基于学生研究的数学教学"为教师反思提供更多的契机

有效的反思使得教师得以觉察自己行为背后的观念，而基于学生研究的数学教学会为教师反思提供更多的契机。

思起于疑，反思亦如此。教师反思通常开始于教学中的"意料之外"，因为"意料之外"的出现意味着教师产生了"疑"，意味着教师预感到了自己对本以为很熟悉的事情可能还有不知道的一面，意味着教学为教师提供了一个对自己的无知进行自查的机会，意味着教师可能会对自己还没有想过的或者还想得不清楚的事情产生新的认识，从而开始进行更为深入的自我觉察。

基于学生研究的数学教学理论指导下的课堂会有更多的"意料之外"

发生：当为学生提供了更多独立思考的机会时，更多的方法会产生，"意料之外"的方法也自然容易产生；由于教师尽量减少对自己观察到的现象进行主观武断的解释，而是通过追问了解更多真相因而产生出客观的"意料之外"；教师会有意识地观察学生的行为、表情，认真倾听学生的语言甚至语气，格外在意学生的思维过程和情绪情感变化，这自然也会使得教师容易捕捉到"意料之外"。

案例 5-4-4

我被"差生"问住了

小于同学在我教的班中算是"差生"了。他非常淘气，上课总是低着头做自己的事情，经常不完成作业，成绩也不好。我对他的这种印象一直伴随他两年多，直到他开始接触高中的数学。

那是一节高一对数的概念课。由于是第一次接触对数，所以学生们都听得津津有味——除了小于同学，他还是老样子，喜欢在课堂上想自己的事情。

然而，当我讲到自然对数的底数 e 时，他突然眼睛发亮，眉头紧锁，并缓缓地把手举了起来。他的表现引起了我的注意。我想，关于 e 这个无理数，我已经讲得很清楚了，他还能有什么问题呢？他不会又要搞什么花样、出什么洋相吧？于是，没等他说话，我就先开口了："有什么事情课下再说吧。"当时，我正讲到兴头上，而且担心我的内容讲不完，就一直没有给他发言的机会。但这节课我上得并不舒服，他一直紧锁的眉头和失望的眼神深深地触动了我，我是不是想错了？

下课后，我把他叫到身边，问他在课堂上是不是有什么问题。他胆怯地看了我一眼，不知所措。我鼓励他把问题说出来，并保证不论他说什么我都不批评他。（周瑾，2011）[46]

一名思维几乎总是游离于课堂之外的"差生"，在某节课突然表现得很积极,许多教师凭借自己的思维惯性认为学生是 "要出洋相",想引起他人的注意。但是真正在意学生的教师在阻止学生之后会感到如芒在背,因此,课下对学生进一步进行研究与其说是在帮助孩子,不如说是在为自己解放自己提供机会。

然而,真正的 "意料之外" 是在研究学生之后出现的。

案例5-4-4(续)

我被 "差生" 问住了

他笑了,怯怯地说:"老师,您能再给我讲讲 e 是怎么回事吗?" 我一听,心里那个气啊!我便强压住怒火,说:"你看,你上课没认真听讲吧,我讲过了,e 是个无理数啊,是2.7多吧。明白了吗?"他还是一脸疑惑,说:"我有个问题想了一节课了。您说到 e 时,我想到了 π。π 也是无理数啊,有几何意义,是圆周率,也能在数轴上表示出来,那您能告诉我 e 的几何意义吗?它是怎么来的?怎么在数轴上找到它?"

一连串的问题让我目瞪口呆,站在我面前的是大家眼里的那个 "差生" 吗?原来,在课堂上,他一直在思考,而且思考得如此深入。他所提的问题竟是我从教十几年来从未遇到过的、从未想过的问题!我一时被他问住了,被一个 "差生" 问住了!但我心中的喜悦却无以言表,原来 "差生" 不差啊!是个喜欢琢磨的好学生呢!

我抓住这个机会,拉住他说:"问得太好了,老师很高兴你能问出这些问题来。我们一起查查资料,看看怎么解决你的问题。"我们在一起研究、讨论了很长时间。由于涉及极限,他仍旧似懂非懂的,但看得出来,他对数学产生了浓厚的兴趣。

离开时,我很兴奋。我看着他离去的背影,陷入了深深的思考。

多少年来,教师们占据课堂,忽略了学生们的兴趣和需求。我们一方面鼓励学生提问,另一方面又在课堂上不自觉地限制学生提问。小于同学的这一问,让我如梦方醒,我决定要真正把课堂还给学生,并继续关注他。(周瑾,2011)[46]

我以后的数学课堂渐渐活跃起来，每每教授新知，我都留时间给学生提问，小于同学竟然成了领头人物。当我们学习增函数时，他会问："都是增，为什么有的凹增，有的凸增？怎样区别凹与凸呢？怎么定义凹与凸？"当我们学习用等分象限的方法来确定 n 等分象限角所在象限时，他会问："那要是原来的角是任意区间，该如何用等分象限来确定它的 n 等分角所在象限呢？"有的问题我能解决，有的问题我也需要查资料，但我仍旧鼓励他多提问。他的提问使得我教学相长，我在备课时会有意识地多问几个为什么，会更深地钻研知识的内涵与外延。我的课堂也因此常常不完整，但我仍旧鼓励他多提问，他的提问使得课堂生机勃勃。在他的带动下，班里涌现出了一批好问的"小学者"，课上课下不停地研究探讨。就在前不久，他入选参加了全国数学联赛，我们的"差生"通过不断提问，变成了数学尖子！

案例中教师的最初反应和许多老师一样，当听到学生问"e是怎么回事时"，主观武断地认为该生是想了解 e 的数值为多少，而这是教师原本教学设计要讲的，也是教学实施中已经讲过的。幸运的是，这名学生并没有被老师的批评所吓住，而是将自己更多的疑惑表达出来，从而让真正触动人心的"意料之外"得以展现。e 从哪里来？它有何意义？这些问题初中教材未涉及，教师也并未将其作为教学内容，甚至在高中阶段，教师也不太可能给出严谨的解释。但是，当这样一个新的对象出现在学生面前，难道他们不会对此产生好奇吗？当教师进行教学设计时，为什么没有考虑到学生会对此好奇？为什么没有考虑要讨论这些问题？这一内容教师不是第一次教了，但唯有这次发生的"意料之外"，才为教师提供了一个发现问题的机会，并得以进行自我觉察和主动改变，教师的专业发展也才会在质的意义上发生。

附录1　大概念统摄下的
"二元一次方程组"单元整体教学①

  《义教课标（2022版）》提出要"重视单元整体教学设计"，"整体"既包括把一个自然单元中的知识作为一个整体、而非零散的点的集合，还包括将一个自然单元置于一个主题之下，看到该单元的知识、思想方法等与该主题下其他自然单元知识间的关联性，以该主题下的大概念为统摄进行教学。而能够统领单元整体学习的问题和学习任务通常具有一定的挑战性，研究学生面对这些具有挑战性问题和任务可能会有怎样的表现以及对学生表现的解读，将成为有效教学的必要一环。

  本文以二元一次方程组单元整体教学的设计与实施为例加以探讨。

一、在整体中把握局部：方程大概念视角下的"二元一次方程组"内容分析

1. "二元一次方程组"单元教学的传统

  "二元一次方程组"单元（章）包括二元一次方程（组）的相关概念、二元一次方程组的解法（加减消元法、代入消元法）、应用二元一次方程组解决实际问题三部分主要内容。像任何一个具体的方程内容单元一样，教科书所设计的"二元一次方程组"单元通常都从现实问题引入，例

---

  ①　原文为《大概念统摄下的"二元一次方程组"单元教学研究》（作者：顿继安、黄炜），发表于《基础教育课程》2019年第9期。收入本书后有修改。

如人教版教材选择的是"篮球比赛得分问题"，华东师大版教材选择的是"足球比赛得分问题"，北师大版教材选择的是数学史上的"老牛小马驮包裹问题"，北京版教材选择的是"猜谜得分问题"，许多教师还会结合生活实际创设一些学生喜闻乐见的情境。

不同背景的问题有着相同的意图：引出一个二元一次方程组。但在建立实际问题的方程模型后，传统教学并不研究如何解方程组、进而得到实际问题的解，而是转向对二元一次方程组这个数学对象的深入分析，探讨二元一次方程和它的解、二元一次方程组和它的解的概念，这通常需要 1 ~ 2 课时。接下来，才进入解二元一次方程组解法的学习，一般用 3 ~ 6 课时的时间，按照先代入消元法、后加减消元法、再合理选择的顺序进行；之后再安排约 3 课时解决实际问题。这样的单元设计中的知识安排呈"分—总"型结构，即先完成所有陈述性知识点的学习，最后再综合应用这些知识点解决实际问题，如图 1 所示：

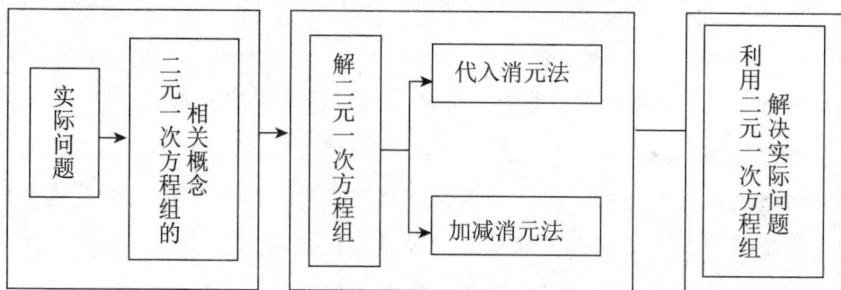

图1　"分—总"型二元一次方程组单元结构图

这种安排下，实际上将二元一次方程组分为了三个小单元：概念、解法以及应用。这种设计则有利于知识与技能的掌握，但却是典型的以碎片化的知识点为单位组织教学的形态，不利于学生对二元一次方程组产生完整的认识，也没有尊重学生的情感需求。例如，有研究者在教学中发现：当实际问题，特别是教师出于激发学生兴趣、展示数学与生活有着密切联系的一面而精心创设的情境性问题被提出后，学生非常渴望得到实际问题的解———些学生会在列出实际问题的二元一次方程组后问："老师，这个方程组怎么解啊?"而这种安排下的教师通常以"我们下节课再学习如何解二元一次方程组"来应对。

这样的单元结构中，甚至解二元一次方程组的具体方法——代入消元法、加减消元法也经常被当作独立的教学单位。以代入消元法为例，一位老师用引言中的问题引入本节课内容，先列二元一次方程，再列一元一次方程，让学生对比方程和方程组，发现方程组的解法。其教学过程如下：

首先出示篮球比赛题目：

篮球联赛中，每场都要分出胜负，每队胜一场得 2 分，负一场得 1 分，某队 10 场比赛中得到 16 分，那么这个队胜负场数分别是多少？

师：这是我们在引言中探讨的问题。我们在上节课列出了方程组：$\begin{cases} x + y = 10 \\ 2x + y = 16 \end{cases}$，并通过列表找公共解的办法得到了这个方程组的解，显然这样的方法需要一个个尝试，有些麻烦，不好操作，所以这节课我们来探究如何解二元一次方程组。

追问 1：这个实际问题能列一元一次方程求解吗？

学生回答："解：设胜 x 场，则负（$10 - x$）场，根据题意得：$2x - (10 - x) = 16$。"

追问 2：对比方程和方程组，你能发现它们之间的关系吗？

师生活动：

通过对实际问题的分析，认识到方程组中两个方程中的 y 都是这个队的负场次数，具有相同的实际意义，因此可以代入。把二元一次方程组转化为一元一次方程，先求出一个未知数，然后再求另一个未知数。

教师总结：这种将未知数的个数由多化少、逐一解决的思想，叫作消元思想。

接下来教师引导学生将方程组中的方程①中的 y 用 x 表示，代入方程②（①、②分别为方程组中的第一个、第二个方程的编号）求得 x，进而求得 y，认识到这种解法的关键一步是"代入"，并将这种方法命名为代入消元法。

教学单位的大小不同，为学生提供的思维空间不同。比如，单纯以"代入法"这一知识点为教学单位，课堂中教师就需要高度控制进程，引导学生以这节课教师希望学到的方法思考、解题。例如，在上面的教学过程中，教师就是首先通过引导学生用列一元一次方程的方法解决已经列出了二元一次方程组的实际问题，然后分析两种方法的关系，在这种背景下，学生自然会用代入法解该二元一次方程。然而，我们的调研表明，如果给学生独立面对解二元一次方程组的任务，他们会选择加减消元法，调研过程在下文会介绍。

2. 在整体中把握局部："方程"主题下的"二元一次方程组"单元

"方程"是初中数学的一个内容主题，亦是数学中的一个大概念。方程是刻画现实世界中的等量关系的数学模型，对于发展学生的模型观念、应用意识具有独特作用，而解方程也是发展学生运算能力和代数推理能力的重要载体，因此，方程一直以来都是初中数学中的重要内容。

初中阶段会学习一元一次方程、二元一次方程组、分式方程、一元二次方程，这些方程在教材中基本都独立成章，包括不同的具体知识，但是同为方程主题下的内容，它们却具有高度一致的东西：无论列出的方程是什么类型的，列方程的过程都是将实际问题中的等量关系符号化的过程，而具体情境中的事物的数量关系决定了方程的结构和复杂程度，可以按照其代数特征进行分类。不同类型的方程之间相互联系，例如，分式方程可以转化为整式方程，高次方程可以转化为低次方程，等等；不同类型的方程的具体解法不同，例如，解一元一次方程用移项、合并同类项、系数化一等，解二元一次方程组用代入消元法、加减消元法，解一元二次方程用开方法、配方法、因式分解法，但是无论哪种方法，都是运用运算性质和等式性质对方程进行变化从而努力使得其中的未知变为可知，解不同类型方程的方法的不同根源在于，不同类型的方程包含的运算不同因而可用的运算性质不同，要根据具体情况做出适当的选择。因此，方程主题下的二元一次方程组单元中，无论是列方程还是解方程，都可以看成是此前所学"一元一次方程"单元中相应问题的变形而已，二元一次方程组单元教学的需要体现这种关联性、不同方程之间的一致性。

史宁中等人建议，"方程的课程教学设计，从一开始就应该让学生接触现实问题，学习把生活中的自然语言等价地转化为数学语言，得到方程，进而解决方程问题的全过程"。一个现实问题的完整解决当然不是某一具体方程知识块教学的全部，以"二元一次方程组"知识块为例，当一个现实问题的完整解决过程将涉及二元一次方程组单元的全部知识，会让学生在一开始就产生对本单元整体性的认识，诸如二元一次方程组及其解、代入消元法、加减消元法等具体知识点将以"整体中的部分"的形象出现，因其在整体中的作用而变得更有意义。然而，这些具体知识点的学习仍然需要专门的细致的分析，并通过必要的训练形成技能，以更好地服务于与应用二元一次方程组解决实际问题。这样的单元教学设计中的知识呈现"总—分—总"型结构，如图 2 所示。

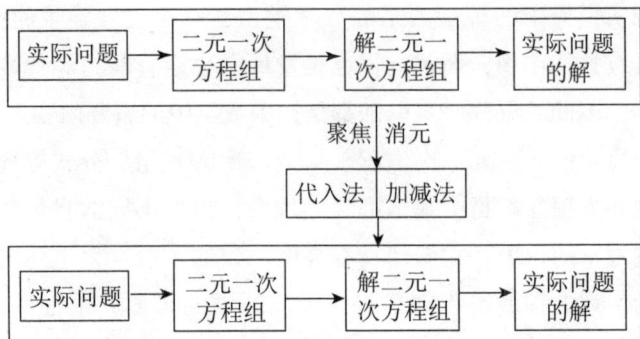

图 2 "总—分—总"型二元一次方程组单元结构图

二、学生调研

如果按照"总—分—总"结构开展二元一次方程组单元的教学，在单元的起始课中，学生将面对比传统教学更为复杂的任务：当从实际问题中得到二元一次方程组后，在没有细致甚至正式得完成二元一次方程（组）及其解的相关陈述性知识点学习的前提下，探索二元一次方程组的解。那么，学生完成这样的任务的可能性如何？需要教师给予怎样的帮助？

为了保证单元教学设计的顺利进行，需要对学生进行研究。

1. 研究方法

本研究属于直接服务于教学实践的研究，调查对象选择的是与执教教师的授课班级同水平相当的另一个班的 12 名学生，这些学生按照数学成绩的高、中、低分层抽样确定，他们正处于七年级上学期的学习，基本完成了一元一次方程单元的学习，由于该校所选用的教材将"二元一次方程组"单元安排在了七年级下学期，通过与学生作答过程的印证，可以确认这些学生没有参加课外班和提前自学。

调研中学生需要作答的问题如下：

$$\begin{cases} 5x + 12y = 50 \\ 2x + 6y = 23 \end{cases}$$

（1）请你给它起个名字_____；

（2）请你求出 x、y 的值。

学生用 10 分钟的时间独立完成这些问题，根据研究目的，选择了质的研究方法为主、量的研究方法为辅的方式，即通过访谈和作品分析法了解关注学生的思维过程，也统计了学生的正确率、不同的解答方法情况等。

2. 研究结果

学生们给出的名称有：二元一次方程、方程组、多元方程等，有两位学生给出了"二元一次方程组"这一标准名称。

其实本研究的重点是学生解二元一次方程组的表现。学生的作品表明，全体学生都首先试图用消元法得到方程组的解，但是消元的过程与有效性却大不同。

为了叙述方便，下文将上述第一个方程记为方程①，第二个方程记为方程②。

尽管步骤不规范，但有 6 名即 50% 的学生成功通过消元法得到了方程组的解，其中有 5 名学生将其中的方程②乘 2 后与方程①相减直接消掉未知数 y 而得到 x 的解，另有 1 人将方程① – 方程②得到方程③后，用方程③ – 方程②，得了 x 与 y 的值。

通过对生 L 的访谈，我们进一步了解了学生的思路来源：

师：你怎么想到把方程 $2x + 6y = 23$ 两边都乘 2 的啊？

L：过去做过这样的题。

师：什么时候做过这样的题呢？

L：就是合并同类项的时候，做过类似的题目。

经确认得知学生所说"合并同类项时类似的题目"指的是"给定一个代数式的值，求另一个代数式的值"的问题，是学习代数式求值时的一些常见变式练习，学生的解题经验在他们面对解二元一次方程的任务时发挥了作用。

有 6 名学生在对两个方程做了一些运算后失败，对其中的 W 同学访谈，该生的作答过程是先将两个方程先相加、再相减。访谈过程如下：

师：你先将两个方程相加，然后再相减，想干什么呢？

W：我就想试试。

师：试出什么结果你就满意了呢？

W：我想试试消去一个未知数。

难能可贵的是，生 W 与另外 4 名学生在消元失败后，并没有放弃探索，而是转而用试误法找方程组的解，生 W 和另一名学生利用试误法找到了解，其他学生未成功。此外还有一名学生在一次消元未成功后放弃了探索。

学生获得二元一次方程组的解的过程可以分为四类，如表 1 所示：

表 1　学生求解过程表现情况统计表

类型	求解过程表现	学生数（百分比）
类型 1	消元法一次成功	5（41.7%）
类型 2	消元法一次未成功调整后成功	1（8.3%）
类型 3	消元法未成功试误法成功	3（25%）
类型 4	消元法未成功试误法也未成功	3（25%）

3．研究结论

当建立实际问题的二元一次方程组模型后，直接让学生探索二元一次方程组的解是可行的。

与教科书中结合解的概念先介绍试误法不同，学生优先选择消元法，试误法是未能成功消元的学生退而求其次的选择。这可以解释为：将二元一次方程组通过消元化为熟悉的一元一次方程求解这种化归思想极为朴素，在数学中无处不在，而多年的数学学习经验业已使得"化归"成为学生面对问题的本能反应，他们的思维过程可借助图 3 表示：

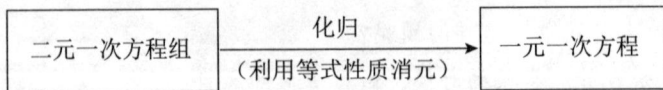

图 3　学生的思维过程

然而，尽管化归、消元思想是朴素的，但是 50% 的学生的消元未成功。实际上，合理、有效的消元手段的发现来自解题者根据方程组的特点在可用的知识中做出的理性选择，学生在独立探索展现出了其利用等式性质消元的本能反应，但缺乏自觉性，教师则需要引导学生反思，让他们认识到成功地消元需要以对两个方程的特点的分析为基础。

三、单元教学实施

根据对有利于发展学生数学建模素养的单元教学结构的分析，以及通过学生调研得到的结果，我们开展了如图 2 所示的"总—分—总"型的二元一次方程组单元教学，下面重点介绍单元起始课的教学实施情况。

1. 统领性问题的设计

单元起始课起着统领整体内容的作用，学生将在这节课将通过一个实际问题的解决，整体认识二元一次方程组的概念与解法，教学流程如图 2 中第一部分所示，而实际问题的设计则对于二元一次方程组的产生以及求解动机至关重要。

教科书中"篮球比赛问题"（上文所述）用算术方法、一元一次方程方法解决都不难，而列二元一次方程组则可能需要教师引导，因此通过这一问题可以让学生体会到从不同角度解决同一问题，认识到算式、一元一次方程、二元一次方程的联系。

但是，这一问题对于二元一次方程组来说并非"重要问题"，因为该问题采用一元一次方程甚至列算式的方法就可以很容易解决，难以体现引入两个未知量、列方程组的重要性，究其原因是因为此问题中的两个未知量题的一个等量关系"胜的场数＋负的场数＝总场数"中未知量的系数均为 1，非常容易变形得到一元一次方程。

基于这种考虑，需要将问题修改为一个模型为未知量系数都不是 1 的二元一次方程组的问题，为业教师设计了一个货运问题：

一批货物要运往某地，货主准备租用汽车运输公司的甲、乙两种货车. 已知过去两次租用两种货车的情况如表 2 表示：

表 2　两次租用货车的情况

	第一次	第二次
甲种货车数量（单位：辆）	2	5
乙种货车数量（单位：辆）	3	6
累计运货数量（单位：吨）	15. 5	35

那么甲、乙两种货车每辆运货吨数分别是多少?

你能解决这个问题吗?请动手试一试。

这个问题所呈现的两个等量关系较复杂些,没有出现系数为 1 的未知量,因此采用二元一次方程组的优越性可以凸显出来。

但这是一个好的问题吗?我们经常说,"数学来源于现实生活、数学在现实中有着广泛的应用"。而二元一次方程组所代表的数学应该是能够体现"数学与现实生活有着紧密联系,生活中处处有数学"的好载体,但是显然"货运问题"的情境距离学生的生活遥远,题目的叙述方式毫无生活气息,过于冰冷,不能让学生体会到"数学在我身边"。

讨论时,同备课组的老师提到最近恰逢学校期中考试刚结束,班主任们正准备给学生们发奖,于是我们将其设计为一个"购买文具问题":

期中考试结束了,班主任想给两个月来表现突出、有进步的同学发奖,购买了一些文具作为奖品。第一次购买后发现数量不够,便又购买了一次。两次购买文具的情况如表 3 所示:

表 3　文具购买情况

	第一次	第二次
文件夹数量(单位:个)	5	2
圆珠笔数量(单位:支)	12	6
总费用(单位:元)	50	23

你能帮班主任算算每个文件夹、每支圆珠笔多少钱吗?请动手试一试。

这一情境与学生确实接近多了,但是还需要修改:第一,叙述的生动性;第二,要交代班主任为什么购买两次文具;(3)问题的提出要能带给学生亲切感、真实感,不必过于严肃,口头叙述要与 PPT 展示的方式结合。

根据这些建议,授课时我们选择了以口头叙述的方式引入问题,只利用 PPT 展示了于老师的购买清单。

口头叙述:

同学们,你们知道吗?于老师为期中考试成绩突出的和有进步的同学准备奖品了!

本来期中考试前于老师就买好了文件夹和圆珠笔作为奖品，不过考完试后，她发现自己买少了，咱们班同学考得特别有进步，先前买的奖品不够用，于是于老师又购买了一次。

我觉得于老师给咱班同学买的文件夹、圆珠笔都挺漂亮的，就问她每个多少钱，于老师说她不记得单价了，只记得每次购买文具的总花费（PPT 出示）：

于老师的奖品购买清单：

第一次：5 个文件夹，12 支圆珠笔，共用 50 元；

第二次：2 个文件夹，6 支圆珠笔，共用 23 元。

口头叙述：你们能帮老师算算文件夹、圆珠笔的单价各是多少元吗？

这一问题果然引发了学生的极大兴趣。课堂教学中，学生对于班主任要发奖品一事非常惊喜，而且跃跃欲试帮助老师解决单价问题。

2.　在比较中感受二元一次方程组的价值

学生用了多种方法解决奖品问题，包括算式法、一元一次方程法，而由于问题中的两个等量关系"5 × 文件夹单价 + 12 × 圆珠笔单价 = 50，2 × 文件夹单价 + 6 × 圆珠笔单价 = 23"很直观，因此，有比较多的学生直接选择设两个未知数得到两个方程。教师请学生展示了各种方法，并请一名试图列一元一次方程但是有些由于犹豫的学生说说自己的心理过程：

师：刚才我看到 L 同学做这道题的时候，做到一半停了下来，L 你能告诉我们你停下来的原因吗？

L：我想用一元一次方程做，设了一个未知数后就停下来了。

师：为什么停下来？

L：我设完文件夹为 x 后，圆珠笔不知道怎么办了。

师：然后呢？

L：我就设了两个未知数，列出了两个方程。

学生自述的探索、调整经历，充分体现了二元一次方程组的价值：一个含有两个未知量的实际问题，如果列一元一次方程，在设一个未知数 x 后，还需要借助题目中的等量关系将另一个未知数表示出来，有时候会很复杂，而列二元一次方程组就容易得多，直接通过语言的转化就可以得到方程组。

3. 以启发法突破难点

解从"奖品问题"中得到的二元一次方程组是本节课的难点，突破方式采用了启发法，即先让学生独立探究，遇到困难时，再"帮助学生检视自己的思维过程，通过发现自己思考过程的价值和不足自己突破难点"。

做了加减法不能消元怎么办呢？

教师问一位遇到了困难的学生是怎样做的。

生1：我把两个方程加了一下得 $7x + 18y = 73$，然后又减了一下得 $3x + 6y = 27$。

师：生1把这两个方程加了一下得到 $7x + 18y = 73$，然后又减了一下得 $3x + 6y = 27$。这样做挺好！因为方程就是等式，等式加等式还是等式。那咱同学猜猜，他这样做是要干吗呢？刚才我问他，他说，他想试试看，但没试出来，你们觉得他想试什么呢？

生：（七嘴八舌）他想试试消去一个未知数。

师：噢，他确实是想试试如何消去一个未知数。两个未知数要是能消去一个就太好了。想法真不错！那达到目的了吗？

生：（七嘴八舌）还没有。

师：（还有学生建议做减法试试，教师板书，发现还是未消去，问）生1是想试试如何消去一个未知数，依据等式性质对方程进行加加减减没能达到消元的目的。那么，我们再看看方程，依据等式性质还能怎么做？

生：（七嘴八舌）第二个方程两边乘2。

师：乘2就怎么了？

生：（七嘴八舌）乘2后就能够与第一个方程消元了。

师：真的吗？大家明白他的意思了吗？再试试看。

师：（学生再次尝试后成功，教师请刚才遇到同样困难的生2汇报解法后，追问道）你解决了这个问题后有什么感受吗？

生2：还能用等式的性质2试试。

师：（点评提升道）生2又用了等式性质2，就达到消元的目的了。一开始直接加减遇到了问题，没成功，思考一下自己到底要达到什么目的，换个方法试试就成功了。

4. 形成知识结构并明确需要重点突破的问题

在学生已经有了"消元"的初步体验的基础上，再请学生在试着解决两个二元一次方程组的问题。我们发现，尽管此时还并未讨论解二元一次方程组的步骤和方法，但是学生却表现出了非常强的自觉选择能力，在他们并不流畅的表达背后，透视出其清楚的思维过程，教师只需要将其语言稍做纠正，并规范格式。

（1）　　　　　　　　　　　（2）

图 4

对于图 4（2）的方程，有学生直接说把两个方程相加就可以了，教师有意识地问："你们喜欢这个方程吗?"学生说："太喜欢了，因为一加就剩下了 x。"教师点评："一加就达到了咱们的目的——消元，太喜欢了!"

最后，教师引导学生对这节课所处理的问题和对象进行整理，将主要的概念、方法板书，形成了知识结构，如图 5 所示。

对照着知识结构图，教师请学生预测："你们认为要想顺利应用二元一次方程组解决实际问题，我们特别需要在哪里突破?"

图 5

学生回答："需要在消元的方法上。"

教师点评、总结："有道理，接下来我们就专门用一些时间来探讨如何规范地消元，如何选择更好的消元方法。"

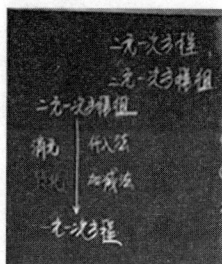

四、单元教学效果评价

与学生的现实生活紧密相关的实际问题激发了学生浓厚的兴趣，他们因利用数学知识帮助老师解决了实际问题产生了自豪感，数学的价值也在这样的过程中为学生所体会。第一节课后，学生纷纷围着授课教师问："黄老师，于老师真的要发奖吗？""什么时候发啊？"老师给出"下午班会于老师一定发！"的回答后，学生对班会课充满了期待。事后班主任反馈说，班会前就有学生追着问："老师，老师，您是要发奖吗？"得到肯定的答复后，学生继续说："您是不是把价钱忘啦？我帮您算出来啦！""呵，你真棒！"得到表扬的学生的欢喜之情溢于言表。

学生的课后作业反映了课堂的影响。这节课尽管学生解了一些二元一次方程组，但是并没有规范步骤和解题格式，因此，学生作业中的解题格式也并不规范，解答步骤的严密性还需要改进，但作业中展现了学生乐于探究、敢于将自己的想法表达出来、在有了一种做法之后还继续寻找更好的解法的面貌，都是以往从未出现过的非常积极的变化。

延迟性评价也支持了我们的探索有利于学生对于数学思想方法的领会，有利于培养学生对知识的迁移能力。例如，在一元二次方程单元的测试中，本课题组的老师发现学生在解决实际问题时，有的学生列出分式方程，有的学生列出二元二次方程组：

$$x - 5 = \frac{54}{x} - 2 \qquad \begin{cases} x - 5 = y - 2 \\ xy = 54 \end{cases}$$

这些都是初中数学不学的方程，而学生敢于列出这样的方程，并且将它们转化为一元二次方程解决。

附录2　用数学化方法组织一个领域：
"平行四边形"单元整体教学实践探索①

和初中数学中的许多几何图形一样，平行四边形是日常生活中常见的图形，也是学生在小学阶段就正式学习过的图形，这决定了学生关于"平行四边形"单元中的许多内容都有着正确的认识。通过调查，也确认了这一点。那么，如何看待学生已知的价值？更重要的是，如何以学生的已有认知为基础，确定单元目标、整合单元内容、设计单元活动？本研究应用弗赖登塔尔提出的"数学化方法组织一个领域"的思想，通过设计激发学生将其关于平行四边形的已知展示出来，进而在教师的引导下按照数学的逻辑体系进行组织的过程开展单元整体教学。

一、"平行四边形"单元知识梳理

具体知识指的是具体概念、公理、定理、公式、法则等，也包括具体解决问题的方法。它们属于"基础知识"的范畴，是单元学习完毕后学生留在头脑中最为显著的内容。

"平行四边形"在笔者所使用的人教版教材中，是八年级（下）第十八章的内容，本单元包括两部分内容：平行四边形的定义、性质和判定定理；特殊平行四边形（包括矩形、菱形、正方形）的定义、性质和判定定理。梳理课程标准和教材，本单元学生需要掌握的基础知识分为两类：第一类是平行四边形及特殊平行四边形的概念、判定与性质，这些属于本单元主干知识；第二类是应用第一类知识推理得到且比较常用的衍生知识。

①　本文为北京教育学院学科教育学研究中心受北京市西城区教育委员会的委托所做的"基于学生研究与知识分析的学科教学"项目成果，撰写人：顿继安、宋薇、高媛、徐轶璐。收入本书后有修改。

下表呈现了本单元的全部基础知识：

表1 "平行四边形"单元知识一览表

对象		定义	性质定理	判定定理	衍生知识
		主干知识			衍生知识
对象		定义	性质定理	判定定理	
平行四边形		两组对边分别平行的四边形叫作平行四边形	平行四边形的对边相等；平行四边形的对角相等；平行四边形的对角线互相平分	两组对边分别相等的四边形是平行四边形；两组对角分别相等的四边形是平行四边形；对角线互相平分的四边形是平行四边形；一组对边平行且相等的四边形是平行四边形	三角形中位线定理
特殊的平行四边形	矩形	有一个角是直角的平行四边形是矩形	矩形的四个角都是直角；矩形的对角线相等	对角线相等的四边形是矩形；有三个角是直角的四边形是矩形	直角三角形斜边中线等于斜边一半
	菱形	有一组邻边相等的平行四边形是菱形	菱形的四条边相等；菱形的对角线互相垂直，并且每一条对角线平分一组对角	对角线互相垂直的平行四边形是菱形；四条边相等的四边形是菱形	
	正方形	正方形的四条边都相等；正方形的四个角都是直角；一组邻边相等的矩形是正方形；有一个角是直角的菱形是正方形			

上表中的 22 个定义、定理等属于具体知识，构成了这一单元的骨架，属于通过本单元的学习学生需要掌握的基础知识，它们将成为以后解决几何问题的常用工具，也是学生认识现实世界中的一些几何对象的思维基础。

此外，本单元还有一些没有专有名词的具体知识，它们是推理证明得到基础知识时使用的一些具体、经典而在解决其他问题中可能也会有用的方法。例如，关于三角形中位线定理，学生除了要掌握定理自身外，证明定理的倍长延伸辅助线添加法也将积淀在学生的思维中，成为以后解决类似问题的工具。

二、学生调研

平行四边形及特殊的平行四边形都是日常生活中非常常见的图形，其中的许多结论都非常直观并具有"常识性"，而且学生在小学阶段专门学习过这些图形，那么，学生对于这些具体知识有哪些了解呢？为此，我们围绕平行四边形进行了问卷调查，调查对象为北京市一所普通中学的一个班的全体 32 名学生，在调查时，他们尚未进入"平行四边形"这一单元学习。问卷中共包括 4 个问题，下面是问卷中的问题和学生的解答：

表 2 　"平行四边形"前测数据

问题	解答情况
问题 1：请你画一个平行四边形，并说说什么样的四边形是平行四边形。	全部能画出形象正确的平行四边形。 有 4 人给出了标准定义； 另外 28 人在叙述平行四边形的定义时不够简练，而是把"对边相等""对角相等"等都作为定义的条件
问题 2：这里有一个平行四边形 $ABCD$，如果 $AB=6$，CD 等于多少？ D　　C A　　B	31 人（96.88%）答案正确； 1 人（3.12%）答案错误（$CD=4$）

问题	解答情况
问题3：平行四边形 *ABCD* 中，∠B = 60°，你能得到其他角的度数吗？	29 人（90.62%）答案正确； 3 人（9.38%）错误（所有角都是60°）
问题4：你认为平行四边形都有什么特征或者说它有什么性质？请尽可能多地写出来	26 名学生写出了对边平行且相等； 24 名学生写出了对角相等

调查数据中，最引人注目的并非错误的答案。事实上，各个题目错误答案的比例都不高，而很高比例的学生对平行四边形有很多正确的认识，但是不够系统和完整，例如，很多学生给出的平行四边形的定义的条件冗余，没有人给出平行四边形"对角线互相平分"这条性质。"条件冗余"和"性质不全"均非对错问题，而是是否完美的问题。实际上，"对角线互相平分"这一条性质并不一定是学生不知道或者不能通过演绎推理的方法证明之，更有可能是不知道平行四边形的对角线的关系也可以作为研究问题。

三、单元目标的确定

掌握具体知识当然是单元的重要目标，但这又是不够的。具体概念的定义、定理、解题方法等数学学科知识的发展是对知识的量的积累的要求，然而人类的知识浩如烟海，即使是关于平行四边形的具体知识，也远远超过教科书中的这 22 条。例如，"邻角互补"也是平行四边形的性质，"中心对称的四边形"亦可以作为判定一个四边形是平行四边形的方法，三角形中位线定理还可以通过面积法进行证明，等等，因此，教学不能仅停留于具体知识的习得与掌握，还需要关注或引领学生关注方法论知识，方法论知识探讨的是"这些具体知识是怎样产生的"，对方法论知识关注有利于教学实现"鱼渔兼得"，在习得具体知识的同时，还发展学生产生知识的能力。

从这个意义上看，在"平行四边形"单元的学习中，除了本单元具体知识的掌握与应用目标外，还需要以"数学化方法"为目标。对此，数学教育家弗赖登塔尔在其名著《作为教育任务的数学》一书中有专门的论述：

学生也应该学习将非数学（或是不完全数学的）内容数学化，也就是学习将非数学内容组织成一个合乎数学的精确性要求的结构……平行四边形的每个一般陈述都是一个数学陈述，但是这些陈述的整体本身是一个大杂烩，只有用逻辑关系建立结构，它才成为数学，而这个过程就是数学化。

……

让他们（指学生）自己观察并发现这种形状（指平行四边形）的大量性质，如对边平行且相等，对角相等，邻角和等于180°，对角线互相平分，平行四边形有一个对称中心，平行四边形可以分成两个全等的三角形，以及可用全等的平行四边形铺满平面等。为了进一步系统组织这些性质，建立联系，可取性质之一作为定义，以其为源而推出其他。

对比弗赖登塔尔数学化过程的解释，教科书中所呈现的平行四边形和特殊的平行四边形"定义—性质定理—判定定理"的结构属于数学化的结果，如果只关注结果，而不关注数学化的过程，就可能会出现课堂上教师的教与学生的学"擦肩而过"的现象。例如，有的老师在"平行四边形"课上计划通过让学生画一个平行四边形的方式激活学生的经验，有学生展示了这样的作图步骤：画一条线段，然后按照平行线的做法画出与之平行的线段，通过度量确保两条线段相等，连接端点，得到平行四边形。这一作图过程的实质是判定平行四边形的一种方法：一组对边平行且相等的四边形是平行四边形，也可以看作对平行四边形的一种定义方式，如果教师被"定义—性质定理—判定定理"的程序框住，就会只关注学生画出的图形在外形上是否是平行四边形，而不关注学生作图过程体现的逻辑，失去了为学生提供利用"逻辑"将经验组织为数学知识的宝贵机会。

需要注意的是，这里弗赖登塔尔仅对围绕平行四边形定义、性质与判定定理知识的数学化过程进行了梳理，这是教科书中"平行四边形"单元中的一节内容，而站在这一单元所有知识的角度看，数学化的过程还应该包括通过特殊化思想确定研究对象的过程。

如果与此前学习的三角形知识比较，就会看到特殊化方法在数学知识产生过程中的作用以及教科书中关于"四边形"单元的不足。在研究三角形时，在一般三角形的边、角关系研究完毕后，研究了特殊的三角形：等腰三角形、等边三角形、直角三角形、等腰直角三角形。研究的问题亦是边、角、特殊线段、全等等问题。而由于特殊三角形的特殊性，也产生了更为丰富的结论，一些比较重要的结论也被数学课程确定为基础知识。例如，等腰三角形三线合一的性质，直角三角形中的勾股定理和斜边中线等于斜边一半的性质、用于判定全等的 HL 定理等。三角形部分的研究对象及其关系可以用图 1 表示：

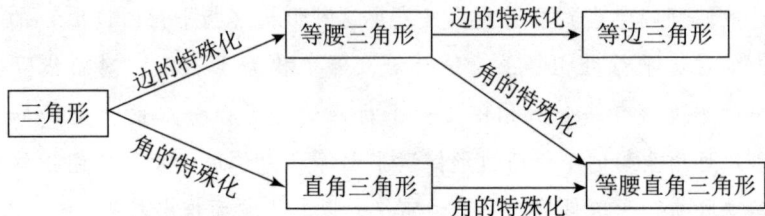

图 1

关于四边形，此前学生已经在三角形内角和部分学习了四边形的内角和，但是四边形单元却直接从特殊的四边形——平行四边形开始，学生当然知道平行四边形是特殊的四边形，但这一四边形因何被特别关注？是否还有其他的特殊四边形？因此，本单元将引导学生关注这些问题，为学生提供实践在三角形知识块中学习的思想方法与新的研究对象的机会，从而建立更为完整的单元知识结构。

四、单元教学方案

根据对单元知识和学情的分析，本单元的主要教学思路确定为：

首先利用和激活学生关于四边形、平行四边形的研究经验或已知，然后引导学生对自己的已知用数学化方法进行组织，在组织的过程中，从系统化的角度提出原本未曾纳入视野的问题，从而构建起更为完整的知识体系，借助研究过程，学会数学化方法。

根据单元目标，本单元的教学增加"从四边形到平行四边形"一课。在这一课中，学生类比三角形的研究过程，对四边形可以研究的问题进行系统分析，明确作为特殊的四边形的平行四边形以及特殊的平行四边形的研究价值。

根据数学化方法的需要，整体推进"平行四边形"概念的定义、性质、判定方法的学习，采用头脑风暴法激活关于平行四边形的已知，然后引导学生对已知用逻辑的方法进行整理，从零散走向系统化；对于矩形、菱形、正方形的学习，请学生应用平行四边形的研究经验自主研究，对照教科书中的知识进行评价。

单元教学计划的主体部分如图 2 所示：

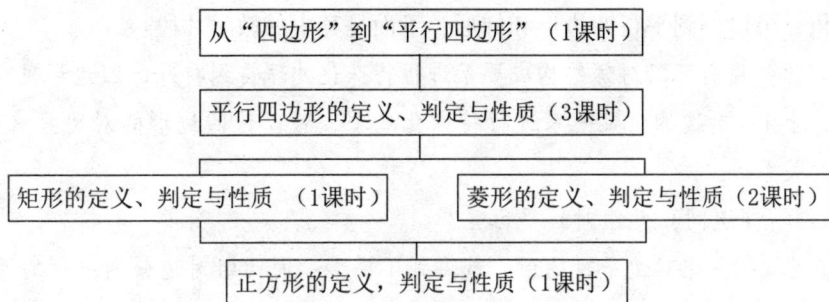

从"四边形"到"平行四边形"（1课时）

平行四边形的定义、判定与性质（3课时）

矩形的定义、判定与性质　（1课时）　　　　菱形的定义、判定与性质（2课时）

正方形的定义，判定与性质（1课时）

图 2

五、单元教学实践

在引导学生"用数学化方法组织一个领域"思想指导下的教学，需要"基于学生对问题的研究而组织教学"，即先设计学习任务请学生独立思考、展示自己的已知或者利用已知解决问题的能力，然后教师推动学生思考、整理自己的已知之间的逻辑关系、补充完善而获得更为完善的知识体系。

本部分通过几个特色的教学片段呈现本单元实施情况。为了写作和阅读方便，以下实录采用夹叙夹议的方式，而同一片段中的不同学生编号代表不同的学生，而不同片段的学生编号并无关系，不带编号的学生则可能是多个学生回答的整合。

1. 基于图形的关系和特性确定重点研究对象

根据前面的分析，"平行四边形"单元研究对象的产生是对四边形不断特殊化的产物，那么，可以怎样对四边形特殊化？特殊的四边形为什么最终选择了平行四边形家族作为重点研究对象？如果传承这一思想，平行四边形家族中又有哪种四边形的地位最为重要？教学中，学生给出了出乎教师预料又极富有道理的解释。

片段 1：梯形怎能和平行四边形相提并论呢？

这一片段来自第一课时，这节课的主要流程是：学生类比三角形，对一般四边形开展研究，提出内角和等于 360°，外角和等于 180°，任意三边之和大于第四边，特殊线段为对角线。接下来，对四边形的构成要件进行多次特殊化处理后得到一些特殊的四边形，学生提出通过对对边的关系特殊化，可以得到平行四边形和梯形，下面是其中的教学片段：

师：我们可以对哪些构成要素进行特殊化处理得到特殊的四边形呢？

生 1：对边的位置关系进行特殊化处理，可以让四边形的对边具有平行的关系。

师：（追问）几组对边平行呢？

生 1：一组对边平行的话，就得到了梯形；而两组对边分别平行的话，就得到了平行四边形。

师：所以，利用对边的位置关系，我们可以将四边形分为一般四边形（即两组对边都不平行的四边形），梯形和平行四边形。

生 2：老师，我觉得梯形怎么能和平行四边形相提并论呢？

师：（疑惑）此话何解？

生 2：你看，平行四边形的对称性多好啊，比梯形美多了。

《义教课标（2011 版）》删掉了 "梯形" 内容，《义教课标（2022 版）》也仅提出了 "理解梯形的概念" 的要求。客观讲，最初笔者和许多教师都不太理解，认为梯形也是一种常见而重要的四边形，通过各种学习才逐渐理解了课标修订的意图。而本课的学习中，学生自己通过对比得出平行四边形比梯形因为 "美" 而更具有研究价值的结论，令笔者惊叹。实际上，特殊的四边形有很多，例如这节课中学生通过特殊化得到的特殊四边形就包括梯形、直角梯形和等腰梯形，平行四边形，矩形、菱形和正方形，筝形和只有一组对边相等的无名四边形，板书如图 3 所示。

图 3

　　但确实并非所有四边形都具有基础知识的意义。实际上，数学家们在对几何图形研究过程中所做出的每一个选择既有其重要性的需要，也有美的视角，而各种四边形中，平行四边形的重要程度和审美价值显然最大，其他的四边形问题也通常能够转化为平行四边形问题解决，或者利用平行四边形研究过程中所用的思路与方法解决。

　　类似的片段还有下面两个。

片段2：只要将正方形研究透彻就可以了！

　　仍然是第一课时，当学生对四边形的构成要素不断特殊化后，得到如图3所示的四边形的分类图后，教师发起了一段讨论：

　　师：从这个四边形族谱中，你能得到哪些启示？它对于我们研究特殊的四边形有哪些帮助？

　　生1：我认为只需要将正方形研究透彻就可以了。

　　师：为什么呢？

　　生1：从分类图中可以看出，平行四边形、菱形、矩形所具有的性质正方形都具有，所以把正方形研究透彻即可。

　　师：还有补充的理由吗？

　　生2：要判定一个四边形是正方形，就要判定它既是菱形又是矩形，所以对正方形的判定也包含了对矩形和菱形的判定。

　　"把正方形研究透彻就可以"，以往的教学中，都是在本单元学习结束后对四边形进行分类、建立它们的关系，而这次教学实践，我们发现学生对于平行四边形和特殊的平行四边形的关系有着非常精准的认识。这也再次印证了以激活学生的经验并对经验进行数学化的组织这一思想为教学思路，与学生的经验基础更具有切合性。

片段3：矩形的对称性好呀！

　　这一片段发生在单元第5课时关于矩形的讨论中：

　　师：矩形具有哪些一般的平行四边形所不具有的性质呢？

　　生：（齐）四个角都是90°。

　　生1：我感觉，矩形的两条对角线长度相等。

　　师：你是如何感觉出来的呢？

　　生1：因为从图形上看，矩形的对称性好。两条对角线是对称的，那么长度就应该是相等的。

师：你的感觉非常好，矩形的对角线确实相等，对称性比平行四边形进了一步，不仅仅是中心对称，还是轴对称。但是凭感觉还不行，大家证明一下吧。

接下来学生独立证明了这条性质。

学生的这些表达表明，他们在单元学习中，关于从对称、特殊化等角度整体观察图形、基于直观和直觉形成猜想的意识正在形成，对于他们能够自主研究一个新的图形具有重要的意义。

2. 借助学生的感受推动将零散结论结构化

学生关于平行四边形的已知确实非常多，数量远超课标和教科书所给，那么，为什么教科书最后只选择了较少的几条作为定理？这些定理和学生的其他正确的发现有什么关系？学生的这些疑问是将零散知识结构化的推动力，是教学的宝贵资源。

片段："这么多结论全都要记吗？"

在第二课时"平行四边形"一课上，教师问学生："任意作一个平行四边形，你能得到关于它的哪些结论？"

学生互相补充，一共说出了 15 条结论，既包括课标中要求学生掌握的对边平行、对边相等、对角相等、对角线互相平分等结论，也包括邻角互补、一些三角形全等、面积、周长等正确但并不属于课标要求的结论。图 4 即是笔者板书记录的结果。

之后一名学生指着黑板提出了疑问：这么多结论全都要记吗？这引发了学生们的讨论和观点的表达：

图 4

不需要都记，有些结论其实可以被替代。就着学生的这些观点，笔者请学生对这些结论之间的逻辑关联进行讨论，进入了用数学化方法组织经验的重要阶段。

他们发现：两直线平行，可以推得同旁内角互补的结论，即结论 7 ~ 10 可以被替代；由对角线分割的两对小三角形容易证明是全等的，这样，由全等三角形引发的如面积、周长的关系也就顺势被替代了；最后，大家认

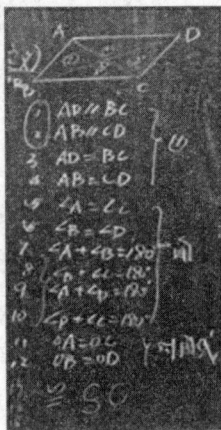

为只需保留剩下的 1 ~ 6，11、12 这八条结论。实际上，这八条结论经过合并和概括就是教科书上要求掌握的几个定理。

学生在热烈的讨论告一段落后，课堂安静了下来，教师又发起了进一步的讨论：

师：难道这些结论就都正确吗？为什么？我们需要把哪儿作为逻辑的起点？

生：您不是一开始画的就是平行四边形，我们才得出这些结论的嘛，所以，平行四边形这个条件就是它们的"根儿"。

师：一开始画平行四边形，保证了什么？

生：平行啊。

师：具体点儿！

生：上下、左右的边都平行。

师：也就是说，我们是从大家的结论 1、2 出发进行推理的，对吗？我们以四边形"两组对边分别平行"为基础，推理出了其他结论，这背后，我们是为平行四边形下了定义：两组对边分别平行的四边形叫作平行四边形，大家都同意这个定义吧？

学生们都表示同意。

接下来，学生由这条定义出发，逐一证明了其他结论，得到了平行四边形的性质定理。

这样，将学生头脑中的一"堆"关于平行四边形的结论组织成清晰、系统的知识体系，让学生体会到"正确的结论不需要都记、有了结构也容易记忆"，还体会到，几何图形的定义在知识体系中的地位，它是推理出所有正确结论的起点。

当发现平行四边形具有那么多良好的边、角关系后，如何确定一个四边形就是平行四边形便成为非常值得关注的问题，也是本节课由"性质"自然过渡到"判定"的关键性问题。有学生提出"判定，不就是把性质反过来嘛，以前学的都是这样的"，非常顺利地得出了几条基本的定理，而教师则希望学生体会到，这些定理同样也是"大浪淘沙"的结果，于是人为地制造了新的矛盾冲突：

师：我们目前已经得到了五条结论可以说明一个四边形是平行四边

形，大家满意吗？

生1：就这些了吧……

生2：难道还有别的？没听说过啊？

师：你们觉得还会有新的判定吗？

生3：您要是这么问，就肯定有（笑），可那些都不对吧？

生4：有对的，你随便编，肯定有对的。

师：怎么能说"随便"呢，你总不能瞎编吧！

生4：边啊、角啊、对角线啊，随便组合呗！

师：好，那咱们就试试，说不定会有"王氏"判定诞生（刚才发言的生4姓王）！

学生以头脑风暴的方式组合条件，给出猜想，并证实或证伪。每当有正确的命题出现，他们就兴奋地称之为"＊氏"判定定理；遇到犹豫不决的命题，如"一组对边相等、一组对角相等的四边形是平行四边形"，则停下来讨论，从努力证明而不得到提出"证不出来，肯定就有反例！"的构造，充分体现了数学发现的过程和数学定理"大浪淘沙"的过程。（图5为这节课的板书。）

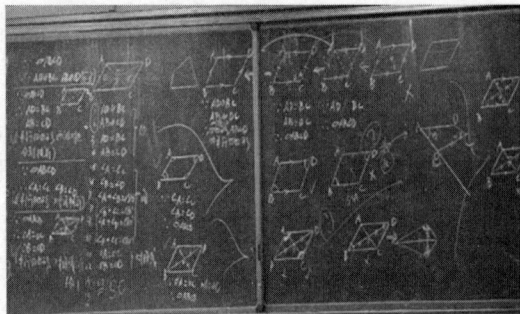

图5

学生头脑中生发出的平行四边形的性质、判定方法远超过教科书的选择、甚至超过教师的想象，而整节课从学生关于平行四边形的已知开始，经由组织、整理和发展形成的平行四边形的定义、性质定理与判定定理，是平行四边形概念小单元的整体教学。

3. 判定特殊四边形需要的条件

在学习全等三角形的判定方法时，教师通常引导学生讨论最少需要几个条件能够判定两个三角形全等，但是在判定平行四边形时，似乎就不再讨论这一问题了，但选择最少的条件使它能由之推出，这自身就是数学组织方法的重要组成部分，因此，对平行四边形判定条件的探索也要关注这一点。

片段1：定义不就是用了两个条件吗？

本片段来自第二课时"平行四边形"判定定理讨论之初，也就是上一片段中：

师：上述结论的得出均需要以图形是平行四边形为前提，那么如何判定一个图形是不是平行四边形呢？

生1：定义啊。

生2：还有其他的判定定理呢……

师：目前，我们只有靠定义来说明一个四边形是平行四边形，但你们一定不甘心只有这一条路，对吧？大家还能"编"出哪些可能的判定呢？

生3：两组对边分别相等，还有一组对边平行且相等，两组对角……

师：（暂时打断了生3的回答，问）你怎么确定仅用两个条件就能判定一个四边形是平行四边形？这些条件是从哪儿来的？

生3顿了一下，有些犹豫，随后开始有人解围。

生4：定义不就是用了两个条件吗？

生5：判定，不就是把性质反过来嘛，以前学的都是这样的。

"定义不就是用了两个条件吗？"暗含的道理是：判定一个四边形是否是平行四边形最少需要两个条件，也由此决定了其他的判定条件数量标准，而这种选择最少的条件的种子的萌芽在随后矩形和菱形的判定中也有表现。

片段2：判定矩形的条件

在第五课时关于矩形判定的讨论中，教师问："如何判定矩形呢？需要对四边形加几个限制条件即可？"

学生讨论后，给出了三个限制条件的答案：

师：你如何得知需要三个限制条件？

生1：从定义中可以看出，一个角为直角的平行四边形是矩形。而平行四边形的判定需要两个限制条件，因此矩形的判定需要三个。

生2：（补充道）我们组就两个限制条件展开了讨论，发现最多只能得到它是一个平行四边形。

可以看到，已经有学生自觉探索判定一个矩形的最少条件，而接下来学生在对自己提出的16种不同的判定方法的组织中，"条件个数最少"也成为一个标准：

师：我们给出了16种判定矩形的方法，这些方法都需要证明一遍吗？

生：（齐）不用。

师：为什么呢？

生1：我们可以对这些方法进行分类。

师：如何分类？

生1：我发现这些方法中，绝大多数都是其中的两个条件能判定其为平行四边形，在此基础上再判定它是矩形；而另一部分则是三个条件一起直接判定它是矩形。

师：这样分类有什么好处呢？

生2：我觉得一方面将16种方法化归为少数的方法，证明起来更便捷迅速；另一方面，从这些根上的方法出发，可以衍生出一系列的判定方法。

片段3：判定菱形的条件

这一片段取自第六课时对菱形判定条件的探索过程。

师：我们知道菱形和矩形都是特殊的平行四边形，那么仿照矩形，你能说出哪些命题可以判定一个四边形为菱形吗？

生1：在平行四边形的基础上加一个它特有的性质即可。平行四边形+一组邻边相等，平行四边形+对角线互相垂直，平行四边形+一条对角线平分一组对角。

生2：还可以在四边形基础上增加三条性质判定菱形。

可见，关于判定条件个数最少的观念已经在学生的头脑中生根发芽，甚至能够将条件的类别作为对判定方法进行分类的标准，这非常有助于学生更好地理解乃至记忆判定定理。

六、结束语

　　本单元的教学由于做了较多的整合，许多课时在新知识获得阶段花费时间很长，很多时间还用于讨论一些并非基础知识的定理甚至并不正确的结论，课堂的容量变大，与以往相比学生做常规基础知识应用练习的时间减少了，甚至一些课上没有安排做常规练习。但当我们特别关注了学生作业的情况时，发现学生在落实课上知识完成作业方面没有问题。事实上，以往的常规练习很多都是所学知识的等价命题，而在我们的实践中，这些题目其实也是有所涉及的，不同的是，它们不是以习题的形象出现的，而是由学生主动给出的。

　　本单元教学希望传达的学生关注数学化过程中逻辑化、特殊化等数学思想，揭示了数学中许多单元的知识产生方式，具有更强的迁移性。例如，在本单元之后"旋转"的教学中，从教科书上看，只需要学习旋转概念和性质，之后教科书上并没有其他的概念性知识需要学生掌握。然而，有经验的老师都知道，在解决有关的问题时，旋转变换产生的许多基本图形很重要。其实，基本图形的本质就是具体的知识，这些知识都是特殊化思想的产物，包括旋转中心的特殊化和旋转角度的特殊化。因此，在"旋转"单元的学习中，在学习了旋转的概念与性质之后，我们问学生"你觉得关于旋转还可以研究哪些问题"，引导学生利用特殊化思想研究问题，这样课堂上，各种常用的基本图形都被提了出来，使得本来零散的基本图形变得有结构了。

阿蒂亚，2009．数学的统一性［M］．袁向东，编译．大连：大连理工大学出版社：120．

巴班斯基，2007．教学过程最优化：一般教学论方面［M］．张定璋，译．北京：人民教育出版社：22．

波利亚，2005．怎样解题：数学思维的新方法［M］．涂泓，冯承天，译．上海：上海科技教育出版社．

波普尔，1986．猜想与反驳［M］．傅季重，纪树立，周昌忠，等译．上海：上海译文出版社：66．

蔡金法，许世红，2013．教师读懂学生什么：认知导向的教学［J］．小学教学：数学版（9）：4-6．

曹才翰，章建跃，2006．数学教育心理学［M］．2版．北京：北京师范大学出版社：294．

曹一鸣，2007．中国数学课堂教学模式及其发展研究［M］．北京：北京师范大学出版社：67．

车丽萍，等，2008．健康人格研究述评［J］．心理科学31（6）：1435-1437，1434．

陈琦，刘儒德，2005．教育心理学［M］．北京：高等教育出版社：195．

陈向明，2008．理论在教师专业发展中的作用［J］．北京大学教育评论（1）：39-50．

褚宏启，2021．五育如何并举［J］．中小学管理（6）：60-61．

丛立新，2008．讲授法的合理与合法［J］．教育研究（7）：64-72．

顿继安，2004．问题类型连续体与数学教学［J］．数学教育学报（8）：37-39．

顿继安，2004. 新课程学科发展性评估：中学数学［M］. 北京：首都师范大学出版社.

顿继安，2007. 教师：成长的期待与发展的低效［J］. 中小学管理（12）：29-32.

顿继安，白永潇，王悦，2020. 挖掘价值点·找准渗透点：让学科德育真实落地［J］. 中小学管理（11）：39-41.

弗赖登塔尔，1999. 作为教育任务的数学［M］. 陈昌平，唐瑞芬，译. 上海：上海教育出版社：123.

傅海洋，2008. 与名师相比，我们缺失什么？［J］. 北京教育：普教版（3）：16.

傅佑珊，段云鑫，2014. 从数学家的教学片段得到的启示［J］. 数学通报（8）：9-11.

谷丹，2008. 守望·成长［M］. 北京：中央民族大学出版社.

谷丹，2017. 守望：特级教师谷丹教育行知录［M］. 北京：商务印书馆.

管健，2012. 心理学与生活：A 型人格［EB/OL］.［2014-10-03］. http：//v. 163. com/movie/2012/4/D/N/M8BDVT4K9_ M8BG2RNDN. html.

黄四林，等，2016. 学生发展核心素养研究的国际分析［J］，中国教育学刊（6）：8-14.

黄显华，霍秉坤，徐慧璇，2014. 现代学习与教学论：性质、关系和研究［M］. 北京：人民教育出版社：393.

黄兴丰，顾圆圆，顾婷，等，2013. 7~9 年级学生几何思维水平的发展［J］. 数学通报（6）：13-17.

季苹，2003. 学校文化自我诊断［M］. 北京：教育科学出版社：35.

季苹，2005. 如何落实三维目标？（一）：对教学"单元"的再理解［J］. 基础教育课程（8）：18-22.

季苹，2009. 教什么知识：对教学的知识论基础的认识［M］. 北京：教育科学出版社.

季苹，2014. 也算"十年磨一剑"［M］//李宝荣. 以提升能力为本：基于学生研究的英语教学. 北京：教育科学出版社：4.

季苹，崔艳丽，涂元玲，2014. 理解自我：教育文明的基础［M］. 北京：教育科学出版社：167-189.

季苹，顿继安，2022. 以人格为核心的能力结构：整体把握育人目标的学科教学理论探索 [J]. 中国教育学刊 (1)：28-35.

凯风，2023. 历史性拐点！中国人口，开始负增长了 [EB/OL]. (01-17) [2023-10-24] https：//mp. weixin. qq. com/s？_ biz = MzUyMTI0MDkxMg = &mid = 2247501216&idx = 1&sn = 69c65d616d447176d51b46b88e581c10&chksm = f9dcad9fceab2489affc5aa216c0d2e2cb0465f37304b0275fcb865a94c522dc582ff677909c&scene = 27#wechat_ redirect.

柯朗，罗宾，2006. 什么是数学：对思想和方法的基本研究 [M]. 左平，张饴慈，译. 上海：复旦大学出版社.

克莱因，2010. 高观点下的初等数学 [M]. 舒湘琴，陈义章，杨钦梁，译. 上海：复旦大学出版社：13.

李青梅，2012. 中小学教师专业发展标准及指导：数学 [M]. 北京：北京师范大学出版社：63.

李士锜，2000. 熟能生厌吗：三谈熟能生巧问题 [J]. 数学教育学报 (1)：31-45.

林崇德，2017. 中国学生核心素养研究 [J]. 心理与行为研究，15 (2)：145-154.

林文生，邬瑞香. 2013. 数学教育的艺术与实务：另类教与学 [M]. 台北：心理出版社：21.

柳博隽，2012. 在人口格局的转折关头 [J]. 浙江经济 (19)：8.

柳夕浪，2019. 全面准确地把握劳动教育内涵 [J]. 教育研究与实验 (4)：9-13.

卢仲衡，2001. 九年义务教育三年制初级中学试用课本：数学自学辅导教材代数 [M]. 北京：地质出版社：13.

帕尔默，2009. 教学勇气：漫步教学心灵 [M]. 吴国珍，余巍，等，译. 上海：华东师范大学出版社.

裴艳萍，王朝花，2010. 尊重学生：要疏不要堵：一次研究课及教学改进带来的启示 [J]. 基础教育课程 (6)：44-46.

彭聃龄，2018. 普通心理学 [M]. 5 版. 北京：北京师范大学出版

参考文献 ◀ 271

社：450-453.

彭加勒，2008. 科学与方法 [M]. 李醒民，译. 北京：商务印书馆.

人民教育出版社课程教材研究所中学数学课程教材研究开发中心，2014. 初中数学核心内容教学设计案例集 [M]. 北京：人民教育出版社：114-115.

任子朝，赵轩，2019. 创设真实情境突出学科特点落实"五育"要求：数学高考加强体美劳考查 [J]. 数学通报，58 (7)：23-27.

邵晓枫，廖其发，2006. "以学生为本"教育理念内涵的解读 [J]. 中国教育学刊 (3)：3-5+9.

施银燕，王尚志，2010. 关于小学数学课堂的数学味：王尚志教授访谈录 [J]. 江苏教育 (4)：7-9.

史宁中，2008. 数学思想概论：第1辑数量与数量关系的抽象 [M]. 长春：东北师范大学出版社.

史宁中，孔凡哲，2004. 方程思想及其课程教学设计：数学教育热点问题系列访谈录之一 [J]. 课程·教材·教法 (9)：27-31.

史宁中，林玉慈，陶剑，等，2017. 关于高中数学教育中的数学核心素养：史宁中教授访谈之七 [J]. 课程·教材·教法，37 (4)：8-14.

斯莱文，2004. 教育心理学：理论与实践 [M]. 7版. 姚梅林，等译. 北京：人民邮电出版社.

孙晓天，1995. 现实数学教育的思想基础及其基本概念 [J]. 学科教育 (9)：16-20.

孙正聿，2005. 哲学通论 [M]. 上海：复旦大学出版社：29.

王申怀，2000. 数学证明的教育价值 [M]. 课程·教材·教法 (5)：25-27.

王长沛，1999. 数学教育与素质教育 [M]. 北京：中华工商联合出版社.

王长沛，2006. 学生如何理解"战略性"概念：《a 能表示什么》的片段解读 [J]. 人民教育 (1)：25-27.

维果斯基，2005. 维果斯基教育论著选 [M]. 余震球，选译. 北京：人民教育出版社.

吴国盛，2002. 科学的历程：第二版 [M]. 北京：北京大学出版社：

199.

吴中才, 2011. 学生的智慧与困难: 一道习题教学带来的启示 [J]. 数学通讯 (3): 封二 - 1.

郇中丹, 2009. 对我国师生数学学习和教学观念的反思 [J]. 数学通报 (7): 8-10.

叶澜, 1997. 让课堂焕发出生命活力: 论中小学教学改革的深化 [J]. 教育研究 (9): 3-8.

张勃, 2011. 怎样教更有效: 一次"意外实验"带来的反思 [J]. 中国教师 (2): 40-41.

张丹, 王彦伟, 2019. 数学学科育人指向: 用数学思想和理性精神滋养学生 [J]. 中小学管理 (11): 9-11.

张奠宙, 唐瑞芬, 刘鸿坤, 1999. 数学教育学 [M]. 南昌: 江西教育出版社.

张华, 2010. 研究性教学论 [M]. 上海: 华东师范大学出版社: 115.

张景中, 2003. 数学与哲学 [M]. 北京: 中国少年儿童出版社: 41.

张娜, 2013. DeSe Co 项目关于核心素养的研究及启示 [J]. 教育科学研究 (10): 39-45.

张友红, 顿继安, 2009. 防止教与学"擦肩而过" [J]. 基础教育课程 (11): 41-43.

郑毓信, 2001. 数学方法论 [M]. 南宁: 广西教育出版社.

郑毓信, 2005. 数学教育哲学 [M]. 成都: 四川教育出版社.

郑毓信, 2007. 数学的文化价值何在、何为: 语文课反照下的数学教学 [J]. 人民教育 (6): 38-41.

中华人民共和国教育部, 2001. 全日制义务教育数学课程标准: 实验稿 [M]. 北京: 北京师范大学出版社.

中华人民共和国教育部, 2006. 普通高中数学课程标准: 实验稿 [M]. 北京: 北京师范大学出版社.

中华人民共和国教育部, 2012. 义务教育数学课程标准: 2011 年版 [M]. 北京: 北京师范大学出版社.

中华人民共和国教育部, 2022. 义务教育数学课程标准: 2022 年版

[M]．北京：北京师范大学出版社，

钟启泉，2015．单元设计，撬动课堂转型的一个支点［J］．教育发展研究，35（24）：1-5．

周瑾，2011．我被"差生"问住了［J］．中小学管理（3）：46．

周新林，2014．脑科学与数学学习［C］．首届华人数学教育大会论文集．北京：北京师范大学：21．

佐藤学，2014．静悄悄的革命［M］．李季湄，译．北京：教育科学出版社：86．

经过十余年的研究、学习和近三年的艰苦写作，《从"备学生"转向"研究学生"——基于学生研究的数学教学》一书终于完成了。回顾写作过程的记录，无论是写作提纲，还是其中的具体内容，都历经多次调整，展示了自己对"研究学生"这一看似常识性的问题的认识历程。

"关注学生、研究学生"这一问题在北京教育学院数学系素有传统。数学系老主任、德高望重的王长沛教授早在1994年就提出了"中国数学教育的范式革命"，其中一个显著特征就是"关注人的发展"。王教授身体力行研究学生，在首届数学教育高级研讨班上做的学生案例报告被业内评价为里程碑式的事件。王教授于2000年退休，彼时笔者作为青年教师主要承担高等数学类课程的教学，研究重心也并未定位为中小学数学教育教学。进入21世纪后，笔者的工作转向中小学数学教师的培训，多年的工作得到了"退而不休"的王教授毫无保留的帮助。当走进中小学数学课堂进行指导成为工作常态后，更是感受到了王教授所提"研究学生"的重要性。

对"研究学生"的意义、内涵与方法的认识，在季苹教授主持的"新课程理念转化为优质教学实践的过程研究"（简称"转化"）的研究中走向了系统。"转化"课题组成立于2003年，笔者有幸在成立之初就成为该课题组的成员。历经十几年，课题组作为名义实体不断变换甚至时有时无，但是实质性的研究工作十几年来却从未间断，持续的、跨越学科的研讨使得我们越来越明晰"在此岸和彼岸之间研究学生"需要以知识分析和对人的理解为基础。季苹教授无疑是该课题组的灵魂人物，在这期间形成了两部重要著作《教什么知识——对教学的知识论基础的认识》和《理解自我：教育文明的基础》，分别系统梳理了学科教学的知识论基础和学习的动力系统，它们也成为本书对"基于学生研究的数学教学"进行内涵阐释的两个重要视角，并以此为基础对"研究学生"的认识从常识走向了系统的理论。

季苹教授还扮演了家长和严师的角色。没有她的引领导航，我必定会在泥泞的沼泽中彷徨更久；没有她的不断督促，甚至她还为我的迟迟不交稿而发火，懒怠的我会以追求完美为借口导致多年的研究"只开花不结果"。

本书运用了大量案例，这与笔者的思维方式和工作性质有关。对笔者而言，如果不能举例说明某一个所谓"理论"的意思，就不认为自己是理解了的；如果自己不能理解，也就难以去面对有着丰富经验的一线教师的追问与质疑。书中的案例有的来自文献，但主要是由笔者在实践中捕捉整理而得。鲜活而生动的案例是本书生命的源泉、立足的土壤，使得隐藏在思维深处的理论得以显现。所以，在此要特别感谢这些案例的贡献者——名义上的学员，实质上的研究伙伴。

最后，还要感谢教育科学出版社。从杨晓琳主任到刘灿主任，教师教育编辑部部门负责人业已更迭，但其对本课题组的关注和对成果的期待却始终未变。特别要感谢本书的责任编辑郑莉老师，她认真验证每一道数学题、修改每一处问题语句、核对每一条文献，这种专业精神令笔者折服，也深感获益匪浅。

尽管书稿已经完成，但是笔者仍深感其中还有许多遗憾。这与"基于学生研究的数学教学"这一主题所涉及的具体问题过多有关，实际上写作的过程也是不断提出问题的过程。有的问题随着进一步的学习和研究有了答案，但是对有些问题的回答还尚待时日。引发遗憾的最重要原因当然是笔者自身的学识、视野、精力等原因，这些原因会导致谬误疏漏在所难免，不足之处希望得到同行指正。

出版人 所广一
项目统筹 何 薇
责任编辑 郑 莉
版式设计 宗沅雅轩 郝晓红
责任校对 贾静芳
责任印制 叶小峰

图书在版编目（CIP）数据

从"备学生"转向"研究学生"：基于学生研究的
数学教学/顿继安著.—北京：教育科学出版社，2015.7（2024.1重印）
（学生研究与学科教学丛书/季苹主编）
ISBN 978 - 7 - 5041 - 9857 - 0

Ⅰ.①从… Ⅱ.①顿… Ⅲ.①中学数学课—教学研究
Ⅳ.①G633.602

中国版本图书馆 CIP 数据核字（2015）第 184262 号

学生研究与学科教学丛书

从"备学生"转向"研究学生"——基于学生研究的数学教学
CONG "BEI XUESHENG" ZHUAN XIANG "YANJIU XUESHENG"
——JIYU XUESHENG YANJIU DE SHUXUE JIAOXUE

出版发行	教育科学出版社

社 址	北京·朝阳区安慧北里安园甲 9 号	市场部电话	010 - 64989009
邮 编	100101	编辑部电话	010 - 64981357
传 真	010 - 64891796	网 址	http://www.esph.com.cn

经 销	各地新华书店
制 作	北京京久科创文化有限公司
印 刷	保定市中画美凯印刷有限公司

开 本	169 毫米×239 毫米 16 开	版 次	2015 年 7 月第 1 版
印 张	18.25	印 次	2024 年 1 月第 2 次印刷
字 数	267 千	定 价	49.80 元